西北大学"双一流"建设项目资助

(Sponsored by First-class Universities and Academic Programs of Northwest University)

FROM **LARGE**
TO **POWERFUL**

由大转强

数字经济驱动
中国制造业高质量发展

Digital Economy
Drives High-Quality Development of
China's Manufacturing Industry

惠宁 著

社会科学文献出版社
SOCIAL SCIENCES ACADEMIC PRESS (CHINA)

序　言

　　制造业是国民经济发展的主体，是实体经济重要的组成部分，是国民经济体系中生产率增长最快的行业，是立国之本、兴国之器、强国之基。习近平总书记在党的二十大报告中提出："建设现代化产业体系。坚持把发展经济的着力点放在实体经济上，推进新型工业化，加快建设制造强国、质量强国、航天强国、交通强国、网络强国、数字中国。"① 坚持制造强国战略、加快制造业转型升级已然成为推动中国经济高质量发展的重要内涵②。

　　在改革开放的 40 多年里，中国虽然一直致力于提升企业创新能力和制造业全要素生产率，但仍未改变制造业总体处于全球价值链低端的基本事实③，中国实体经济"大而不强"的问题比较突出④，亟须寻求新动能推动制造业高质量发展，实现由大转强的历史性跨越。随着经济进入新常态，经济发展增速放缓，国民经济下行压力增大，中国出现了互联网等虚拟经济脱离实体经济而空心化发展的态势，虽然制造业发展速度较快，但中国不是制

---

① 《习近平：高举中国特色社会主义伟大旗帜 为全面建设社会主义现代化国家而团结奋斗——在中国共产党第二十次全国代表大会上的报告》，中国政府网，https://www. gov. cn/xinwen/2022-10/25/content_ 5721685. htm。

② 焦勇：《数字经济赋能制造业转型：从价值重塑到价值创造》，《经济学家》2020 年第 6 期，第 87~94 页。

③ 陈丰龙、徐康宁：《本土市场规模与中国制造业全要素生产率》，《中国工业经济》2012 年第 5 期，第 44~56 页。

④ 黄群慧：《论新时期中国实体经济的发展》，《中国工业经济》2017 年第 9 期，第 5~24 页。

造强国。促进制造业高质量发展就要改变以往要素驱动和投资拉动下的粗放式发展方式，充分利用互联网、大数据和人工智能等新兴技术，加快制造业转型升级，推动经济创新发展。作为一种以数据为生产要素，以网络为载体，以数字技术与实体经济深度融合为重要推动力的新经济形态，数字经济不仅在激发消费、拉动投资、创造就业等方面发挥重要作用，还催生与聚合各类创新要素，为传统经济注入新动能，被认为是推动制造业高质量发展的重要依托。探究数字经济对制造业高质量发展的影响与作用，有效利用数字经济推动制造业高质量发展，成为当前需要研究的内容。

多年来，我们围绕互联网、大数据和人工智能对企业、产业和区域创新能力展开深入研究，坚持把制造强国、质量强国、网络强国、数字中国作为研究的重点方向，先后在《管理世界》《经济学动态》《中国工业经济》《财政研究》《统计研究》《数量经济技术经济研究》《中国软科学》《经济科学》《经济学家》《学术月刊》《统计与信息论坛》《社会科学研究》等期刊发表互联网、人工智能和大数据与实体经济深度融合等相关学术论文100余篇。团队成员申报、主持"互联网驱动区域创新能力提升的效应与路径研究"（项目编号：17XJL004）、"人工智能对就业和收入分配的影响研究"（项目编号：18CJY010）、"双向跨境投资驱动中国创新发展的时空演化机制及其共轨溢出效应"（项目编号：19BJL076）、"长三角区域一体化下科技资源共享的动态演化机制研究"（项目编号：20CGL061）、"发展数字经济与缩小收入差距的矛盾与化解路径研究"（项目编号：21CJL027）等国家社会科学基金和省部级项目20余项。

本书采用查阅学术文献和机构研究报告、浏览国家机构和国家级媒体网站等方式收集资料，通过梳理与数字经济和制造业发展等相关的学术文献（其中包含经典著作），明确研究动态及进一步研究的空间；通过查阅中国信息通信研究院发布的《中国数字经济发展白皮书》、中国互联网络信息中心发布的《中国互联网络发展状况统计报告》等机构发布的报告归纳中国数字经济发展情况；通过查阅中国政府网、人民网、光明网等网站明确数字经济驱动制造业高质量发展的现状；通过学习国家领导人重要讲话，学习

《"十四五"数字经济发展规划》《中国共产党第十九次全国代表大会公报》《中国共产党第二十次全国代表大会公报》等党和政府发布的文件,把握数字经济驱动中国制造业高质量发展的政策方向。

本书把中国30个省区市作为研究样本。各变量及衡量指标的原始数据来源于国家统计局网站、各省区市统计局网站、《中国统计年鉴》、《中国科技统计年鉴》、《中国环境统计年鉴》、《中国能源统计年鉴》、《中国第三产业统计年鉴》、《中国工业经济统计年鉴》、《中国循环经济年鉴》、《中国电子信息产业统计年鉴》、《中国生态环境统计公报》、《中国互联网络发展状况统计报告》、"数字普惠金融指数"(由北京大学发布)、《中国区域创新能力评价报告》、各省区市《统计年鉴》、国泰安数据库(CSMAR)、中国研究数据服务平台(CNRDS)、中经网统计数据库以及全球统计数据分析平台(EPS)等。考虑到西藏和港澳台数据缺失较多,本书将其剔除,并对指标缺失值进行线性插补处理。

本书紧密围绕"数字经济驱动中国制造业高质量发展"这一主题展开。一是研究数字经济驱动制造业高质量发展的理论逻辑,结合中国"产业数字化"和"数字产业化"的要求,分析在制造业发展过程中存在的逻辑矛盾,阐述数字经济的运行逻辑,建立有关数字经济驱动中国制造业高质量发展影响效应的理论框架,为激发数字经济驱动制造业高质量发展提供理论依据。二是构建数字经济与制造业高质量发展指标体系,比较研究我国数字经济与制造业高质量发展水平,测度数字经济与制造业高质量发展的综合水平,把握数字经济与制造业高质量发展的现实情况,剖析数字经济驱动制造业企业发展的特点和面临的困境。三是分析数字经济对中国制造业高质量发展的影响效应,采用固定效应模型、空间回归模型、中介效应模型、系统GMM法、门槛面板技术等多种计量方法,探究数字经济与制造业高质量发展之间的关联性。四是探索数字经济与制造业高质量发展的融合路径,论述以创新、协调、绿色、开放和共享的新发展理念为指导的数字经济与制造业融合发展的路径,研究以企业、产业和区域创新发展为目标的数字经济赋能制造业高质量发展的演进路径,以更好地发挥数字经济对制造业高质量发展的驱动作用，促进中国制造业高质量发展。五是提出数字经济驱动中国制造业高质量发展的对策措施。推进新型工业化建设，加快建设制造强国、质量强国、数字中国，推动数字经济与中国制造业深度融合，建设现代化产业体系，构筑实体经济竞争新优势。

本书是团队长期探索的结晶。团队成员在认真查阅资料、充分讨论、形成研究思路的基础上，搭建内在理论逻辑，构建理论模型，解决难点重点问题，然后寻找数据资料，进行实证分析检验，完成初稿。对数字经济与中国制造业发展的现实测度、数字经济对中国企业创新的影响效应、数字经济对中国制造业创新效率的影响效应、数字经济与制造业高质量发展的路径选择等问题的研究，由笔者与博士研究生宁楠、王正、于茜和贺子欣负责，并在讨论后撰写相关内容。《数字经济驱动与中国制造业高质量发展》［发表于《陕西师范大学学报》（哲学社会科学版）2022 年第 1 期］、《数字经济驱动制造业高质量发展的影响效应研究——以技术创新效率提升与技术创新地理溢出的双重视角》（发表于《经济问题探索》2023 年第 2 期）、《加快建设数字基础设施　着力提高全要素生产率》［发表于《西北大学学报》（哲学社会科学版）2023 年第 1 期］、《人工智能驱动制造业高质量发展的复合效应研究——基于知识创造与知识地理溢出的双重机制》（发表于《中国科技论坛》2024 年第 1 期）等学术论文的发表，为本书的撰写及出版奠定了厚实的学理基础，产生了比较好的社会影响。在此向博士后徐星和赵文暄，博士研究生宁楠、贺子欣、许潇丹、于茜、杨昕、杨金璇和王正，硕士研究生薛瑞宏、代丹、王嘉琛、袁欣融、张林玉和韩潇表示感谢！

本书是教育部基础学科拔尖学生培养计划 2.0 基地——经济学拔尖学生培养基地、国家一流专业工商管理建设、陕西省"深入学习贯彻党的二十大精神研究"社会科学基金重大招标项目——"数字经济促进陕西文化产业高质量发展研究"（项目编号：2023ZD01）等的阶段性成果。本书的出版得到了西北大学"双一流"建设项目资助（Sponsored by First-class Universities and Academic Programs of Northwest University）。本书的撰写及出版得到了西北大学经济管理学院院长马莉莉教授的精心指导与大力支持，在此表示衷心的感谢！在撰写、修改过程中，本书参考国内外许多经济学方面的论著和论文，吸收其中的部分研究成果，谨向这些论著和论文的作者表示感谢！社会科学文献出版社孔庆梅女士对本书提出了许多修改意见，做了大量的编辑工作，在此表示深深的谢意。同时，由于社会发展日新月异，许多新问题、新情况和新动态需要进一步探讨，本书难免存在一些疏漏，诚请同仁、读者批评指正。同时，伴随着经济学理论不断发展，我们的研究将不断完善。

惠 宁

2023 年 6 月 19 日于西北大学长安校区

目　录

第一章　导论

习近平总书记在党的二十大报告中提出，"加快建设现代化经济体系，着力提高全要素生产率，着力提升产业链供应链韧性和安全水平，着力推进城乡融合和区域协调发展，推动经济实现质的有效提升和量的合理增长"，"建设现代化产业体系。坚持把发展经济的着力点放在实体经济上，推进新型工业化，加快建设制造强国、质量强国、航天强国、交通强国、网络强国、数字中国"[①]。推动数字中国建设，建设制造强国、质量强国和网络强国是我国的长期战略目标。我国数字经济蕴藏着无限活力，逐步渗透至经济社会的各个领域。数字经济在缓解市场扭曲[②]、提升经济效率[③]、优化产业结构[④]等方面发挥了重要作用。当前，我国面临人口红利逐步消失、要素边际报酬递减引致的经济运行动力不足、新旧动能急需迫切转化等多重发展桎梏。数字经济凭借在信息传播、数据创造和低成本层面的独特优势，通过数字化的知识与信息，推动我国经济提质增效，数字经济被认为是推动我国经济高质量发展的重要依托。本书试图回答快速发展的数字经济能否承担经济发展动能转换的重任，能否成为新时代赋能中国制造业高质量发展的新引擎。如果可以的话，那么理论逻辑如何？影响效应如何？异质性如何？其在空间上具有示范效应吗？对这些问题的探讨，对于数字经济与中国制造业转型升级、经济提质增效及高质量发展具有重要的理论和现实意义。

---

① 《习近平：高举中国特色社会主义伟大旗帜 为全面建设社会主义现代化国家而团结奋斗——在中国共产党第二十次全国代表大会上的报告》，中国政府网，https://www.gov.cn/xinwen/2022-10/25/content_5721685.htm。

② 余文涛、吴士炜：《互联网平台经济与正在缓解的市场扭曲》，《财贸经济》2020年第5期，第146~160页。

③ 杨慧梅、江璐：《数字经济、空间效应与全要素生产率》，《统计研究》2021年第4期，第3~15页。

④ 陈晓东、杨晓霞：《数字经济发展对产业结构升级的影响——基于灰关联熵与耗散结构理论的研究》，《改革》2021年第3期，第26~39页。

一 数字经济驱动中国制造业高质量发展的研究背景与意义

（一）研究背景

数字经济的产生可以追溯至20世纪90年代中期，当时，美国政府大力推动信息化技术和互联网发展，在经济政策和科技创新的良性互动下，美国GDP以年均4%的速度持续增长10余年，这一时期被称为"新经济时代"[①]。Tapscott提出"数字经济"这一概念并明确界定了数字经济的知识化、虚拟化等特征[②]。21世纪以来，众多工业化国家纷纷将信息网络建设纳入基于本国创新体系的国家战略部署和优先行动领域。麦肯锡公司在一份报告中指出："数据已经渗透到每一个行业和业务职能领域，逐渐成为重要的生产因素，人们对于海量数据的运用预示着新一波生产率增长和消费者盈余浪潮的到来。"大数据凭借渗透力强、覆盖面广、影响深远等特点实现多个产业跨界经营、融合发展，在全世界掀起一波浪潮，促使各行各业进行新的变革，已得到广泛关注。世界各国先后出台与数字经济相关的政策，把数字经济作为实现国家发展和保持竞争力的关键。当前，世界各国开始重新重视实体经济的发展，由于制造业是国民经济的主体和支柱，各国纷纷提出再工业化战略。德国最早提出"工业4.0"战略，即推动传统制造业改革，形成智能化生产模式；美国提出将物理世界和数据世界融合，利用"工业互联网"实施"再工业化战略"；日本、英国、韩国等相继宣布实施推进制造业转型升级计划。世界各国加快进行新型基础设施布局，以5G、人工智能、物联网、工业互联网、卫星互联网为代表的新型信息基础设施逐步成为全球经济增长

---

① 张辉、石琳：《数字经济：新时代的新动力》，《北京交通大学学报》（社会科学版）2019年第2期，第10~22页。

② Tapscott D., *The Digital Economy: Promise and Peril in the Age of Networked Intelligence*（New York: McGraw-Hill, 1996）.

的新动能，全球因此进入以数据驱动、平台支撑、软件定义、万物互联为主要特征的数字经济时代。

随着互联网、大数据、云计算、人工智能等信息技术不断变革，我国数字经济的发展势头异常迅猛，与经济社会各领域融合的广度和深度不断拓展。工业和信息化部、国家发展和改革委员会分别于 2014 年、2015 年和 2016 年分三批在 117 个城市（群）实施"宽带中国"战略，加快提升地区宽带发展水平，推进以宽带网络为核心的重大信息工程和网络基础设施建设，并在宽带用户规模与普及率、宽带网络能力、宽带信息应用等方面取得一系列显著成效。以宽带为核心的新型网络基础设施致力于加快宽带网络优化升级、提高宽带网络普及应用水平，并逐步进入国计民生的各个方面，成为支撑经济高质量发展的坚实基础①。为了打造由大数据引领的新发展格局、提升创新驱动力、建设数字中国，2015 年 8 月，国务院印发《促进大数据发展行动纲要》。同年 9 月，贵州启动建设首个试点大数据综合试验区，次年，我国公布第二批大数据综合试验区建设名单，具体包括两个跨区域类综合实验区（京津冀和珠江三角洲）、四个区域示范类综合实验区（上海市、河南省、重庆市、沈阳市）、一个大数据基础设施统筹发展类综合试验区（内蒙古）。至此，国家级大数据综合试验区已经成为推动我国数字经济发展的重要政策工具。2017~2020 年，"数字经济"已经连续四年被写入《政府工作报告》，2020 年《政府工作报告》明确提出"要继续出台支持政策……打造数字经济新优势"。2021 年 10 月 18 日，中共中央政治局就推动我国数字经济健康发展进行第三十四次集体学习，习近平总书记在主持学习时强调，"数字经济健康发展有利于推动构建新发展格局……数字经济健康发展有利于推动构筑国家竞争新优势"。要推动数字经济和实体经济融合发展，把握数字化、网络化、智能化方向，推动制造业、服务业、农业等实现数字化，利用互联网新技术对传统产业进行全方位、全链条的改造，提高全要素

---

① 赵涛、张智、梁上坤：《数字经济、创业活跃度与高质量发展——来自中国城市的经验证据》，《管理世界》2020 年第 10 期，第 65~76 页。

生产率①。中国信息通信研究院发布的《中国数字经济发展研究报告（2023年）》显示，截至2022年，我国数字经济发展取得新突破，数字经济规模达到50.2万亿元，同比名义增长10.3%，已连续11年高于同期GDP名义增速；数字经济规模占GDP的比重相当于第二产业规模占国民经济规模的比重，达到41.5%；2022年，我国数字产业化规模与产业数字化规模分别达到9.2万亿元和41万亿元，占数字经济规模的比重分别为18.3%和81.7%②，我国数字经济在规模保持高速增长之下逐渐成为国民经济的重要组成部分和增长动力。

制造业是国民经济的主体，是实体经济的重要组成部分，是国民经济体系中全要素生产率增长最快的行业，是立国之本、兴国之器、强国之基，对推动经济增长和提高就业质量至关重要。坚持制造强国战略、加快制造业转型升级已然成为推动中国经济高质量发展的重要内涵③。在改革开放的40多年里，中国虽然一直致力于提升企业创新能力和制造业全要素生产率，但未改变国内制造业总体处于全球价值链低端的基本事实④，中国的现实情况是实体经济"大而不强"的问题比较突出⑤，亟须寻求新动能推动制造业高质量发展，实现由大转强的历史性跨越。随着经济进入新常态，经济发展增速放缓，国民经济下行压力增大，中国出现了互联网等虚拟经济脱离实体经济而空心化发展的态势，虽然制造业发展速度较快，但中国不是制造强国。促进制造业高质量发展就要改变以往要素驱动和投资拉动下的粗放式发展方式，积极加入国际分工网络，充分利用互联网、大数据和人工智能等新兴技术，加快制造业转型升级，推动经济创新发展。作为一种以数据为生产要素，以网

---

① 《习近平主持中央政治局第三十四次集体学习：把握数字经济发展趋势和规律 推动我国数字经济健康发展》，中国政府网，https://www.gov.cn/xinwen/2021-10/19/content_ 5643653.htm。

② 《中国数字经济发展研究报告（2023年）》，中国信息通信研究院，2023。

③ 焦勇：《数字经济赋能制造业转型：从价值重塑到价值创造》，《经济学家》2020年第6期，第87~94页。

④ 陈丰龙、徐康宁：《本土市场规模与中国制造业全要素生产率》，《中国工业经济》2012年第5期，第44~56页。

⑤ 黄群慧：《论新时期中国实体经济的发展》，《中国工业经济》2017年第9期，第5~24页。

络为载体，以数字技术与实体经济深度融合为重要推动力的新经济形态，数字经济不仅在激发消费、拉动投资、创造就业等方面发挥重要作用，还催生与聚合各类创新要素，为传统经济注入新动能，被认为是推动制造业高质量发展的重要依托。探究数字经济对制造业高质量发展的影响与作用，有效利用数字经济推动中国制造业高质量发展，成为当前需要研究的内容。

然而，对制造强国、质量强国、网络强国、数字中国的本质特征的认识尚不明晰，对数字经济驱动制造业高质量发展的形成机理和影响效应的研究相对滞后，对数字经济与制造业高质量发展的融合路径缺乏具有应用性、现实性、操作性的方案，导致不能很好地借助数字技术的力量推动制造业优化升级，无法充分发挥"数字经济+中国制造业高质量发展"的合力效应。究其原因在于对数字经济与制造业高质量发展的多元性、复杂性和系统性的认识不足，缺乏深入的探究，没有考虑两者的合力效应，这造成没有充分释放数字经济对中国制造业高质量发展的红利。本书将数字经济与中国制造业高质量发展放在统一的框架之下，探讨数字化、信息化、智能化发展制造业的全过程的情况，揭示数字经济驱动中国制造业高质量发展的理论逻辑、效应检验情况和融合路径，对于《中华人民共和国国民经济和社会发展第十四个五年规划和 2035 年远景目标纲要》提出的"坚持把发展经济着力点放在实体经济上，加快推进制造强国、质量强国建设，促进先进制造业和现代服务业深度融合，强化基础设施支撑引领作用，构建实体经济、科技创新、现代金融、人力资源协同发展的现代产业体系"，实现习近平总书记在党的二十大报告中提出的"加快建设制造强国、质量强国、航天强国、交通强国、网络强国、数字中国"[①] 具有重要的理论与现实意义。

（二）研究意义

第一，构建数字经济驱动中国制造业高质量发展的逻辑体系。本书分析

---

① 《习近平：高举中国特色社会主义伟大旗帜 为全面建设社会主义现代化国家而团结奋斗——在中国共产党第二十次全国代表大会上的报告》，中国政府网，https：//www.gov.cn/xinwen/2022-10/25/content_ 5721685. htm。

和整理已有学者的相关研究成果，结合我国"产业数字化"和"数字产业化"的要求，分析在制造业中存在的逻辑矛盾，阐述数字经济的运行逻辑，科学界定数字经济与制造业高质量发展的内涵，研究数字经济与制造业高质量发展的内在机理，揭示数字经济通过全要素生产率提升、生产方式变革以及经营管理效率优化三个维度实现制造业动力变革、效率变革和质量变革的情况，并从"总量"和"结构"两个维度予以论证。数字经济驱动的"综合效应"集中体现在促进制造业交易额增加上，大数据基于连接能力、智能能力以及分析能力驱动制造业发展。数字经济驱动的"结构效应"集中体现在制造业结构转型升级上，大数据从经济结构、业态结构和市场结构三个方面驱动制造业高质量发展，促进制造业结构优化和调整，释放经济红利。基于产业链，数字经济驱动制造业高质量发展的传导机制可以将整个制造业活动部门划分为研发设计部门和生产制造部门，在利益驱动下，两个部门以大数据为纽带建立经济联系。数字经济对中国制造业高质量发展的传导机制和动力机制丰富了数字经济与制造业高质量发展的理论研究内容，在一定程度上拓展了产业经济学、信息经济学和发展经济学的研究范畴。

第二，研究数字经济驱动中国制造业高质量发展的理论。研究数字经济驱动中国制造业高质量发展的理论，为激发数字经济驱动制造业高质量发展提供理论依据。本书探究数字经济对企业创新的影响效应以及在环境约束下数字经济发展对企业创新的非线性影响特征，论述数字经济对中国制造业的创新效率的影响机制，以人力资本水平、创业生态和产业升级为中介，分析数字经济对制造业高质量发展的影响机制。本书从企业创新圈、创新资源配置、创新组织变革和经济、社会压力视角探究数字经济驱动传统产业创新发展的情况，从产业升级、提高金融效率及拉动消费需求视角分析数字经济对传统产业创新发展的影响效应，论述数字基础设施建设、"宽带中国"战略试点、大数据综合试验区建设对全要素生产率的影响效应，提出数字基础设施建设能够有效打破信息交流的时空约束，促进知识资本等要素在不同区域及产业间转移与流动，加强地区间的研发合作和技术交流，延展区际经济发展的"扩散效应",产生"示范效应"。本书剖析在知识搜索"网络效应"和知识创新路径的动态收益递增效应的作用下,人工智能对制造业技术创新的非线性效应,阐述人工智能通过知识流动、知识溢出的形式,推动邻近地区制造业研发强度增加,进行专业化分工,形成知识创新地理溢出的非线性效应。

第三,建立数字经济与中国制造业高质量发展的测度体系。在科学性、全面性和可操作性的原则下,定性分析中国数字经济和制造业发展的现实情况,构建数字经济与制造业高质量发展指标体系,比较研究中国数字经济与制造业高质量发展水平。测度数字经济与制造业高质量发展的综合水平,有利于客观把握数字经济与制造业高质量发展的现实情况,剖析数字经济驱动制造业企业发展的特点和面临的困境,为加快建设实体经济、科技创新、现代金融、人力资源协同发展的产业体系提供参考。

第四,实证分析数字经济驱动中国制造业高质量发展的情况。本书采用固定效应模型、空间回归模型、中介效应模型、系统 GMM 法、门槛面板技术等多种计量方法探究数字经济与制造业高质量发展之间的关联性。本书从线性视角揭示数字经济对中国制造业高质量发展的直接影响与作用;从空间视角分析数字经济对中国制造业高质量发展的空间溢出效应;从中介视角探索数字经济驱动中国制造业高质量发展的影响渠道;从异质视角论证数字经济对制造业高质量发展的差异化影响;从非线性视角明确数字经济驱动制造业高质量发展的门槛特征,实证分析数字经济驱动中国制造业高质量发展的影响效应,为激发数字经济驱动制造业高质量发展提供现实参考。

第五,探索数字经济与中国制造业高质量发展的路径选择。本书论述以新发展理念为指导,坚持增强制造业创新能力、提升制造业协调水平、促进制造业绿色发展、强化制造业对外开放质量和推动以制造业共享发展为导向的数字经济与制造业融合发展路径,研究以企业、产业和区域创新发展为目标的数字经济赋能制造业高质量发展的演进路径,以更好地发挥数字经济对制造业高质量发展的驱动作用,推进数字经济与制造业高质量发展深度融合,促进中国制造业高质量发展。

二　数字经济驱动中国制造业高质量发展的研究思路、方法与手段

（一）研究思路

本书紧密围绕"数字经济驱动中国制造业高质量发展"这一主题，沿着数字经济驱动制造业高质量发展的"内在逻辑—现实测度—影响效应—融合路径—政策建议"脉络，探讨数字经济驱动制造业高质量发展的理论、效应检验情况和融合路径。从分析数字经济驱动制造业高质量发展的理论逻辑、数字经济与制造业高质量发展指标体系构建及其测度到论证数字经济驱动制造业高质量发展的影响效应，本书在理论推演和数理测度基础上刻画数字经济驱动制造业高质量发展的内在逻辑，设计"线性效应、空间效应、中介效应、异质效应、非线性效应"的传导机制分析框架，揭示数字经济对制造业高质量发展的影响与作用，探索数字经济驱动制造业高质量发展的融合路径，为做大做强"中国制造"、建设现代化产业体系寻找新动能。

第一，本书遵循"提出问题—梳理文献—进行概念研究—构建理论框架"研究数字经济驱动制造业高质量发展的内在逻辑；辩证分析数字经济的内涵及其运行逻辑，概括制造业高质量发展的特征，建立数字经济赋能中国制造业高质量发展的理论分析框架，明确数字经济发展对产业结构的影响，阐述数字经济推动制造业质量变革、效率变革和动力变革的情况，揭示数字经济驱动制造业高质量发展的动力机制和传导机制，回答数字经济为何以及如何驱动制造业高质量发展。

第二，本书按照"考察现实情况—构建指标体系—进行测度分析—进行测度评价"构建数字经济、制造业高质量发展及耦合协调测度指标体系；结合数字经济与制造业高质量发展的本质特征，分别从数字化基础、数字化应用和数字化创新三个维度构建数字经济发展水平测度指标体系，把数字产业化和产业数字化作为数字经济的两大子系统，从规模水平、创新水平、效

益水平维度构建指标体系度量数字产业化和产业数字化的耦合协调水平，从创新能力、人才集聚、绿色发展、质量效益、产业结构高端化五个维度构建制造业高质量发展评价体系，测度数字经济、制造业高质量发展综合水平以及两者的耦合协调水平，以期从整体上把握数字经济发展趋势。

第三，本书沿着"线性效应—空间效应—中介效应—异质效应—非线性效应"分析数字经济对中国制造业高质量发展的影响效应；考察数字经济对中国制造业高质量发展的空间溢出效应，验证邻近地区的数字经济是否能够对中国制造业高质量发展产生影响；探寻数字经济影响中国制造业高质量发展的间接渠道，回答数字经济是如何影响中国制造业高质量发展的；厘清数字经济影响中国制造业高质量发展的差异，论证数字经济对中国制造业高质量发展的影响与作用，明晰数字经济与中国制造业高质量发展的非线性关系和环境约束特征。

第四，本书从"企业效率提升""产业结构优化""区域创新发展"三个维度，以新发展理念为指导探索数字经济与制造业高质量发展的路径选择情况。对于数据赋能企业效率提升，数字经济通过进行智能化转型、提高企业绩效和推动商业模式变革三个层面促进制造业高质量发展；对于数据赋能产业结构优化，数字经济通过产业融合、产业链延伸、产业生态化三个方面促进制造业高质量发展；对于数据赋能区域创新发展，数字经济通过区域企业创新、区域产业转型、区域传统产业升级、创新生态效应以及区域均衡发展五个维度促进制造业高质量发展。

（二）研究方法

1. 宏观研究与微观研究相结合

从微观的企业效率分析到宏观的全要素生产率提升研究，从微观的制造业企业转型发展到宏观的平台经济和新业态经济打造，从微观角度剖析数字产业化与产业数字化问题并构建模型进行发展现状测度到从宏观角度设计创新型政策工具来解决问题，体现了宏观研究与微观研究相结合的情况。

2.定性研究与定量研究相结合

在分析数字经济与制造业发展现状、刻画数字经济内部耦合协调机制、研究数字经济对制造业高质量发展的影响机制时，本书从对现象和问题的定性讨论开始，进行基于调研数据和计量模型的定量刻画，研究思路既体现了定性研究的规范性，又具有定量研究的严谨性。

3.理论研究与政策研究相结合

本书以数字经济驱动制造业高质量发展的内在逻辑研究为基础，以制造业实现高质量发展面临的重大现实问题为导向，以相关理论研究为支撑，以提出解决方案和政策建议（基于政策研究）为归宿，重点研究数字经济驱动制造业高质量发展的影响效应和融合路径，实现理论研究与政策研究有机融合。

（三）研究手段

1.文献研究法

本书收集、梳理和分析国内外论文、著作，政府部门发布的统计数据及公报，重要报纸刊发的文章，知名研究机构发布的调研报告等，掌握数字经济与制造业高质量发展等相关研究的最新进展，进行系统归纳和评述，挖掘现有研究的不足，提炼和明确研究问题和目标，为后续研究提供理论支撑和思路。

2.规范分析方法

本书以数字经济与制造业高质量发展为逻辑分析起点，构建数字经济驱动制造业高质量发展的理论分析框架，描述数字经济驱动制造业高质量发展的趋势，从线性效应、空间效应、中介效应、异质效应、非线性效应角度构建数字经济驱动制造业高质量发展的模型。

3.全局主成分分析法

由于本书使用的是面板数据，传统的主成分分析法已不太适合对数字经济发展指数进行测度，本书在构建中国数字经济发展水平综合指标体系的基础上，采用全局主成分分析法进行测算。首先，根据不同时点的平面数据表构造统一的立体时序数据表；其次，通过寻求一个所有数据表都适用的简化子空间，得出统一的主成分公共因子，进一步提取有关数字经济测度的立体时序数据表的重要信息，从而对面板数据样本进行估算，最终构建相应的数字经济发展水平指数。

4. CRITIC-熵权法组合权重模型

CRITIC 法是一种客观赋权方法，通过评价指标的对比强度和冲突性来衡量指标的客观权重。对比强度用标准差表示，冲突性用相关系数表示。首先，用标准差系数代替标准差，消除量纲影响；其次，对相关系数取绝对值，消除正负号的影响。由于 CRITIC 法能综合衡量指标间的对比强度和冲突性，但是不能衡量指标之间的离散程度，而熵权法根据指标间的离散程度可以确定指标权重，综合使用 CRITIC 法和熵权法能够更加客观地反映指标的权重。因此，本书选择使用 CRITIC-熵权法计算制造业高质量发展指标的权重。

5. 动态面板模型

为了得到更为精确的影响效应结果，在研究数字经济对制造业高质量发展的作用时，考虑到中国制造业高质量发展会受到历史水平的影响，而且为了缓解由数字经济与中国制造业高质量发展之间的因果关系造成的内生性问题，本书构建了动态面板模型，运用系统广义矩阵估计方法探究数字经济对中国制造业高质量发展的动态效应。

6. 空间计量模型

中国制造业高质量发展可能会受到邻近地区因素的影响，因此为了验证邻近地区的数字经济是否能够对本地区的制造业高质量发展产生影响，本书使用空间自相关指数 Moran'I 检验数字经济驱动制造业高质量发展的空间相关性，并通过构建空间计量模型考察数字经济对中国制造业高质量发展的空间溢出效应。

7. 中介效应检验模型

中介效应检验可以分析变量间的影响过程与机制。相比回归分析，其可以更加深入地分析变量间的影响的传导路径。基本原理是依据回归结果分析自变量与中介变量的系数的显著性，进而判断中介效应是否显著，以及中介效应类型。为了了解数字经济如何影响制造业高质量发展，本书构建了中介效应检验模型，并以要素禀赋、环境规制和知识产权保护为中介变量考察数字经济影响制造业高质量发展的环境约束机制，明晰数字经济对制造业高质量发展的影响渠道。

8. 动态门槛回归模型

动态门槛回归模型主要用于检验变量间的非线性关系的拐点值。基本原理是将门槛变量中的每一个观测值作为可能的门槛值，检验门槛值前后两组样本模型估计的参数是否具有显著差异（如果参数显著不同，则观测值为门槛值）。在分析数字经济影响中国制造业高质量发展的过程中，本书通过构建动态门槛回归模型检验数字经济对中国制造业高质量发展的影响规律和约束机制，判断数字经济与中国制造业高质量发展之间是否存在非线性关系。

三 数字经济驱动中国制造业高质量发展研究的主要内容

本书研究数字经济驱动中国制造业高质量发展的逻辑结构，测度与考察数字经济与中国制造业高质量发展的现实情况，分析数字经济驱动中国制造业高质量发展的影响效应，论述数字经济驱动中国制造业高质量发展的融合路径，提出数字经济驱动中国制造业高质量发展的对策措施，推动数字经济与中国制造业深度融合，推进新型工业化建设，加快建设制造强国、质量强国、数字中国，建设现代化产业体系，构筑实体经济竞争新优势。

第一，研究数字经济驱动制造业发展的逻辑。一是研究数字经济的学理基础与制造业发展情况，界定数字经济与制造业高质量发展的内涵，研究数字经济运行的产权逻辑、信用逻辑和数字经济的治理逻辑，分析制造业高质量发展的要求与现实情况的逻辑不畅的问题，为研究数字经济驱动制造业高质量发展的内在逻辑奠定学理基础。二是研究数字经济对制造业发展的作用机理，以数据要素为赋能基础，通过增加数据要素投入，延伸制造业的产业链与供应链，重塑制造业商业模式，促进制造业与服务业融合，为制造业转型发展积蓄动能。三是研究数字经济促进制造业发展的逻辑，数字经济通过全要素生产率提升、生产方式变革以及经营管理效率优化三个维度实现制造业的动力变革、效率变革和质量变革。四是研究数字经济驱动制造业高质量发展的动力机制，本书从"总量"和"结构"两个维度进行论证，数字经济驱动的"综合效应"集中体现在促进制造业交易额增加上，大数据基于连接能力、智能能力以及分析能力驱动制造业发展。数字经济驱动的"结构效应"集中体现在制造业结构转型升级上，大数据从经济结构、业态结构和市场结构三个方面驱动制造业高质量发展，促进制造业结构优化和调整，释放经济红利。基于产业链，数字经济驱动制造业高质量发展的传导机制可以将整个制造业活动部门分为研发设计部门和生产制造部门，在利益驱动下，两个部门以大数据为纽带建立经济联系。

第二，分析数字经济驱动制造业发展的相关理论与探索相关研究假设。一是构建固定效应模型和门槛面板模型，探究数字经济对企业创新的影响效应以及在环境约束下数字经济对企业创新的非线性影响。二是论述数字经济对中国制造业的创新效率的影响机制。数字技术是数字经济的技术基础，一旦人工智能、物联网、大数据、区块链等技术突破临界点，数字技术创新就会从单点创新转向交叉创新，形成多种技术互相支撑、共同发展的链式创新模式，产生巨大的发展动力。创新能力的提升促使制造业企业使用自动化和智能化的生产设备，这有效地降低了生产过程中的资源损耗和相关成本，进而提高了制造业企业的生产效率、资本产出比以及盈利能力，因此，数字经济能够促进制造业企业创新效率提升。三是以人力资本水平、创业生态和产业升级为中介，分析数字经济对制造业高质量发展的影响机制。人力资本水平、创业活动和产业升级对于数字经济影响制造业高质量发展具有显著的正向强化效应，即数字经济通过人力资本水平、创业生态和产业升级驱动制造业高质量发展。四是研究数字经济对制造业的耦合效应，阐述作为产业共性技术、短周期技术的数字技术与基于制造业静态、动态技术创新效率提升存在的耦合效应，剖析数字技术的知识性、可封装性，通过推动技术创新集聚和技术创新链实现专业化分工，提升邻近地区制造业技术创新的效率。五是从企业创新圈、创新资源配置、创新组织变革和经济、社会压力视角探究数字经济驱动传统产业创新发展的情况，以产业升级、提高金融发展效率及拉动消费需求为重点分析数字经济对传统产业创新发展的影响效应。本书以2011~2020年为研究时间段，以中国30个省区市为样本，运用面板固定效应模型、中介效应模型、区域异质性检验等，从多个维度进行实证检验，分析数字经济对传统产业创新发展的影响效应。六是论述数字基础设施建设、"宽带中国"战略试点、大数据综合试验区建设对全要素生产率的影响效应，提出数字基础设施建设能够有效打破信息交流的时空约束，促进知识资本等要素在不同区域及产业间转移与流动，加强地区间的研发合作和技术交流，延展区际经济发展的"扩散效应"，产生"示范效应"，最终通过正向溢出提升整体全要素生产率。同时，在网络边际成本递减和技术报酬递增规律的双重驱使下，数据、知识等创新要素会加速向数字基础设施发达的区域集聚，进而产生驱动全要素生产率提升的网络叠加效应，加剧数字基础设施较为发达地区与其他地区之间的"数字鸿沟"，致使地区间经济发展不平衡的问题越发突出。七是从知识创造与知识地理溢出的微观视角出发，剖析在知识搜索"网络效应"和知识创新路径的动态收益递增效应作用下，人工智能对于制造业技术创新的非线性效应，阐述人工智能通过知识流动、知识溢出的形式，推动邻近地区制造业研发强度增加，进行专业化分工，形成知识创新地理溢出的非线性效应。

第三，进行数字经济与中国制造业发展的现实测度研究。分析数字经济与制造业高质量发展时的重要方面就是确定数字经济与制造业高质量发展的指标以及进行测度方法的选择。本书从数字化基础、数字化应用和数字化创新三个维度构建数字经济发展水平测度指标体系，把数字产业化和产业数字化作为数字经济的两大子系统，从规模水平、创新水平、效益水平维度构建指标体系度量数字产业化和产业数字化的耦合协调水平，从创新能力、人才集聚、绿色发展、质量效益、产业结构高端化五个维度构建制造业高质量发展评价体系。本书运用全局主成分分析法、动态评价法、耦合协调度模型、CRITIC-熵权法组合权重模型等，评价中国数字经济发展水平、数字产业化和产业数字化耦合水平、制造业高质量发展水平，并且运用聚类分析及空间相关性分析方法对中国制造业高质量发展的空间分布特征及演变趋势进行研究，整体把握数字经济和制造业企业的发展趋势。

第四，对数字经济对中国企业创新的影响效应进行研究。本书构建固定效应模型和门槛面板模型，选取2011~2020年中国30个省区市的面板数据，探究数字经济对企业创新的影响效应以及在环境约束下数字经济对企业创新的非线性影响。本书将全国分为东部地区、中部地区和西部地区三个层面，探讨不同区域内数字经济对企业创新的影响的差异。本书认为：数字经济不仅能够促进企业发展，而且能够缩小区域之间企业创新能力的差距。由门槛效应检验可知，数字经济与企业创新之间呈现正向且边际效率递增的非线性关系，随着数字经济发展水平的提升，其对企业创新的促进作用逐渐增强。同时，数字经济对企业创新能力的非线性影响受到外界环境的约束，在政府科技投入和人力资本投入的约束下，两者之间呈现"N"形的非线性关系。

第五，对数字经济对中国制造业创新效率的影响效应进行研究。以大数据、人工智能、云计算等核心技术为代表的数字经济的快速发展已成为不可阻挡的时代潮流。受到贸易摩擦和新冠疫情的影响，全球供应链面临重塑，中国制造业创新效率如何？数字经济能否促进中国制造业创新效率提升？数字经济通过哪些渠道影响中国制造业创新效率？本书选取2011~2020年中国30个省区市的面板数据，从数字化基础设施、数字化产业发展、产业数字化发展、数字化发展环境、数字普惠金融五个维度构建中国省级层面数字经济发展水平指标体系，测算数字经济发展水平和制造业创新效率，对数字经济促进制造业创新效率的总体作用、间接机制进行实证检验。本书认为：数字经济对中国制造业创新效率具有显著的促进作用，数字经济能够通过促进产业结构升级、技术溢出等中介效应间接提升制造业创新效率，数字经济对制造业创新效率提升具有空间溢出效应，大力发展数字经济不仅有利于本地区制造业创新效率提升，也可以推动邻近地区制造业创新效率提升。

第六，对数字经济对中国制造业发展的中介效应进行研究。本书从中介效应视角探索数字经济驱动中国制造业高质量发展的影响渠道，伴随数字化和信息化发展加速，传统生产要素的边界逐步拓展，数据被纳入经济增长函数之中，成为与土地、资本、劳动力等传统生产要素相并列的新型生产要素，尤其是疫情后，数字经济日益成为全球经济增长的"新引擎"。数字经济是否能够显著促进制造业高质量发展，以及如何影响制造业高质量发展？本书从人力资本、创业活动以及产业升级角度，通过实证研究分析数字经济对制造业高质量发展的影响机制，可能的贡献在于：一方面，将数字经济对高质量发展的影响延伸至制造业层面，构建面板数据模型实证检验数字经济与制造业高质量发展之间的关系；另一方面，鉴于数据具有区别于劳动力、资本等传统生产要素的非实体性特征，其促进制造业高质量发展往往是通过作用于劳动力等实现的。因此，本书基于理论认识构建中介效应模型，以期揭示数字经济对制造业高质量发展的影响机制，从而为深入认识数字经济与制造业高质量发展的关系以及制定相关产业政策提供参考。

第七，对数字经济对中国制造业发展的耦合效应进行研究。本书从促进技术创新效率提升和推动技术创新地理溢出双重视角出发，基于2012～2021年环渤海经济区、长三角经济区、粤港澳大湾区和成渝—关中经济区四大数字经济与制造业发展先行区省域层面的制造业面板数据，利用随机前沿生产函数模型和中介效应模型实证考察基于理论研究提出的假设。本书认为：一是数字化水平与数字经济规模交互项对制造业技术创新效率的提升具有显著的正向作用，这间接印证了数字技术与制造业技术创新的耦合效应；二是数字化水平与数字经济模型交互项与制造业全要素生产率之间存在比较显著的中介效应，本书通过制造业的技术创新密度和地区相对专业化指数两个中介变量验证空间效应是否存在。要实现数字经济驱动中国制造业高质量发展，制造业应当注重在技术创新过程中选择使用与自身核心技术契合度高、在难度上可实现本地化研发扩散的数字技术；依据自身知识创造能力与数字技术复杂度的耦合程度，选择具有渐进跟随、阶段跳跃或者路径创造特点的途径，优化配置要素资源和基础设施以促进数字经济与制造业融合发展。

第八，对数字经济对中国传统产业创新发展的影响效应进行研究。本书从企业创新圈、创新资源配置、创新组织变革三个方面与经济和社会压力两个角度，阐释数字经济对传统产业创新的影响，以产业升级、提高金融发展效率及拉动消费需求为重点，分析数字经济对传统产业创新发展的影响效应，并基于 2011～2020 年省际面板数据测度传统产业创新能力和数字经济发展水平，运用面板固定效应模型、中介效应模型，通过区域异质性检验等分析数字经济对传统产业创新发展的影响效应。本书认为：一是数字经济明显地促进了传统产业创新发展，在考虑到稳健性和内生性问题的背景下引入工具变量进行检验后发现，该结论仍然成立；二是产业升级、金融发展以及消费需求是数字经济驱动传统产业创新发展的重要介质，实证分析表明，产业升级、金融发展以及消费需求均对数字经济驱动传统产业创新发展具有显著的积极性中介效应，相对而言，消费需求的正向作用更大；三是数字经济对传统产业创新发展的影响存在区域异质性，东部地区的创新溢出强度大于中部地区和西部地区。

第九，对数字基础设施对中国全要素生产率的影响效应进行研究。数字经济的深层次发展离不开数字基础设施的有力支撑，以 5G 基站、人工智能和大数据中心为代表的新型基础设施作为现代数字经济发展的"网络传输纽带"和"信息物质载体"，将逐渐释放红利。现有文献均将"宽带中国"战略试点以及大数据综合试验区建设等视为准自然实验，聚焦地级市面板数据，构建双重差分模型，考察实施相关政策促进中国经济高质量发展的情况，而未从宏观视角对相关政策实施后地区间经济发展质量进行对比。已进行"宽带中国"战略试点的地区或大数据综合试验区的数字基础设施建设对全要素生产率的驱动作用是否更为显著？本书通过进行实证检验揭示数字基础设施建设对全要素生产率的直接影响及相关非线性特征、空间溢出效应，阐述地区异质性，同时，利用政策工具对地区加以划分并进行研究，以进一步验证。一是，在识别策略上，本书中的指标不同于已有研究中有关新型基础设施的衡量指标，本书借助移动基站数量这一指标深入研究数字基设施建设对全要素生产率的影响。二是，本书通过进行实证分析支持新型基础设施具有空间溢出性这一观点，更为重要的是，本书对"数字鸿沟"做出了解释。三是，本书立足宏观视角分析数字基础设施建设与全要素生产率之间存在的关系。四是，本书将中国进一步划分为"宽带中国"战略试点地区以及非"宽带中国"战略试点地区、大数据综合试验区与非大数据综合试验区，从多个角度深入探讨数字基础设施建设对中国全要素生产率的影响。

第十，对数字化重构下人工智能促进制造业高质量发展的非线性效应进行研究。本书基于2012~2021年环渤海经济区、长三角经济区、粤港澳大湾区和成渝—关中经济区四大数字经济与制造业发展先行区省域层面的制造业面板数据，利用随机前沿生产函数和中介效应模型验证相关假设。本书认为：在组织层面，应当以制造业产业集群为主体，有效发挥人工智能进行知识创造的"网络效应"，推动头部人工智能企业主导对知识创造路径的探索及对相关集群的知识溢出；在区域创新体系构建层面，注重区域数字化水平的提高、知识基础设施的建设和相关制度的构建，促进人工智能对于邻近地区制造业的知识的"非线性"溢出。

第十一，探索数字经济与制造业高质量发展的路径选择。数字经济是农业经济、工业经济更迭后的主要经济形态，通过改变价值创造和分配的逻辑，缓解由信息不对称和有限理性导致的资源配置扭曲，促进制造业发展质量变革。数字经济驱动制造业高质量发展的路径选择研究包括以下内容。一是以新发展理念为指导的数字赋能制造业高质量发展的演进路径，主要包括以增强制造业创新能力、提升制造业协调水平、促进制造业绿色发展、强化制造业对外开放质量、推动制造业共享发展五个方面为目标的发展路径。二是以互联网平台为支撑的数字赋能制造业发展的演进路径，主要包括构建基于互联网的政产学研协同创新平台、构建基于互联网的科技创新服务云平台、构建基于互联网的分享经济创新平台，以推动制造业创新水平进一步提高。三是以企业效率提升为目标的数字赋能制造业高质量发展的演进路径，主要包括通过进行智能化转型、提高企业绩效和推动商业模式变革三个层面促进制造业高质量发展。四是以产业结构优化为目标的数字赋能制造业高质量发展的演进路径，主要包括通过产业融合、产业链延伸、产业生态化三个方面促进制造业高质量发展。五是以区域创新发展为目标的数字赋能制造业高质量发展的演进路径，主要包括通过区域企业创新、区域产业转型、区域传统产业升级、创新生态效应以及区域均衡发展五个维度推进数字经济与制造业高质量发展深度融合，以更好地发挥数字经济对制造业高质量发展的驱动作用，促进中国制造业高质量发展。

第二章　数字经济与制造业高质量发展文献述评

随着互联网、物联网、云计算等信息技术的迅猛发展，数字经济与实体经济融合的广度和深度不断拓展。数字经济在获取竞争优势、推动产业结构转型、促进企业技术创新等方面起着重要的作用。梳理、概括、提炼学术界、理论界已有的关于数字经济与制造业高质量发展的相关研究成果，对于形成数字经济驱动中国制造业高质量发展的研究思路，探讨数字经济驱动中国制造业高质量发展的逻辑、影响效应和融合路径具有重要意义。

一　数字经济研究

数字经济是促进世界创新和包容性增长的动力。发展数字经济已成为世界主要发达国家政府的共识[1]。应以数据为新的生产要素，以创新为驱动力赋能经济高质量发展，以及通过动力变革、效率变革和质量变革提高全要素生产率来实现我国经济高质量发展。数字经济已成为促进我国经济高质量发展的新动能，成为我国经济高质量发展的支点，成为引领国家创新发展的重要力量[2]。

（一）数字经济的内涵研究

世界各国政府、学者、研究机构从各自角度对数字经济进行研究[3]，但

---

[1] Jorgenson D. W. , Stiroh H. , "A Retrospective Look at the U. S. Productivity Growth Resurgence," *The Journal of Economic Perspectives*, 22 (1), 2008: 3-24.

[2] 任保平、李培伟：《数字经济培育我国经济高质量发展新动能的机制与路径》，《陕西师范大学学报》（哲学社会科学版）2022年第1期，第96~107页。

[3] Coyle D. , *The Weightless World*: *Strategies for Managing the Digital Economy* (Massachusetts: MIT Press, 1998): 1; Miller P. , Wilsdon J. , "Digital Futures—An Agenda for a Sustainable Digital Economy," *Corporate Environmental Strategy*, 8 (3), 2001: 275-280; Brynjolfsson E. , Hitt L. M. , "Computing Productivity: Firm-Level Evidence," *The Review of Economics and Statistics*, 85 (4), 2003: 793-808.

至今仍未形成统一的数字经济内涵。美国学者 Tapscott 最先提出数字经济的概念，认为数字经济具有知识化、虚拟化、分子化、互联互通、既是消费者也是生产者等显著特征①。英国政府认为，在数字经济中，数字网络和通信基础设施提供了全球化的平台，能够促进个人和组织交往、合作和进行信息分享。澳大利亚政府在《国家数字经济战略》中将数字经济定义为通过互联网、移动电话和传感器等信息和通信技术，实现经济和社会的全球性网络化。日本与韩国从广义上将数字经济描述为广义的电子商务交易活动与服务。中国并无有关数字经济的明确定义，但学者进行了一定探索。佟家栋和张千指出数字经济具有数据化、网络化、智能化、共享化和普惠化等特征②。数字经济以数字化知识和信息为核心要素，以信息化和互联网的发展为支撑，是通信主题产业的集合，是通过数字化技术提供产品或服务以使生产者与消费者进行数字交易的新型经济形态③。张鹏构建了数字经济的一般性解释框架，其认为，在数字经济发展过程中，交易平台、数据平台以及智能平台的先后转化与不断涌现是有关资源重新配置的过程④。裴长洪等提出数据信息及其传送是一种决定生产率的技术手段，它可以渗透进工业、农业生产以及服务业劳动过程，形成所谓的"互联网+"⑤。逄健和朱欣民将数字经济看作由数字技术、信息化带来的经济形态⑥。从要素配置角度来看，把数据作为核心生产要素的数字经济具有高融合性特征，生产要素的投入种类和占比会随着数字经济向各个生产环节的渗透而发生变化，传统要素市场束缚被打破会加

---

① Tapscott D. , *The Digital Economy: Promise and Peril in the Age of Networked Intelligence* (New York: McGraw-Hill, 1996).

② 佟家栋、张千：《数字经济内涵及其对未来经济发展的超常贡献》，《南开学报》（哲学社会科学版）2022 年第 3 期，第 19~33 页。

③ 刘军、杨渊鋆、张三峰：《中国数字经济测度与驱动因素研究》，《上海经济研究》2020 年第 6 期，第 81~96 页。

④ 张鹏：《数字经济的本质及其发展逻辑》，《经济学家》2019 年第 2 期，第 25~33 页。

⑤ 裴长洪、倪江飞、李越：《数字经济的政治经济学分析》，《财贸经济》2018 年第 9 期，第 5~22 页。

⑥ 逄健、朱欣民：《国外数字经济发展趋势与数字经济国家发展战略》，《科技进步与对策》2013 年第 8 期，第 124~128 页。

剧市场竞争和优化产业结构，从而达到减少资源错配和市场扭曲的目的①。

（二）数字经济的测度研究

国内外研究机构对于数字经济的测度主要采用指数法，OECD 基于智能基础设施、经济增长带动就业、增强社会活力等因素构建数字经济发展水平测算模型。腾讯研究院通过对数字经济、数字政务、数字生活和数字文化四个分指数进行加权平均最终得到"互联网+"指数，以研究数字中国建设情况。刘军等从信息化发展、互联网发展和数字交易发展三个维度构建数字经济评价指标体系，测度发现中国数字经济正在高速发展，但存在区域"数字经济鸿沟"与两极分化现象，东部地区的数字经济的发展水平明显高于中西部地区②。温珺等从数字经济的基础设施以及渗透程度两个方面构建有关数字经济发展水平的评价模型③。王军等从数字经济发展载体、数字产业化、产业数字化及数字经济发展环境四个指标出发构建数字经济发展水平指标体系④。蔡跃洲结合信息通信技术的渗透性、替代性、协同性三大特征从理论上确定数字经济的内涵范围，将数字经济分为"数字产业化"和"产业数字化"两部分，并结合国民经济核算和计量分析等定量工具构建数字经济增加值测算方法框架，对中国的数字经济规模进行测算⑤。康铁祥为了全面反映中国数字经济规模，将数字产业部门总增加值与数字辅助活动创造

① 余文涛、吴士炜：《互联网平台经济与正在缓解的市场扭曲》，《财贸经济》2020 年第 5 期，第 146~160 页。
② 刘军、杨渊鋆、张三峰：《中国数字经济测度与驱动因素研究》，《上海经济研究》2020 年第 6 期，第 81~96 页。
③ 温珺、阎志军、程愚：《数字经济与区域创新能力的提升》，《经济问题探索》2019 年第 11 期，第 116~128 页。
④ 王军、朱杰、罗茜：《中国数字经济发展水平及演变测度》，《数量经济技术经济研究》2021 年第 7 期，第 26~42 页。
⑤ 蔡跃洲：《数字经济的增加值及贡献度测算：历史沿革、理论基础与方法框架》，《求是学刊》2018 年第 5 期，第 65~71 页。

的增加值相加得到数字经济总规模①。许宪春和张美慧从数字化基础设施、数字化媒体、数字化交易和数字经济交易产品四个方面测算数字经济规模，构建数字经济规模核算框架，界定数字经济核算范围，确定数字经济产品，筛选数字经济产业，对 2007~2017 年中国数字经济增加值与总产出等指标进行测算，并将测算结果与美国和澳大利亚的相关数据进行比较②。陈梦根和张鑫采用编制投入产出序列表的方法，获取行业层面的产出、中间投入和增加值等基础数据，对各个部门间的经济联系进行量化分析，再结合信息经济和数字经济测度理论测算中国数字经济的规模与结构，指出数字经济对经济发展的贡献不断增加，其正逐步成为支撑经济增长的中坚力量③。

（三）数字经济的影响效应研究

现有对数字经济的影响效应进行研究的文献从不同视角肯定数字经济的影响与作用。赵涛等测度了 2011~2016 年中国 222 个地级及以上城市的数字经济和高质量发展的综合水平，并用企业工商注册信息中的微观数据刻画城市的创业活跃度，研究结果表明：数字经济显著促进中国高质量发展，这一结论在把历史数据作为工具变量、把"宽带中国"战略试点作为准自然实验等而进行稳健性检验后仍然成立④。滕磊和马德功认为数字金融通过缓解企业融资约束提升了区域创新水平和对外开放水平，利用普惠服务的核心属性协调区域发展以确保发展成果为全民共享，证实了其促进中国高质量发展的作用机制⑤。张英浩等从经济发展质量理论视角分析数字经济影响经济高质量发展的内在机制，认为数字经济已成为推动经济高质量发展和共同富

① 康铁祥：《中国数字经济规模测算研究》，《当代财经》2008 年第 3 期，第 118~121 页。
② 许宪春、张美慧：《中国数字经济规模测算研究——基于国际比较的视角》，《中国工业经济》2020 年第 5 期，第 23~41 页。
③ 陈梦根、张鑫：《中国数字经济规模测度与生产率分析》，《数量经济技术经济研究》2022 年第 1 期，第 3~27 页。
④ 赵涛、张智、梁上坤：《数字经济、创业活跃度与高质量发展——来自中国城市的经验证据》，《管理世界》2020 年第 10 期，第 65~76 页。
⑤ 滕磊、马德功：《数字金融能够促进高质量发展吗?》，《统计研究》2020 年第 11 期，第 80~92 页。

裕的重要抓手①。王文、Beham 等从就业方面指出数字经济对知识密集型、技术密集型制造业的就业影响强于对劳动密集型和资本密集型制造业的就业影响②。温珺等从创新角度出发，借助 2015 年城市截面数据验证了驱动数字经济发展的是真正的创新，而非模仿式创新③。张于喆从产业升级角度分析数字经济驱动产业结构向中高端迈进的作用④。余姗等发现数字经济发展能够有效助推碳生产率提升⑤。对于数字经济的作用，也有学者持不同看法，Ark 指出，以大数据、云计算为基础的数字经济虽然发展得较快，却并未发挥对促进经济发展的最大作用⑥。数字经济不仅具备更广范围、更快速度的跨时空信息传播能力，而且具有网络外部性、溢出性等特点，拓展了地域间经济活动的广度与深度。Yilmaz 等通过对美国 48 个州的面板数据进行实证检验，较早关注数字化带来的空间溢出效应⑦。Keller 从知识的角度补充了有关技术传播的溢出距离的内容⑧。基于中国背景进行的相关研究支持新型基础设施具有空间溢出性的结论，但针对新型基础设施对"数字鸿沟"的影响并未形成一致的结论。一种观点认为，新型基础设施的发展不会带来

---

① 张英浩、汪明峰、刘婷婷：《数字经济对中国经济高质量发展的空间效应与影响路径》，《地理研究》2022 年第 7 期，第 1826~1844 页。

② 王文：《数字经济时代下工业智能化促进了高质量就业吗》，《经济学家》2020 年第 4 期，第 89~98 页。Beham B.，Präg P.，Drobnič S.，"Who's Got the Balance? A Study of Satisfaction with the Work-family Balance among Part-time Service Sector Employees in Five Western European Countries," *The International Journal of Human Resource Management*，23（18），2012：3725-3741.

③ 温珺、阎志军、程愚：《数字经济与区域创新能力的提升》，《经济问题探索》2019 年第 11 期，第 116~128 页。

④ 张于喆：《数字经济驱动产业结构向中高端迈进的发展思路与主要任务》，《经济纵横》2018 年第 9 期，第 85~91 页。

⑤ 余姗、樊秀峰、蒋皓文：《数字经济发展对碳生产率提升的影响研究》，《统计与信息论坛》2022 年第 7 期，第 26~35 页。

⑥ Ark B. V.，"The Productivity Paradox of the New Digital Economy," *International Productivity Monitor*，31，2016.

⑦ Yilmaz S.，Haynes K. E.，Dinc M.，"Geographic and Network Neighbors：Spillover Effects of Telecommunications Infrastructure," *Journal of Regional Science*，42（2），2002：339-360.

⑧ Keller W.，"Trade and The Transmission of Technology," *Journal of Economic Growth*，7（1），2002.

整体经济效率的直接提升，信息技术的使用需要一定的知识储备，相对落后地区居民的受教育程度较低，使用先进信息技术的能力较差①，且现实中不断积聚的资本会通过网络连接转化为互联网资本，形成马太效应，加剧区域间发展的不平衡②。另一种观点认为，新型基础设施提升了经济效率，信息基础设施可以有效降低个体获取市场信息的搜寻成本，缓解了落后地区的信息不对称问题③，以及低收入群体面临的信息约束和信贷约束，使就业机会均等化，缩小地区间的发展差距④。数字经济能推动产业组织方式变革、拓展网络空间功能、扩大创新资源配置的空间范围，最终引致创新模式变革⑤。

（四）数字经济发展的对策研究

关于数字经济发展的对策措施，Nordhaus 认为，为发展数字经济，政府要努力改善提供通信技术的设施的质量，促进信息通信技术领域变革⑥。Romer 支持信息通信技术部门进行研究和开发，吸引风投公司对信息通信技术进行投资⑦。David 指出蓬勃发展的互联网及数字经济催生了对新型基础设施的大量需求，应加快数字基础设施建设进程，大力引导数字产业化与产业数字化发展⑧。Jorgenson 和 Stiroh 提出创新是数字经济发展的核心动力，应瞄

---

① Bonfadelli H. ,"The Internet and Knowledge Gaps: A Theoretical and Empirical Investigation," *European Journal of Communication*, 17 (1), 2002: 65–84.

② 王修华、赵亚雄：《数字金融发展是否存在马太效应？——贫困户与非贫困户的经验比较》，《金融研究》2020 年第 7 期，第 114~133 页。

③ Jensen R. , "The Digital Provide: Information (Technology), Market Performance, and Welfare in the South Indian Fisheries Sector," *Quarterly Journal of Economics*, 122 (3), 2007: 879–924.

④ 谢绚丽、沈艳、张皓星、郭峰：《数字金融能促进创业吗？——来自中国的证据》，《经济学》（季刊）2018 年第 4 期，第 1557~1580 页。张勋、万广华：《中国的农村基础设施促进了包容性增长吗？》，《经济研究》2016 年第 10 期，第 82~96 页。

⑤ 张昕蔚：《数字经济条件下的创新模式演化研究》，《经济学家》2019 年第 7 期，第 32~39 页。

⑥ Nordhaus W. D. , "Are We Approaching an Economic Singularity? Information Technology and the Future of Economic Growth," *NBER Working Papers*, 2015.

⑦ Romer P. M. , "Increasing Returns and Long – Run Growth," *Journal of Political Economy*, 94 (5), 1986 : 1002–1037.

⑧ David P. A. , "The Dynamo and the Computer: An Historical Perspective on the Modern Productivity Paradox," *The American Economic Review*, 80 (2), 1990 : 355–361.

准世界科技前沿，加强基础数字技术研究，加快ICT、商品和服务创新发展[1]。
Stiroh提出推动ICT与教育、医疗和运输等民生领域或产业融合发展[2]。
Acemoglu和Restrepo提出促进信息包容和加强数字经济人才培养[3]。Oliner
和Sichel从基层数据、中层运作与管理、顶层服务等方面提出创新战略[4]。
郭斌和杜曙光指出，为打造我国数字经济新优势，应从供需两侧入手，高度
关注政府、社会、企业的数字化转型进程，重视新型基础设施建设的区域协
调和城乡融合发展，加快"软"基础设施建设进程，缩减新型基础设施迭
代成本，多维度提升新型基础设施的安全性[5]。张森等认为，中国应坚持以
理论创新为先导、以文化创新为底蕴、以技术创新为动力和以制度创新为保
障的综合式创新，以理论创新、文化创新、技术创新和制度创新的合力推动
数字经济健康有序地发展[6]。辛璐璐提出数字政府建设是未来数字经济发展
的主基调，应借助现代化信息技术不断创新政府数字化运作方式，持续进行
政府数据开放、公开政府决策、实现信息共享等，促使数字政府建设取得成
效[7]。刘淑春认为中国数字经济发展的突出矛盾是生产关系滞后且其制约了生
产力发展，应消除和打破制约数字化生产力发展和数字经济生态系统建设的政
策障碍和体制瓶颈，重塑数字经济制度供给[8]。孔艳芳等提出为推进数字经济

① Jorgenson D. W. , Stiroh K. J. , "Information Technology and Growth," *The American Economic Review*, 89 (2), 1999: 109-115.

② Stiroh K. J. , "Information Technology and the U. S. Productivity Revival: What Do the Industry Data Say?" *The American Economic Review*, 92 (5), 2002: 1559-1576.

③ Acemoglu D. , Restrepo P. , "Robots and Jobs: Evidence from US Labor Markets," *Journal of Political Economy*, 128 (6), 2020: 2188-2244.

④ Oliner S. D. , Sichel D. E. , *Information Technology and Productivity: Where Are We Now and Where Are We Going?* (Boston, MA: Springer, 2003).

⑤ 郭斌、杜曙光：《新基建助力数字经济高质量发展：核心机理与政策创新》，《经济体制改革》2021年第3期，第115~121页。

⑥ 张森、温军、刘红：《数字经济创新探究：一个综合视角》，《经济学家》2020年第2期，第80~87页。

⑦ 辛璐璐：《国际数字政府建设的实践经验及中国的战略选择》，《经济体制改革》2021年第6期，第164~170页。

⑧ 刘淑春：《中国数字经济高质量发展的靶向路径与政策供给》，《经济学家》2019年第6期，第52~61页。

发展应优化技术保障体系，深度挖掘并充分发挥数字技术真实可信、精准预测和及时反馈等优势，构建数据交易事前评估、事中监控和事后评价的长效机制，维护数据隐私和安全①。李忠民等提出为推动数字经济战略实施应积极开展电子认证和数字身份库建设②。郑学党和赵宏亮认为 ICT 服务业是未来全球数字经济整合的基础，国别数字经济的加速发展和区域数字经济的整合是全球数字经济网络建设的先导③。程文兰立足马克思的劳动价值论，厘清劳动价值论视域下数字经济的特征，分析数字经济的未来发展情况，提出应在构建"数字中国"的时代背景下发展数字经济④。数字经济的快速发展进一步对数字化治理提出要求，数字化治理的推进能够提升信息透明度、改善制度环境、优化收入分配，政府借助数字化平台可以促进治理能力现代化⑤。

二　制造业高质量发展研究

制造业高质量发展是推动实体经济发展的重要力量，然而，各界对中国制造业高质量发展并未形成标准的内涵，也未明确核算指标，而且对于中国制造业高质量发展的影响的探究主要集中于传统因素方面。

（一）制造业高质量发展的内涵研究

从理论源头来看，中国制造业高质量发展的内涵衍生于经济高质量发

---

① 孔艳芳、刘建旭、赵忠秀：《数据要素市场化配置研究：内涵解构、运行机理与实践路径》，《经济学家》2021 年第 11 期，第 24~32 页。

② 李忠民、周维颖、田仲他：《数字贸易：发展态势、影响及对策》，《国际经济评论》2014 年第 6 期，第 8、131~144 页。

③ 郑学党、赵宏亮：《国外数字经济战略的供给侧实施路径及对中国的启示》，《经济研究导刊》2017 年第 6 期，第 154~158 页。

④ 程文兰：《马克思劳动价值论视域下我国数字经济的发展》，《经济研究导刊》2021 年第 28 期，第 1~3 页。

⑤ Lindstedt C., Naurin D., "Transparency Is Not Enough: Making Transparency Effective in Reducing Corruption," *International Political Science Review*, 31 (3), 2010.

展，广义上的高质量发展是对"创新、协调、绿色、开放、共享"等新发展理念的体现，从重视规模的"量"转向重视结构的"质"，从关注"有没有"转向关注"好不好"，从重视高速度转向重视高质量①，包括经济效益、社会效益、生态效益和经济运行状态的高质量发展②。探讨制造业高质量发展内涵的研究甚少，少量学者从不同层面进行描述。制造业高质量发展是通过制造业的结构升级、技术创新、新动能培育来提高制造业效率和竞争力的过程。这一过程实质上是工业化过程，一方面，工业化的实质是经济结构的变化，经济结构的变化需要技术创新来支持，而技术创新会引起经济发展方式变化，制造业发展方式转变可以推动制造业高质量发展；另一方面，工业化伴随着产业结构升级而发展，制造业的转型升级是工业化进程的主线③。制造业高质量发展是指在新发展理念指导下，制造业的研发、生产、销售全过程实现生产要素投入少、资源配置效率高、品质提升实力强、生态环境质量优、经济社会效益好的高水平可持续发展。要满足高质量发展要求，制造业必须具备创新能力增强、结构优化升级、要素效率改进、质量效益提升、品质优化升级、融合发展水平提高、绿色制造加快推进等主要特征④。新形势下制造业高质量发展以提高供给体系质量为主攻方向，以技术创新为核心动力，以高端制造、智能制造、优质制造与绿色制造为主要抓手，坚持新发展理念和质量效益原则，促进制造业实现质量变革、效率变革、动力变革⑤。

---

① 张军扩、侯永志、刘培林、何建武、卓贤：《高质量发展的目标要求和战略路径》，《管理世界》2019 年第 7 期，第 1~7 页。
② 简新华、聂长飞：《论从高速增长到高质量发展》，《社会科学战线》2019 年第 8 期，第 86~95 页。
③ 任保平：《新时代我国制造业高质量发展需要坚持的六大战略》，《人文杂志》2019 年第 7 期，第 31~38 页。
④ 余东华：《制造业高质量发展的内涵、路径与动力机制》，《产业经济评论》2020 年第 1 期，第 13~32 页。
⑤ 江小国、何建波、方蕾：《制造业高质量发展水平测度、区域差异与提升路径》，《上海经济研究》2019 年第 7 期，第 70~78 页。

（二）制造业高质量发展的测度研究

对制造业高质量发展的测度尚未形成一套完整的指标体系，学者从制造业高质量发展的不同层面进行衡量。结合当前智能制造、大规模个性化定制、网络化协同、服务型制造、绿色制造、柔性制造等实践模式，罗序斌和黄亮从数字化、网络化、智能化和绿色化四个维度选取 16 个指标构建制造业高质量发展指标体系并进行测度发现，中国制造业不断发展，但总体上仍处于低水平、低质量的"协调并进"阶段①。根据制造业高质量发展的要求，苏永伟选取经济效益、技术创新、绿色发展、质量品牌、信息化水平五个一级指标构建中部地区制造业高质量发展评价指标体系并进行测度发现，2008～2018 年，中部地区的六个省区市的制造业水平总体上呈现提升态势，但各省区市制造业的发展差异明显②。有的学者从经济效益、技术创新、绿色发展、质量品牌、两化融合、高端发展六个维度测度制造业高质量发展水平③。有的学者基于制造业价值链维度从研发设计、生产制造和品牌营销三个方面度量制造业高质量发展情况④。有的学者基于新发展理念，从创新、绿色、开放、共享、高效和风险控制六个维度系统构建各区域制造业高质量发展指数⑤并构建包含结构合理的产业体系、创新有序的市场体系、高效公平的分配体系、协调平衡的区域发展体系、绿色友好的生态体系以及全面多元的开放体系的高质量发展评价体系⑥。

---

① 罗序斌、黄亮：《中国制造业高质量转型升级水平测度与省际比较——基于"四化"并进视角》，《经济问题》2020 年第 12 期，第 43～52 页。

② 苏永伟：《中部地区制造业高质量发展评价研究——基于 2007-2018 年的数据分析》，《经济问题》2020 年第 9 期，第 85～92 页。

③ 江小国、何建波、方蕾：《制造业高质量发展水平测度、区域差异与提升路径》，《上海经济研究》2019 年第 7 期，第 70～78 页。

④ 马中东、宁朝山：《数字经济、要素配置与制造业质量升级》，《经济体制改革》2020 年第 3 期，第 24～30 页。

⑤ 曲立、王璐、季桓永：《中国区域制造业高质量发展测度分析》，《数量经济技术经济研究》2021 年第 9 期，第 45～61 页。

⑥ 滕磊、马德功：《数字金融能够促进高质量发展吗？》，《统计研究》2020 年第 11 期，第 80～92 页。

（三）制造业高质量发展的影响因素研究

关于制造业高质量发展的影响因素的研究较少。Woo 等、秦放鸣和张宇提出知识产权能够增加企业研发投入，推动制造业从劳动密集型向知识密集型转型，企业可以通过创新激励效应、人力资本配置效应和国际技术溢出效应等的作用促进地区制造业升级[①]。赵卿和曾海舰考察了产业政策对制造业高质量发展的影响效应，指出产业政策能够显著提高制造业的综合发展水平，主要表现为提高制造业经济效益和创新能力，但对绿色发展的作用并不显著[②]。高康和原毅军提出生产性服务业空间集聚可通过促进内含知识溢出的研发要素流动以及降低污染排放强度两个路径推动制造业升级[③]。Brunnermeier 和 Cohen 提出环境规制能够提高制造业的技术创新水平，推动制造业高质量发展，并且，在不同技术创新水平下，制造业高质量发展面临不同的环境规制[④]。孟茂源和张广胜发现劳动力成本上升能够显著提升企业全要素生产率和劳动生产率，推动制造业企业高质量发展[⑤]。

三　互联网对制造业高质量发展影响研究

在数字经济进入以互联网为核心的发展阶段，对互联网的创新应用成为

---

① Woo S., Jang P., Kim Y., "Effects of Intellectual Property Rights and Patented Knowledge in Innovation and Industry Value Added: A Multinational Empirical Analysis of Different Industries," *Technovation*, 43-44, 2015: 49-63. 秦放鸣、张宇：《知识产权保护与地区制造业升级——基于中介效应和面板分位数模型的实证分析》，《科技进步与对策》2020 年第 13 期，第 74~82 页。

② 赵卿、曾海舰：《产业政策推动制造业高质量发展了吗?》，《经济体制改革》2020 年第 4 期，第 180~186 页。

③ 高康、原毅军：《空间视域下生产性服务业集聚的资源错配效应研究》，《当代经济科学》2020 年第 6 期，第 108~119 页。

④ Brunnermeier S. B., Cohen M. A., "Determinants of Environmental Innovation in US Manufacturing Industries," *Journal of Environmental Economics and Management*, 45 (2), 2003: 278-293.

⑤ 孟茂源、张广胜：《劳动力成本上升对制造业企业高质量发展的影响分析》，《经济问题探索》2021 年第 2 期，第 145~155 页。

数字经济推动经济高质量发展的基础。已有研究表明，对互联网资源的开发利用以及互联网的普及均对提升区域创新能力具有显著的促进作用[①]，互联网不仅能够通过形成跨区域网络、高效分工的多重反馈循环机制[②]，及时处理经济活动产生的大量信息，缓解市场信息不对称的问题，降低交易成本，提高劳动市场供需匹配效率，而且能够通过影响人力资本、金融发展和产业升级等方式间接提升区域创新效率[③]。

（一）互联网对制造业企业业绩的影响研究

借助互联网的信息传播优势，产品市场中的信息壁垒被打破，供应链协同能力显著增强，有效提高了交易效率和劳动生产率，推动制造业业绩提升。Huber、Santhanam 和 Hartono 研究了 IT 对公司绩效的影响，认为信息化使全面模拟整体生产成为现实，降低了生产成本，提高了企业产出效率[④]。Saunders 和 Brynjolfsson、黄群慧等提出互联网可以从降低交易成本、减少资源错配以及促进创新三个层面直接或间接提升制造业生产率[⑤]。大数据、区块链、云计算等数字技术能使市场供求信息更加精确，物联网与互联网技术的融合能拓宽信息系统的边界，扩大创新资源配置的空间范围[⑥]。肖利平采用 2006~2016 年省级数据估计"互联网+"对装备制造业全要素生产率（TFP）的效应，研究发现，"互联网+"对装备制造业 TFP 有显著的促进作

---

① 惠宁、马微、刘鑫鑫：《互联网发展对中国区域创新能力的影响及地区差异研究》，《北京工业大学学报》（社会科学版）2021 年第 2 期，第 51~70 页。

② 张旭亮、史晋川、李仙德、张海霞：《互联网对中国区域创新的作用机理与效应》，《经济地理》2017 年第 12 期。

③ 韩先锋、惠宁、宋文飞：《信息化能提高中国工业部门技术创新效率吗》，《中国工业经济》2014 年第 12 期，第 70~82 页。

④ Huber G. P. , "A Theory of the Effects of Advanced Information Technologies on Organizational Design, Intelligence, and Decision Making," *Academy of Management Review*, 15（1），1990：47-71. Santhanam R. , Hartono E. , "Issues in Linking Information Technology Capability to Firm Performance," *MIS Quarterly*, 27（1），2003：125-153.

⑤ Saunders A. , Brynjolfsson E. , *Wired for Innovation：How Information Technology Is Reshaping the Economy*（Cambridge：MIT Press, 2009）. 黄群慧、余泳泽、张松林：《互联网发展与制造业生产率提升：内在机制与中国经验》，《中国工业经济》2019 年第 8 期，第 5~23 页。

⑥ 张昕蔚：《数字经济条件下的创新模式演化研究》，《经济学家》2019 年第 7 期，第 32~39 页。

用。从 TFP 分解情况来看，"互联网+"对装备制造业技术效率具有显著的促进作用，但对技术进步的效应并不明显，说明装备制造业技术效率并非由技术进步驱动，所以互联网行业必须扭转重商业模式、轻技术创新的错误导向①。王可和李连燕认为对互联网的使用推动了我国制造业的创新活动，提高了制造业供应链上下游企业之间的信息分享意愿，且其本身可以作为一种高效的商品营销渠道在制造业发展过程中发挥作用，带动制造业绩效提升②。罗序斌基于对市场化进程的研究指出，互联网能够通过加快产品市场化和要素市场化进程驱动制造业发展③。

（二）互联网对技术创新的影响研究

对互联网的应用有利于企业研发与制造的协同，加强研发人员之间进行技术交流和协作，推动企业技术创新范式进行开放性转变④。IT 有助于研发新产品，对创新活动的积极作用越来越显著⑤。互联网与经济社会各领域深度融合，催生出新的商业模式与业务形态，显示出明显的创新外溢效应⑥。互联网资源具有技术性、公共性、渗透性特征，能够与其他资源相互融合，引发新一轮组织变革，衍生出新的经济形态⑦。互联网能够形成一个无界、有效的全面开放式创新网络，促使企业创新资源与要素跨越组织边界而聚合

---

① 肖利平：《"互联网+"提升了我国装备制造业的全要素生产率吗》，《经济学家》2018 年第 12 期，第 38~46 页。

② 王可、李连燕：《"互联网+"对中国制造业发展影响的实证研究》，《数量经济技术经济研究》2018 年第 6 期，第 3~20 页。

③ 罗序斌：《互联网发展与制造业生产率增长——基于市场化进程的机制研究》，《当代财经》2022 年第 5 期，第 113~123 页。

④ 沈国兵、袁征宇：《互联网化、创新保护与中国企业出口产品质量提升》，《世界经济》2020 年第 11 期，第 127~151 页。

⑤ Boutellier R. et al.，"Management of Dispersed Product Development Teams：The Role of Information Technologies," *R&D Management*, 28（1），1998：13-25.

⑥ Androutsos A.，"Access Link Bandwidth Externalities and Endogenous Internet Growth：A Long-run Economic Approach," *International Journal of Network Management*, 21（1），2011：21-44.

⑦ 侯汉坡、何明珂、庞毅、郑国梁：《互联网资源属性及经济影响分析》，《管理世界》2010 年第 3 期，第 176~177 页。

重组，释放协同创新效应，发掘和提升企业创新的潜能和绩效[1]。互联网颠覆了以往的商业模式和创新模式，引导商业模式从以供给为导向转变为以需求为导向，创新由企业内部的个体创新逐渐转变为外部的群体创新[2]。有的学者运用面板门槛回归方法证实互联网发展与区域创新能力间具有边际报酬递增的非线性关系[3]。有的学者对比国家层面的互联网发展情况对制造业技术创新的影响效应，发现一国互联网发展水平越高，越有利于促进技术创新[4]。

（三）互联网对产业结构的影响研究

互联网技术深度融入制造业的各个环节，推动生产方式和企业组织方式变革，创造出新的商业模式和营销模式，有效缓解了资源要素配置的扭曲，倒逼制造业进行高度合理化的转型升级[5]。同时，互联网价值链与实体经济产业链相互融合、重新排列[6]，可以通过互联网价值链内环节的功能提升、互联网价值链与实体经济产业链的双重嵌入、国内价值链与全球价值链的双重匹配，实现制造业的工艺升级、产品升级、功能升级和跨产业升级[7]。黄群慧等通过超边际与一般均衡分析建立了互联网发展影响制造业效率的理论模型，揭示了互联网发展提升制造业效率的内在机制，从城市、行业和企业三个

---

[1]　王金杰、郭树龙、张龙鹏：《互联网对企业创新绩效的影响及其机制研究——基于开放式创新的解释》，《南开经济研究》2018 年第 6 期，第 170~190 页。

[2]　罗珉、李亮宇：《互联网时代的商业模式创新：价值创造视角》，《中国工业经济》2015 年第 1 期，第 95~107 页。

[3]　惠宁、刘鑫鑫：《互联网发展对中国区域创新能力的影响效应》，《社会科学研究》2020 年第 6 期，第 30~37 页。

[4]　郭然、原毅军、张涌鑫：《互联网发展、技术创新与制造业国际竞争力——基于跨国数据的经验分析》，《经济问题探索》2021 年第 1 期，第 171~180 页。

[5]　魏艳秋、和淑萍、高寿华：《"互联网+"信息技术服务业促进制造业升级效率研究——基于 DEA-BCC 模型的实证分析》，《科技管理研究》2018 年第 17 期，第 195~202 页。

[6]　刘斌、潘彤：《人工智能对制造业价值链分工的影响效应研究》，《数量经济技术经济研究》2020 年第 10 期，第 24~44 页。

[7]　刘维林：《产品架构与功能架构的双重嵌入——本土制造业突破 GVC 低端锁定的攀升途径》，《中国工业经济》2012 年第 1 期，第 152~160 页。

维度全面检验互联网发展对中国制造业效率的影响情况。研究显示，互联网发展显著促进城市整体、制造业整体和企业的生产率提升，且能通过降低交易成本、减少资源错配以及促进创新间接提升制造业生产率[1]。胡俊通过分析2004~2016年省级面板数据发现地区互联网发展水平对制造业升级具有显著的正向促进作用，但是当融入全球价值链（GVC）程度超过一定水平时，地区互联网发展水平对制造业升级可能存在不利影响[2]。石喜爱等基于比较优势理论分析"互联网+"提升中国制造业价值链的内在机理，通过构建空间杜宾模型研究"互联网+"对中国制造业价值链的影响，发现"互联网+"有利于促进制造业价值链攀升，并通过空间外溢效应拉动周边地区制造业发展[3]。严北战和周懿基于2006~2016年中国各省区市细分行业数据证实"互联网+"需求侧能够驱动制造业转型升级，而"互联网+"供给侧对制造业转型升级的影响不明显[4]。何大安和周法法通过考察互联网平台应用与产业结构转型之间的关系发现，互联网平台应用显著提升了产业结构高级化与合理化水平，有效地推动产业结构转型升级[5]。

（四）互联网与制造业发展融合路径的研究

在"互联网+"背景下，促进中国制造业转型升级需要了解有关互联网与制造业融合发展的认识误区，有序推进互联网与制造业融合发展，培育互联网与制造业融合发展的新方式，以互联网思维重构制造业价值链，推动

---

[1] 黄群慧、余泳泽、张松林：《互联网发展与制造业生产率提升：内在机制与中国经验》，《中国工业经济》2019年第8期，第5~23页。

[2] 胡俊：《地区互联网发展水平对制造业升级的影响研究》，《软科学》2019年第5期，第6~10、40页。

[3] 石喜爱、李廉水、程中华、刘军：《"互联网+"对中国制造业价值链攀升的影响分析》，《科学学研究》2018年第8期，第1384~1394页。

[4] 严北战、周懿：《"互联网+"对制造业升级的影响——基于供给侧、需求侧双向驱动的分析》，《科技管理研究》2020年第22期，第124~130页。

[5] 何大安、周法法：《互联网平台应用对产业结构转型的影响研究：内在机理与实证检验》，《商业经济与管理》2022年第6期，第51~67页。

构建个性化智能定制生产模式，打造完善的制造业产业链生态圈①。制造业与互联网融合发展要以部分产业为先导，形成体验式融合发展的生态，引导功能型消费转变为体验式消费，进行网络化协同制造，开拓体验型制造业务。在此过程中，要注意对"体验度"的把握，真正实现体验式融合②。互联网、大数据、人工智能与工业制造业的深度融合推动工业制造业升级，工业制造业融合发展的动力机制主要体现为：以大数据和人工智能为核心的要素资源驱动机制，以集成、协同业态、模式创新为重要内容的创新驱动机制，以软件定义和智能网络链接为支撑的技术驱动机制③。制造业与互联网融合发展路径包括聚焦价值创造，形成制造业与互联网融合发展的倍增效应；注重组织整合，形成制造业与互联网融合发展的协同效应；突出空间扩展，形成制造业与互联网融合发展的聚合效应。制定"互联网+"与智能制造业融合发展的具体政策措施，转变传统思维观念，加强智能制造基础设施建设，坚持走创新发展之路，加强培养和引进复合型人才，完善政策支撑体系等。

四　数字经济对实体经济发展影响研究

（一）数字经济推动经济增长研究

有关数字经济推动经济增长的研究从微观、宏观两个层面进行探讨。在微观层面，互联网、移动通信、大数据、云计算等新兴技术可以形成兼具规模经济、范围经济及长尾效应的环境，更好地匹配供需，形成更加完善的价格机制，这可以提高经济发展的均衡水平。在宏观层面，数字经济可以通过

①　邵安菊：《互联网与制造业融合发展的几个关键问题》，《经济纵横》2017年第1期，第74~77页。

②　赵放、任雪：《新经济下制造业与互联网的体验式融合发展》，《当代经济研究》2017年第6期，第78~83页。

③　曹永琴：《基于工业互联网融合模式的制造业深度融合研究》，《上海经济》2022年第2期，第12~26页。

新的投入要素、新的资源配置效率和新的全要素生产率三个方面促进经济增长，其中，数字经济的发展呈现一种类似斯密提出的自增长模式①。数字经济拥有跨时空信息传播、数据创造以及共享和显著降低交易成本等先天优势和本质特征，能够有效消除城市高质量发展的要素供需矛盾、经济活动空间限制和公平与效率未能兼顾等问题，推动经济高质量发展。同时，数字经济可以通过影响市场规模、知识溢出和要素组合等创造更多的创业机会，通过加快信息交互和思想传播等途径丰富创业资源，间接提升城市的创业活跃度进而促进城市高质量发展②。数字技术可以改变产业运行逻辑，应全方位、全领域、全链条进行数字化改造和赋能，深度挖掘制造业数字化转型空间、服务业数字化转型空间和农业数字化转型空间，促进传统产业朝着柔性化、智能化、精细化方向转变，助推经济向形态更高级、分工更精准、结构更合理的数字化阶段演进③。数字金融可以通过收集和挖掘数据提高相关信息的价值，减少在提供服务过程中的信息不对称现象，降低投融资过程中的道德风险，减少逆向选择。数字金融打破了金融服务长期存在的"二八定律"，使长期受到资金歧视的长尾客户能够获得所需支持。进一步分析发现，数字金融通过缓解企业融资约束提升了区域创新水平和对外开放水平，利用普惠服务的核心属性协调区域发展以确保发展成果为全民共享，从而证实了数字经济促进高质量发展的动力机制④。数字经济通过重塑中国国际合作和竞争新优势，为经济增长增添新动能，并且伴随着数字科技的发展，数字经济将不断改变社会经济领域的沟通方式、组织方式、生产方式、生活方式，成为

---

① 荆文君、孙宝文：《数字经济促进经济高质量发展：一个理论分析框架》，《经济学家》2019 年第 2 期，第 66~73 页。
② 赵涛、张智、梁上坤：《数字经济、创业活跃度与高质量发展——来自中国城市的经验证据》，《管理世界》2020 年第 10 期，第 65~75 页。
③ 刘淑春：《中国数字经济高质量发展的靶向路径与政策供给》，《经济学家》2019 年第 6 期，第 52~61 页。
④ 滕磊、马德功：《数字金融能够促进高质量发展吗?》，《统计研究》2020 年第 11 期，第 80~92 页。

推动经济发展质量变革、效率变革和动力变革的"加速器"①。为使数字技术推动实体经济转型发展，必须提升技术创新和金融创新的双重影响力。一方面，数字技术通过对实体企业生产和运营部门的整合提高生产率。数字技术对实体产业部门尤其是规模以上工业企业产业部门的作用，能够显著促进宏观经济增长。另一方面，数字技术与金融部门的融合能够通过缓解融资约束快速推动高技术产业产值增长，进而在短期内有效促进产业结构优化升级②。数字基础设施在当代经济运行中具有不可撼动的地位，Röller 和 Waverman③、Datta 和 Agarwal④、Koutroumpis⑤ 分别用电话服务价格、每百户电话主线数、固定宽带速度进行相关分析，运用 OECD 国家的面板数据考察数字基础设施与经济增长之间的关系，发现数字基础设施对经济增长具有显著的正向作用。郑世林等⑥、张勋和万广华⑦、赵培阳和鲁志国⑧则分别用人均移动电话普及率及是否可取得座机电话、电话用户和人均互联网用户两个变量的均值、软件和信息技术服务业固定资产投资水平分析数字基础设施建设状况，证实了数字基础设施在促进经济增长、提高地区生产率、改善收入分配等方面发挥积极的作用。还有诸多学者对宽带网络对经济增长的影响机制进行量化分析，视"宽带中国"战略试点为准自然实验，基于地级市面板数据

① 左鹏飞、陈静：《高质量发展视角下的数字经济与经济增长》，《财经问题研究》2021 年第 9 期，第 19~27 页。

② 田秀娟、李睿：《数字技术赋能实体经济转型发展——基于熊彼特内生增长理论的分析框架》，《管理世界》2022 年第 5 期，第 56~74 页。

③ Röller L.，Waverman L.，"Telecommunications Infrastructure and Economic Development：A Simultaneous Approach，"*American Economic Review*，91（4），2001：909-923.

④ Datta A.，Agarwal S.，"Telecommunications and Economic Growth：A Panel Data Approach，"*Applied Economics*，36（15），2004：1649-1654.

⑤ Koutroumpis P.，"The Economic Impact of Broadband：Evidence From OECD Countries，"*Technological Forecasting & Social Change*，148（C），2019.

⑥ 郑世林、周黎安、何维达：《电信基础设施与中国经济增长》，《经济研究》2014 年第 5 期，第 77~90 页。

⑦ 张勋、万广华：《中国的农村基础设施促进了包容性增长吗?》，《经济研究》2016 年第 10 期，第 82~96 页。

⑧ 赵培阳、鲁志国：《粤港澳大湾区信息基础设施对经济增长的空间溢出效应——基于空间计量和门槛效应的实证分析》，《经济问题探索》2021 年第 8 期，第 65~81 页。

研究新型基础设施对我国国计民生的影响，其结果表明宽带网络等新型基础设施在提升国家信息化水平、激发地区创新活力①、改善环境质量、加快企业转型升级、夯实数字经济发展基础②等方面取得重要进展，有力推动网络强国和数字中国建设迈上新台阶。

（二）数字经济推动实体经济发展研究

对于数字经济对实体经济的影响，有的学者研究发现，实体经济"脱虚向实"的发展路径将继续推动数字金融发展，对数字金融进行优化可以阻止资金在金融业内循环，引导资金从过度繁荣的金融业和房地产业流出，流向实体经济；应加强数字化金融设施的建设与完善，提升其服务实体经济的能力，以便更加精准、更有效率、更加全面地支持实体经济发展③。有的学者研究发现，数字技术推动生产方式重构，数字技术与生产流程的深度融合有效破解了生产环节的信息约束，通过将生产数据融入产业互联网、消费互联网等平台，显著丰富了消费内容。有的学者研究发现，借助工业互联网等将工厂、车间乃至生产线所涉及的人、物等进行重新组合与分配，可以实现多主体、多层级的价值共创④。有的学者依据平台经济理论提出数字内容产业协同创新基本分析框架，围绕数字产业的内容提供方、内容服务方、应用服务方、网络运营方、终端用户等平台创新主体，分析产业协同创新过程中的市场需求拉动力、市场竞争压力、技术推动力、利益驱动力、战略引导力，构建基于平台经济的数字内容产业协同创新动力模型，提出数字内容产

---

① 张杰、付奎：《信息网络基础设施建设能驱动城市创新水平提升吗？——基于"宽带中国"战略试点的准自然试验》，《产业经济研究》2021 年第 5 期，第 1~14、127 页。

② 秦文晋、刘鑫鹏：《网络基础设施建设对数字经济发展的影响研究——基于"宽带中国"试点政策的准自然试验》，《经济问题探索》2022 年第 3 期，第 15~30 页。

③ 汪亚楠、叶欣、许林：《数字金融能提振实体经济吗》，《财经科学》2020 年第 3 期，第 1~13 页。

④ 马香品：《数字经济时代的居民消费变革：趋势、特征、机理与模式》，《财经科学》2020 年第 1 期，第 120~132 页。

业协同创新的动力机制①。有的学者基于国家大数据综合试验区的发展情况，评估大数据基础设施对城市创新能力、城市空气质量以及全要素生产率的影响②。有的学者构建数字产业化指标体系并进行相关研究，发现数字产业化显著促进中国工业企业全要素生产率提高，推动实体经济发展。同时，数字产业化可以通过加强对企业内部的控制和进行成本管理，间接促进实体经济发展。促进数字经济核心产业发展、充分发挥数字经济的规模效应有助于推动数字经济与实体经济融合发展③。

（三）数字经济推动产业结构优化研究

在新的历史条件下，我国产业向中高端迈进。我国要以数字经济为切入点，以供给侧结构性改革为主线，进行制造业数字化改造，进而有步骤、有层次地对所有实体经济进行数字化、网络化和智能化改造，积极抢占产业发展制高点，全面重塑产业核心竞争力④。大数据应用拓展了制造业产业链的边界，提高了要素配置效率，有效推动制造业结构的高级化和合理化⑤。具体来看，传统存量领域应突出问题导向，以融合发展为主线，推动进行创新应用；新兴增量领域应突出目标导向，瞄准前沿、把握趋势，同时，还要突出基础保障，以更大力度、更实举措为产业迈向中高端注入强大动力。数字经济对制造业的影响逐步从价值重塑走向价值创造，为制造业转型提供新的思路。数字经济赋能制造业转型的根本方式为融合，推动数字经济与制造业多维融合发展应坚持数据驱动、创新驱动、需求驱动和供给驱动，引导制造

---

① 熊励、季佳亮、陈朋：《基于平台经济的数字内容产业协同创新动力机制研究》，《科技管理研究》2016 年第 2 期，第 21～25、36 页。

② 邱子迅、周亚虹：《数字经济发展与地区全要素生产率——基于国家级大数据综合试验区的分析》，《财经研究》2021 年第 7 期。

③ 宋旭光、何佳佳、左马华青：《数字产业化赋能实体经济发展：机制与路径》，《改革》2022 年第 6 期，第 76～90 页。

④ 张于喆：《数字经济驱动产业结构向中高端迈进的发展思路与主要任务》，《经济纵横》2018 年第 9 期，第 85～91 页。

⑤ 吕明元、苗效东：《大数据能促进中国制造业结构优化吗？》，《云南财经大学学报》2020 年第 3 期，第 31～42 页。

业与互联网、研发端、服务业、新技术深度融合，为制造业转型提供强劲动能[1]。数字经济利用信息通信技术和经济社会融合变革生产方式与管理模式，从作为新的生产要素参与生产过程、改进生产方式和业务流程以及优化组织结构和管理模式三个层面出发促进制造业转型升级[2]。许恒等基于数字经济对传统经济的技术溢出和技术冲击两个方面提出传统经济发展路径。当数字经济的技术冲击的负面效应大幅超过技术溢出的正面效应时，政府应通过实施"竞合型"政策建立一种短期性的竞争缓冲机制，适度强化数字经济的技术溢出效应，促进传统经济转型升级并与数字经济进行持续的竞争，同时，以竞争为抓手维护消费者利益和提升社会总体福利水平[3]。刘军梅和谢霓裳在比较中美德日四国制造业数字化转型状况后指出，中国在工业数字化渗透率方面落后于德国等发达国家，应充分吸收和借鉴相关国家的经验，继续大力发展数字化技术，加快推进数字基础设施建设，打造数字化产业生态，推动全产业链协同发展，为制造业由大转强打好基础[4]。大数据对信息的整合帮助企业进行有关新产品的创意输入，可视化的决策路径进一步为新产品开发提供支持[5]。张英浩等从时空两个维度对数字经济与经济高质量发展的演变特征进行分析，运用空间杜宾模型和中介效应模型对其影响过程、机理与空间异质性进行实证检验，认为中国数字经济发展水平呈现整体提升的趋势，数字经济水平的提高有助于推动本地经济高质量发展，而对邻近地区经济高质

---

① 焦勇：《数字经济赋能制造业转型：从价值重塑到价值创造》，《经济学家》2020年第6期，第87~94页。

② 史宇鹏：《数字经济与制造业融合发展：路径与建议》，《人民论坛·学术前沿》2021年第6期，第34~39页。黄赜琳、秦淑悦、张雨朦：《数字经济如何驱动制造业升级》，《经济管理》2022年第4期，第80~97页。

③ 许恒、张一林、曹雨佳：《数字经济、技术溢出与动态竞合政策》，《管理世界》2020年第11期，第63~84页。

④ 刘军梅、谢霓裳：《国际比较视角下的中国制造业数字化转型——基于中美德日的对比分析》，《复旦学报》（社会科学版）2022年第3期，第157~168页。

⑤ Yingfeng Zhang, Shan Ren, Yang Liu, Shubin Si, "A Big Data Analytics Architecture for Cleaner Manufacturing and Maintenance Processes of Complex Products," *Journal of Cleaner Production*, 142（2），2016.

量发展没有表现出显著的积极影响，即地区之间存在一定的数字隔离①。大数据与制造业的深度融合在帮助企业提高对用户需求响应速度的同时，能够使企业满足客户的个性化定制需求，进而推动制造业进行服务化转型②。数字经济能够通过缓解企业融资约束、促进产学研协同以及提高专利回报率使企业进行突破式创新③。数字经济对企业的进化效应能够推动企业进行变革式创新，数字经济的知识扩散效应有利于产业链协同创新，数字经济的规模效应有利于降本提效，提升要素配置效率④，推动产业结构调整、升级⑤。大数据作为资源基础推动企业发展水平提高，最终促进产品创新绩效提升⑥。数字经济有利于明确企业的市场定位，减少创新收益的不确定性，极大地调动企业进行创新的积极性⑦。数字经济对生产方式创新带来的变革影响，一方面加快了企业生产力的数字化转型；另一方面催生了企业内部以及外部生态环境的转型，使企业在转型过程中能够更好地适应环境⑧。

五　进一步研究的空间

围绕数字经济与实体经济发展这一主题，国内外学者进行深入研究。相关研究已有一定积淀，对数字经济驱动中国制造业高质量发展研究具有一定

---

① 张英浩、汪明峰、刘婷婷：《数字经济对中国经济高质量发展的空间效应与影响路径》，《地理研究》2022 年第 7 期，第 1826~1844 页。

② 徐颖、李莉：《制造业大数据的发展与展望》，《信息与控制》2018 年第 4 期。

③ 胡山、余泳泽：《数字经济与企业创新：突破性创新还是渐进性创新？》，《财经问题研究》2022 年第 1 期，第 42~51 页。

④ 李治国、王杰：《数字经济发展、数据要素配置与制造业生产率提升》，《经济学家》2021 年第 10 期，第 41~50 页。

⑤ 陈晓东、杨晓霞：《数字经济发展对产业结构升级的影响——基于灰关联熵与耗散结构理论的研究》，《改革》2021 年第 3 期，第 26~39 页。

⑥ 谢康、夏正豪、肖静华：《大数据成为现实生产要素的企业实现机制：产品创新视角》，《中国工业经济》2020 年第 5 期，第 42~60 页。

⑦ 李慧泉、简兆权：《数字经济发展对技术企业的资源配置效应研究》，《科学学研究》2022 年第 8 期，第 1~17 页。

⑧ 余东华、李云汉：《数字经济时代的产业组织创新——以数字技术驱动的产业链群生态体系为例》，《改革》2021 年第 7 期，第 24~43 页。

的参考价值。但就数字经济促进制造业高质量发展而言，现有研究多集中于数字经济对经济发展的溢出效应、互联网对制造业发展的影响与作用等方面，将数字经济与制造业高质量发展关联在一起的研究成果相对较少，对数字经济与中国制造业高质量发展的本质认识尚不明晰；对数字经济驱动制造业高质量发展的形成机理和影响效应的研究相对滞后，缺乏统一的分析框架和理论依据；对数字经济与制造业高质量发展的路径选择缺乏具有应用性、现实性、可操作性的方案。现有文献将"宽带中国"战略试点以及大数据综合试验区建设等政策工具视为准自然实验，聚焦地级市面板数据，构建双重差分模型考察相关政策的实施是否能够促进我国经济高质量发展，而未从宏观视角对政策实施后地区间经济发展质量进行对比，这样就无法探索借助数字技术的力量推动制造业优化升级的情况，进而无法分析"数字经济+中国制造业高质量发展"的合力效应。究其原因在于对数字经济和制造业高质量发展的多元性、复杂性和系统性的认识不足，对数字经济是否影响以及如何影响制造业高质量发展的认识不够充分，忽视了制造业发展的数字化、智能化和网络化情况，对它们只进行表层研究，缺乏深入的探究，没有认识到数字经济对中国制造业高质量发展的积极作用。数字经济是否能够促进中国制造业高质量发展？其如何影响制造业高质量发展？对于这些问题，亟待进一步开展研究、予以论证。应将数字经济与中国制造业发展放在统一的框架之下，探讨数字经济驱动中国制造业高质量发展的逻辑机理、影响效应、实现路径，落实习近平总书记在党的二十大报告中提出的"建设现代化产业体系。坚持把发展经济的着力点放在实体经济上，推进新型工业化，加快建设制造强国、质量强国、航天强国、交通强国、网络强国、数字中国"，推动制造业进行数字化、网络化、智能化发展，构筑实体经济竞争新优势。

第一，数字经济促进中国制造业高质量发展，必须明确中国制造业高质量发展的必要性与紧迫性。随着新工业革命时代的来临，中国制造业发展的外部环境发生深刻变化，制造业面临融资难、社会资本脱实向虚、以钱炒钱、虚拟经济过度自我循环和膨胀等问题，必须加快进行新旧动能转换，将制造业高质量发展作为一个完整的研究体系，探究数字经济驱动中国制造业高质量发展的新情况。

第二，数字经济促进中国制造业高质量发展，必须建立在对数字经济与中国制造业高质量发展深刻认识的基础上。与农业经济、工业经济相比，数字经济是一种新的经济形态，处于信息化发展的高级阶段。应探究大数据资源的共享机制、大数据产业的发展情况等，形成对数字经济的全面认知。中国制造业高质量发展需要转变思路，破除惯性思维。应科学分析中国制造业高质量发展的本质特征，实现速度、质量、效益的协调统一。

第三，数字经济促进中国制造业高质量发展，必须厘清数字经济与中国制造业高质量发展的内在机理。应结合我国"产业数字化"和"数字产业化"的要求，分析制造业发展过程中的逻辑矛盾，阐述数字经济的运行逻辑，一方面，从"企业效率提高—产业结构优化—全要素生产率提升"层面探索数字经济与中国制造业深度融合的情况，揭示数字经济为什么会驱动中国制造业高质量发展；另一方面，聚焦制造业的生产流程，从制作方式、生产方式以及管理方式等方面阐述数字经济驱动中国制造业高质量发展的情况。

第四，数字经济促进中国制造业高质量发展，必须深入探索数字经济驱动中国制造业高质量发展的影响规律。采用固定效应模型、空间回归模型、中介效应模型、系统 GMM 法、门槛面板技术等多种计量方法探究数字经济与制造业高质量发展之间的关联性。本书从线性视角揭示数字经济对中国制造业高质量发展的直接影响与作用；从空间视角分析数字经济对中国制造业高质量发展的空间溢出效应；从中介视角探索数字经济驱动中国制造业高质量发展的影响渠道；从异质视角论证数字经济对制造业高质量发展的差异化影响；从非线性视角明确数字经济驱动制造业高质量发展的门槛特征，建立数字经济驱动中国制造业高质量发展的理论框架，从而为数字经济驱动中国制造业高质量发展提供理论依据。

第五，数字经济促进中国制造业高质量发展，必须明晰数字经济与中国制造业高质量发展的路径选择。数字经济促进中国制造业高质量发展需要多方力量长期努力，积极拥抱数字经济，促进制造业企业转型，形成数字化产业生态、新兴制造模式，打造平台经济，构建环境支持系统，从不同空间、不同价值链、不同产业链视角设计数字经济驱动制造业高质量发展的路径，为数字经济驱动制造业高质量发展提供政策参考。

本书将数字经济与制造业高质量发展放在统一的框架内，探讨数字经济促进中国制造业高质量发展的内在机理、影响效应和实现路径。数字经济驱动中国制造业高质量发展研究的核心问题是如何借助数字经济实现中国制造业高质量发展。应厘清数字经济驱动中国制造业高质量发展的形成机理，明晰数字经济对中国制造业高质量发展的影响效应，论述数字经济促进中国制造业高质量发展的实现路径。因此，明确推动制造业高质量发展的必要性与紧迫性是研究的前提，深刻理解数字经济与中国制造业高质量发展的本质是研究的基础，厘清数字经济与中国制造业高质量发展的内在机理是研究的重点，认识数字经济驱动中国制造业高质量发展的影响规律是研究的关键，明晰数字经济与中国制造业高质量发展的实现路径是研究的结果。

第三章　数字经济驱动中国制造业高质量发展的逻辑机理

数字经济是促使制造业完成新旧动能转换的关键动力①，是制造业质量升级的重要向导②，是促进制造业高质量发展的新动能。研究数字经济的学理基础与制造业发展情况、数字经济对制造业高质量发展的作用机理、数字经济推动制造业高质量发展的逻辑机理、数字经济对制造业高质量发展的影响效应，为构建现代产业体系，构筑实体经济竞争新优势，实现制造业的动力变革、效率变革和质量变革，促进经济质的提升和量的合理增长奠定了理论基础。

一　数字经济的学理基础与制造业发展

（一）数字经济与数据要素的内涵界定

1. 数字经济

美国学者 Tapscott 最先提出数字经济的概念，认为数字经济是"信息以数字方式呈现的新经济或者知识经济"，具有知识化、虚拟化、分子化、互联互通、既是消费者也是生产者等显著特征③。江小涓和孟丽君认为，数字经济把数字化的信息和知识作为关键生产要素，从投入产出角度来看，其具有显著的边际效益递增效应，数字产业具有极为显著的规模经济和范围经济

---

① 李晓华：《数字经济新特征与数字经济新动能的形成机制》，《改革》2019 年第 11 期，第 40~51 页。

② 赵涛、张智、梁上坤：《数字经济、创业活跃度与高质量发展——来自中国城市的经验证据》，《管理世界》2020 年第 10 期，第 65~76 页。

③ Tapscott D., *The Digital Economy: Promise and Peril in the Age of Networked Intellingence* (New York: McGraw-Hill, 1996).

特征①。目前，数字经济的定义范畴可以分为三个层面：一是核心层，也就是数字技术的软硬件载体环境，包括硬件制造、软件和 IT 咨询、信息服务等；二是窄口径，即只讲数字服务、平台经济等；三是宽口径，包括电子商务、工业 4.0、算法经济等。

数字经济是指把数字化的知识和信息作为关键生产要素、把现代信息网络作为重要载体、把信息通信技术作为效率提升和经济结构优化的重要推动力的一系列经济活动。相关内容如下。一是新的通用目的技术（GPT）——信息通信技术，也可以称为数字技术。国内对通用目的技术的研究不多，但它在国际上是一个十分重要的概念。加拿大经济学家 Lipsey 等指出，有史以来只有 24 种技术属于通用目的技术。② 其中，驱动第一次工业革命的蒸汽机以及驱动第二次工业革命的电力和内燃机，是最典型的、最重要的。现在，以互联网、大数据和人工智能为代表的数字技术成为新的通用目的技术，驱动一场新的革命。这是继蒸汽机引发机器革命之后最重要的变革③。二是新的生产要素——数字化的知识和信息。知识、信息和数据是三个相关但确实不同的概念，人们更愿意用"数据"代替"数字化的知识和信息"，将之作为继土地、劳动（劳动力）、资本和企业家才能之后的新的生产要素。这之所以重要，是因为新的经济形态必须有新的生产要素。近年来，我国积极开展数据交易的探索和实践，加快培育数据要素市场。然而，我国面临的挑战很多，数据的确权、流动、保护、交易都需要人们充分利用智慧，不断研究。三是新的基础设施——现代信息网络。基础设施涉及社会分摊资本，是社会生产过程中"一般的共同的生产条件"。它不直接加入某个特殊的生产过程，而作为各个特殊的生产过程的一般条件或共同条件，是经济腾飞的基础和底座。交通运输设施、管道运输设施、水利设施和电网是工业社会的四种

---

① 江小涓、孟丽君：《内循环为主、外循环赋能与更高水平双循环——国际经验与中国实践》，《管理世界》2021 年第 1 期，第 1~19 页。

② Lipsey R. G., Carlaw K. I., Bekar C. T., *Economic Transformations：General Purpose Technologies and Long-Term Economic Growth*（Oxford：Oxford University Press，2005）.

③ 〔美〕埃里克·布莱恩约弗森、〔美〕安德鲁·麦卡菲：《第二次机器革命：数字化技术将如何改变我们的经济与社会》，蒋永军译，中信出版社，2014。

主要的基础设施；在数字经济时代，5G 基站、大数据中心等成为新的基础设施。近年来，我国高度重视新型基础设施建设工作，以塑造面向未来的数字竞争力。

数字经济包括三个方面的内涵。一是数字化。市场交易双方既交换商品和服务，也生产与交易数据，对数据的收集、处理与分析是创造财富和价值的有效途径。二是网络化。数字技术实现了时空的无限互联，每一个个体都转变为信息供给者和价值创造者，其彼此互联形成的开放式网络化结构具有正的外部效应和规模效应，为各类要素的创造、转移和应用提供了便利条件。三是智能化。借助人工智能对数据进行收集、分析和判断，能够预测人类的行为，产生异于传统的全新认知、全新行为和全新价值。数字经济驱动制造业转型升级的核心就是对数字智能化技术的应用。

2. 数据要素

随着人工智能、大数据、云计算、互联网、物联网等技术和相关应用的普及，社会的信息化、数字化程度不断加深，而数据作为贯穿信息化、数字化发展过程的重要生产要素自然享受了巨大的增长红利。数据作为新型生产要素，是数字化、网络化、智能化发展的基础，已快速融入生产、分配、流通、消费和社会服务管理等各环节，深刻改变生产方式、生活方式和社会治理方式[①]。数据要素是更高质量的生产要素。一是数据要素的超大体量、低复制成本、高迁移性可以打破边际报酬递减约束，产生更大的社会价值。举例来看，数据在制造业企业内部流动仅能促进单个企业的生产优化，而向产业链、创新链上其他合作伙伴开放则会提升生产、流通、消费等多个环节的价值。二是数据要素投入可以降低制造业企业的生产成本。数据要素具有更低的折旧、存储和流转成本，产业关联性的增强使数据要素在不同产业间的迁移成本更低。当前，制造业在数据要素上加大投入力度可以使其从传统的

[①] 《中共中央 国务院关于构建数据基础制度更好发挥数据要素作用的意见》，中国政府网，https://www.gov.cn/zhengce/2022−12/19/content_5732695.htm。

设备要素带来的沉没成本压力中解脱出来。三是数据要素的虚拟性具有一定的"产出节约"效应[①]，可以为制造业节省运输、流通环节的产品和服务成本。

与数据要素融合可以提升其他要素的质量[②]。随着对庞大规模的数据的挖掘、清洗、整理，设备的数据处理能力显著增强，基于数字技术的设备的智慧程度提升，这提升了制造业生产经营决策的精确性和科学性[③]。劳动力要素与数据要素的融合会赋予劳动者更高的专业能力，并且面对"机器换人"，全社会将出现劳动力主动加强数字技能学习与创新的良好氛围。

（二）数字经济运行的学理逻辑

数字经济如何为制造业高质量发展积蓄动能？回答这一问题就必须明确数字经济赋能制造业高质量发展的逻辑基础，回答"数字经济运行逻辑是什么"就要分析数字经济运行的产权逻辑、信用逻辑以及数字经济的治理逻辑，为数字经济驱动制造业高质量发展的内在逻辑研究奠定基础。

1.数字经济运行的产权逻辑

数据是数字经济时代的核心生产要素之一，其在产权制度上的安排与传统生产要素有很大的不同，产权逻辑发生了较大的变化。就表现形式而言，一是产权概念的弱化。科斯定理表明，当交易费用为0时，产权界定清楚，任何交易一方的结果都是相同的。数字产品在形成之后可以以零边际成本进行复制传播，具有无限供给的特性。这种使用的完全非排他性使消费者并不关心产品的产权归属，而只在意消费目的是否达成。二是共享产权的兴起。互联网、大数据、云计算等技术促进形成更加公开透明的市场环境，为闲置资源提供更好的供需匹配机制。通过数据匹配，交易双方进行了"去中介化"

---

① Hulten C., Nakamura L., "Accounting for Growth in the Age of the Internet：The Importance of Output-saving Technical Change," *National Bureau of Economic Research*, 2017：1-42.

② 丁志帆：《信息消费驱动下的传统产业变革：基本内涵与内在机制》，《经济学家》2020年第3期，第87~94页。

③ 徐翔、厉克奥博、田晓轩：《数据生产要素研究进展》，《经济学动态》2021年第4期，第142~158页。

的沟通，闲置资源所有者可以通过让渡资源使用权获取回报，资源的需求方可以以更低的价格实现需求。这种产权共享模式提高了对社会闲置资源的利用效率，使"共享经济"逐渐成为增长热点。在这两大产权逻辑表现形式的导向下，应重构数字经济时代的产权制度，深入理解数字经济的创新逻辑和运行逻辑。

2. 数字经济运行的信用逻辑

信用关系是市场交易得以完成的基石。分析数字经济时代信用关系的变化与创新、揭示数字经济时代有关信用关系的新逻辑是分析数字经济运行逻辑的题中应有之义。新一代信息技术不仅使交易信息更为公开透明、市场价格竞争更为激烈、交易成本全面降低、委托代理关系弱化，而且产生了一系列对信用识别的自动化、智能化及生物化技术，从而使网络上有关交易的信用关系变得更为简单，交易效率全面提升。数字经济中的信用关系本质上是信用关系的技术化，具体含义如下。一是信用信息传递的平台化。借助强大的数据平台，信用主体的基本信息、违约信息、违法信息等被披露得更充分，传递得更快，这使市场的声誉机制能够发挥作用。二是信用产品供给的多元化。除了公用信用信息机制为交易主体提供基础性信息外，金融征信系统、征信与评级等商业信用服务机构以及电商平台等新兴参与者都是信用产品的供给者，以大数据为基础的公用信用信息和市场信用信息相结合的信用体系逐渐形成。三是信用联合奖惩的精准化。基于数字化信息的力量，社会理性水平大幅提高，市场主体进行交易时更接近完全理性。信用惩戒机制是对交易中的道德风险和逆向选择行为进行良好约束的机制。

3. 数字经济的治理逻辑

信用关系技术中的前置化或内置化预设是经济风险产生的重要根源，但传统的监管与治理已无法满足新需求。为适应数字经济的流动性、虚拟性、融合性、创新性等特征，数字经济的治理逻辑必须转变，这需要实现三个层次的协同。一是关系协同，本质是使相对独立、具有一定治理能力的主体以推动数字经济发展、提升治理能力、增进人的福祉为目标，以人民性、法治性、科学性为共治理念，以既鼓励创新又审慎包容、既强调自律又坚持底线为原则确立互相认同的关系。二是主体协同，本质是构建起多元主体参与、职责明晰的治理分工体系。政府是治理的主导者，致力于营造健康有序的市场环境；企业兼具被规制者和规制者双重角色，要充分发挥自律作用；公民是数字经济的消费者，也是具有共治精神和共治行为能力的重要利益主体。三是机制协同，本质是在多元主体参与的背景下各要素之间形成的互为关联、互为因果的连接方式和运作机制。借鉴爱莫森（Emerson）的协同治理统一模型，机制协同需要建立数字经济法律与规则协同机制、多元主体信息公开与共享机制、多元主体协调与利益平衡机制、大数据技术手段应用机制、国际合作治理机制等，以确保多元主体实质参与。

（三）制造业高质量发展的原因及其内涵界定

制造业实践运行逻辑的不畅使工业化进程受阻，产业发展迫切需要转换动能。界定制造业高质量发展内涵的核心是要回答制造业高质量发展的原因是什么？本书从来源、功能和价值等维度将制造业高质量发展的原因概括如下。

第一，技术。第四次工业革命以来，数字技术、3D 打印技术、新材料和新能源技术等的发展加快了工业化和信息化的融合，推动制造业价值链升级，智能制造、绿色制造、服务制造成为制造业的全新发展方向。

第二，需求。当前，我国消费需求进入追求时尚和个性化阶段，为了满足日益多样化的社会需求，我国从注重单一的制造业发展逐步向重视高附加值和高技术含量的工业及生产性服务业转变，行业生产方式由规模化、同质化朝着个性化、差异化方向发展，这驱动制造业转型升级。

第三，改革。简政放权是供给侧结构性改革的核心动力之一，也是制造业高质量发展的主要动力之一。体制机制变革的推进更好地发挥了市场在资源配置中的作用，激发了市场主体的活力；体制机制变革为民营企业松绑，促进市场主体地位平等，民营经济活力的释放促进制造业新产业、新业态、新技术和新平台不断涌现；体制机制变革促使进行统一的行业准入和市场监管，探索负面清单制度，健全市场进入退出机制，纠正制造业要素价格扭曲和资源错配的情况。

第四，人才。人才培养体系的完善以及人才供给结构的优化形成了良好的人才生态，优化了劳动力结构，提升了劳动力技能，实现了制造业技能供求的动态平衡；企业家精神是技术创新的驱动力、产业结构变迁的原动力、社会就业的创造者和制度变迁的推动力；工匠精神是实现制造业高质量发展的精神动力和内在约束，秉承追求精益求精、传承创新和专注坚守精神的制造业的工匠的价值追求会内化于产业演进过程中，衍生出产品质量意识和技术创新能力，实现制造业从重视速度到重视效益的转换。

制造业高质量发展是实体经济发展的重要内容，是对我国制造业进入新发展阶段的基本要求。结合对制造业高质量发展的原因分析及已有研究和相关政策性文件中关于高质量发展的解释，我们将制造业高质量发展界定为在新发展理念的指导下，制造业的研发、生产、销售全过程实现生产要素投入少、资源配置效率高、品质提升实力强、生态环境质量优、经济社会效益好的高水平可持续发展，主要包括供给要素、供给体系以及满足需求三个层面的高质量发展。

（四）制造业高质量发展的要求与现实的矛盾

1.制造业高质量发展的要求

制造业乃立国之本、强国之基、兴国之器。党的二十大报告提出，"坚持把发展经济的着力点放在实体经济上……加快建设制造强国、质量强国……网络强国、数字中国……推动制造业高端化、智能化、绿色化发展……提升战略性资源供应保障能力"。我国是世界上第一大制造业国家，已具备实现高质量发展的基础。一是发展动力转变，要把创新作为产业发展的第一动力；二是结构优化升级，解决长期与短期、宏观与微观、总量与结构、全局与局部等多组供需错配问题；三是改进要素效率，提高要素供给质量；四是提高供给体系质量，实现经济效益和生态效益的有机结合；五是打造著名品牌，夯实行业微观基础；六是加快制造业与生产性服务业、新一代信息技术的交叉融合；七是推进绿色制造，实现制造业从产品设计到报废处理整个生命周期的资源与环境的低负荷运行。

2. 现实中存在的"五大逻辑不畅"

制造业高质量发展对实体经济发展提出要求，但我国迟迟未实现高质量发展的原因是实践中仍然存在"五大逻辑不畅"，这是国家确立制造业高质量发展目标的根本原因。

第一，要素成本上涨快。这体现为：人口的负增长带来了劳动力要素成本的上升；资金、原材料等制造业投入要素价格上涨；工业用地的约束加强使土地要素价格上升；制造业企业治污成本明显上升。成本的上升使制造业进入"微利时代"，社会"脱实向虚"的问题加重。

第二，自主创新能力较弱。我国制造业长期以来依靠低成本竞争优势发展，行业关键核心技术和核心零部件对外依存度较高，能与国际一流的智能装备、新能源、新材料公司展开技术竞争的创新型企业缺乏。我国智能化转型升级和数字化改造进程缓慢，多元化的关键共性技术研发创新体系尚未建立，成果共享和推广应用机制亟待完善。

第三，产业结构不合理。在制造业中，传统产业所占比重较高，"僵尸企业"问题突出。在产能过剩的背景下，大量关键装备、核心技术和高端产品不能满足市场需求，结构性产能过剩问题为产业发展带来了过多风险。

第四，产品附加值不高。我国制造业长期处于全球价值链的中低端，产品的质量、价值增值能力和国际竞争力均有待提高。以"微笑曲线"为例，我国制造业长期徘徊在曲线中低端，进行技术含量低、附加值低、高污染和高能耗的加工组装环节的生产，产品档次不高，知名品牌和自主品牌较少。

第五，能源消耗较大。制造业对 GDP 的贡献只占 30%，但能耗占全社会的 70% 左右，其是我国能源消耗和温室气体排放的主要来源，雾霾、水污染、土壤重金属化等问题的治理成本逐年提高。

近年来，制造业面临发展动力转换的瓶颈，缺乏自主创新能力使产业价值链升级难度大，人口老龄化、新就业形态的挤压使劳动力成本明显上升，长期粗放型发展的资源环境代价高。加之各国"再工业化"战略频出，这对我国制造业产生"排斥"，"逆全球化"和"贸易保护主义"趋势占据上风，我国制造业面临前所未有的技术壁垒、创新遏制问题和产业链与供应链风险。这些都促使国家推进制造业高质量发展。

二　数字经济对制造业发展的作用机理

分析数字经济赋能制造业高质量发展，掌握数字经济促使产业结构变化的动力源泉，有助于充分理解数据要素对制造业高质量发展的驱动作用。我们知道，推动产业结构变化的动能来源于三种机制：一是新产业的形成，二是传统产业的转型升级，三是对落后产业的淘汰。作为一种新经济形态，数字经济之所以能够推动其他产业发展正是因为其发挥了以上三种机制的作用，从供给端和需求端两侧发力，为产业发展带来新机遇，成为制造业高质量发展的催化剂和助推器。数字经济对制造业高质量发展发挥作用以数据要素为赋能基础。数字经济通过增加数据要素投入，延伸了制造业的产业链与供应链，重塑了制造业商业模式，促进了制造业与服务业的融合，为制造业转型积蓄了充足的动能。

（一）数字经济赋能产业结构的优化升级

数字经济及数字技术的应用，使不同环节在时间和空间上可以重叠，整个创新过程的机动性更强，风险更低。一是数字经济扩大了创新的"知识池"，新知识的来源变得更加丰富，企业通过大数据、人工智能和平台赋能等数字化整合方式，可以更快接触和吸收不同行业产品的信息和服务，为跨界创新提供支持。二是数字经济鼓励进行开放式创新。制造业前端技术的研发是一项漫长而复杂的工作，仅依赖单个企业难以完成。数字互联技术打通了从供应商到客户的全供应链，使企业实现了对外部创新资源的利用和整合，压缩了创新周期以及创新成本。三是数字经济改变了创新流程。在数字技术没有应用到创新领域之前，制造业的创新流程为"创意产生—研究开发—实验试制—产品生产—商业价值实现"，一旦最终产业化环节遇到问题，很多流程就要重新进行。数字经济带动制造业创新发展，创新效率大幅提升。

数字经济赋能产业结构的优化升级包括以下几个方面。一是数字技术形成新产业，加速产业结构变革。数字技术的不断创新与成熟使市场交易成本持续降低，新的市场需求不断被激发，不但刺激了新企业进入的意愿，也为企业提供了发展壮大的空间。云计算、大数据等数字技术在具有一定经济规模后形成了新的产业，并且为现代产业体系的构建和发展提供强有力的支撑。二是数字技术孕育新模式，催生产业新领域。云计算、人工智能、大数据、物联网等新兴技术的广泛融合可以解决用户痛点，随着数字技术在其他产业的推广，新的消费需求开始显现或者被挖掘出来，新的规制等的综合作用促使新产品、新商业模式、新服务模式等形成。三是数字技术赋能传统行业，拓展发展空间。数字技术是通用目的技术，也是重要的赋能技术，能够促使产业效率提升、推动产业跨界融合、重构产业组织的竞争模式，通过降本、提效实现传统产业提升。

（二）数字经济延伸制造业产业链、供应链

数字经济延伸制造业产业链、供应链，帮助制造业化解过剩产能，保证供给，并在全球分工中寻找价值链增值机会。一是互联网、数字平台等使产业集聚与行业分工不再受物理距离的约束，制造商、供应商和服务商实现了更远距离的"虚拟集聚"和分工协作，将供应链布局延伸到更远的市场。二是科技服务、商务服务等在上游为制造业提供关键技术支撑、信息要素支撑，在下游帮助制造业创造更多需求场景，延长制造业从研发设计到营销推广的产业链①，为制造业积累更高的附加值。三是数字经济为制造业参与全球竞争提供新窗口。大数据对装备制造业的赋能不仅促进装备制造业的个性化定制和服务化制造发展，还提高了整个工业生产部门的经济效率。数据赋能的网络化效应使原有产业的技术路线和市场需求得以逐步扩展到能源、农业以及服务业等国民经济各个领域，衍生出新的业态，从而推动产业结构高级化。我国数字经济规模庞大、增速惊人，在一定程度上"补偿"了制造

---

① 黄先海、诸竹君：《生产性服务业推动制造业高质量发展的作用机制与路径选择》，《改革》2021 年第 6 期，第 17~26 页。

业出口的不畅。以我国制造业企业为"链主"的新产业链能够确保制造业产业链在自主可控的前提下向外延伸。

（三）数字经济重塑制造业商业模式

数字经济带来商业模式的变革推动制造业规模提升。随着互联网和信息技术高速发展，在商业营销与服务系统方面，新技术和新业态开始融合，制造业企业迎来新的商业模式。数字经济改变了制造业的价值创造、分配和收益模式，提高了经济效益。一是在数字经济时代，制造业的获利空间更广。在传统工业经济时代，供需中间环节产生的交易成本压缩了利润空间，数字经济把所有的交易环节都迁移到平台上，消费者直接为其需求的数量、结构、方式"发声"，制造商就产品研发设计、生产细节与消费者进行实时沟通，中间环节及其交易成本被大幅削减。二是新的商业模式增加了制造业的附加值。新的商业模式使围绕产品和服务的消费者、制造商、供应商等进行价值共创。从消费者视角来看，网络平台使其在消费搜寻、体验和评价的过程中影响生产者的决策，其既得到了质优价廉的产品，又体现了自我价值，获得更多福利。从制造服务视角来看，"产品+服务+体验"的模式为制造业企业提供了更多收益来源。企业提供的服务和体验越好，用户越愿意付出更高的成本，企业的收益潜力也随之增强。三是数字经济使制造业的商业模式更加灵活多变。制造业企业的产品和服务功能渐趋模块化，这使用户订阅其属意的模块并付费，这种"解锁式"支付比一次性支付降低了消费者面临的风险。企业根据用户付费情况对功能模块进行取舍，在交易中，双方的灵活性和可控性都更高。大数据时代采用的商业模式摒弃了面对广大消费者进行漫无目的的兜售的做法，因此，要确定特定的客户群体，基于客户的实际使用情况，对相关模块进行定价，使产品价格更具竞争力，收费方式更加灵活、更有弹性①。随着商业模式革新换代，制造业企业的服务质量大幅提升，利润空间进一步扩大。

---

① 李文莲、夏健明：《基于"大数据"的商业模式创新》，《中国工业经济》2013年第5期，第83~95页。

（四）数字经济促进制造业与服务业融合

数字经济连接不同产业的生产、分配、交换和消费环节，为制造业与服务业融合进程的加快和融合质量的提升打稳根基，具体表现如下。一是在数字经济发展背景下，制造业对服务要素的投入更加重视。数字技术的发展使简单重复劳动的可替代性激增，在这些环节的投入带来的利润空间缩减迫使制造业增加研发设计、售后服务环节的支出，推动服务型制造业发展[①]。二是数字经济提升了生产性服务业的质量。例如，数据生产以及大数据分析技术的发展为信息技术服务业创造了更丰富的服务工具，数字经济与传统金融服务的融合解决了对小微企业征信、贷款风险进行评估等难题。通过密切的产业关联，这些生产性服务业的效率、动力和质量变革被制造业感知和捕捉，最终正向反馈到制造业质量升级上。三是某些特定的生产性服务业的数字化转型倒逼制造业升级。典型的行业如检验检测、质量认证等行业的标准与国际标准的差距不断缩小，甚至在某些质量标准方面拥有话语权，对制造业产品、服务质量提出更高要求。

三　数字经济培育制造业发展的逻辑机理

数字经济推动制造业全要素生产率提升、调整产业结构，进而实现制造业高质量发展。本书从"全要素生产率提升""生产方式变革""经营管理效率优化"三重赋能的视角研究数字经济驱动中国制造业高质量发展的情况，阐述数字经济如何推动制造业质量变革、效率变革和动力变革，实现制造业高质量发展。

（一）数字经济培育制造业全要素生产率提升机理

数字经济通过影响生产投入和产出效率从而影响经济发展，表现为要

---

① 李晓华：《数字技术推动下的服务型制造创新发展》，《改革》2021年第10期，第72~83页。

素效率的改善以及技术创新带来的全要素生产率提升。数字经济驱动制造业发展的方式从要素驱动转变为数据驱动，数字经济提高制造业的全要素生产率的作用机理可以分为创新激发效应、错配矫正效应和竞争促进效应。

1. 创新激发效应

制造业既属于创新诱导型产业，也属于诱导创新型产业[①]。数字经济从源头和流程激发制造业创新活力，推动形成更加开放的创新生态，有助于提升制造业乃至整个国民经济的全要素生产率。

第一，数字经济提高知识流动性。不断迭代更新的数字技术使伴随制造业海量应用场景产生的数据可以更快地转变为信息和知识，算法算力的升级可以将制造业的默会性知识进行数字化编码、封装与传递[②]，大大提高了原来流动性差、人力资本依赖性较高的隐性知识的流动速度。此外，产业交叉融合减少了知识在产业部门间流动和溢出的壁垒，使制造业在跨界业务中可以汲取更多其他行业的溢出知识。

第二，数字经济优化创新决策能力。以往缺乏大数据支持的创新决策更多依靠领导者敏锐的行业嗅觉或政府政策导向，由于工作量大且决策结果会受限于过往经验、个人偏好等，这会产生一定的非理性。在数字情境下，借助大数据分析技术对海量数据进行层层筛选、剔除非相关变量后会得到更加体系化、更高质量的数据集，可以将其分给各部门进行分析和解读，最终由决策者确定创新方向。这样做的话决策效率更高，并且能够避免决策结果具有主观性。

第三，数字经济培育开放式创新生态。开放式创新可以减少自主创新的风险，成为提升制造业技术水平的主要途径[③]。智能制造平台、工业互联网平台、

---

① 蔡昉：《生产率、新动能与制造业——中国经济如何提高资源重新配置效率》，《中国工业经济》2021年第5期，第5~18页。

② 张鹏：《数字经济的本质及其发展逻辑》，《经济学家》2019年第2期，第25~33页。

③ 郭克莎、田潇潇：《加快构建新发展格局与制造业转型升级路径》，《中国工业经济》2021年第11期，第44~58页。

产业发展联盟等数字平台的搭建和虚拟组织的成立使制造业企业能够借助行业智力与科研部门、上下游企业、生产性服务业部门等的力量进行创新。企业可以从中获得新技术与新服务，科研部门可以获取新数据和新资料，这种自发协同创新的机制比分散创新的机制更能激发内生创新动力，进行开放式创新的正向循环。

第四，数字经济改变了创新流程。在数字技术没有应用到创新领域之前，制造业的创新流程为"创意产生—研究开发—实验试制—产品生产—商业价值实现"，一旦最终产业化环节遇到问题，很多流程就要重新进行。数字技术的应用使不同环节在时间和空间上可以重叠，整个创新过程的机动性更强，风险更低，创新效率大幅提升。

2. 错配矫正效应

资源配置效率是影响制造业价值链升级的关键变量[1]，矫正资源错配可以显著提升制造业全要素生产率[2]。

第一，数据要素本身不易错配。要素错配的典型表现是要素的自由流动受阻，无法按照市场机制配置。相比其他生产要素，数字经济时代的关键生产要素——数据的流动性更强。一是因为其来源于企业生产经营过程，获取难度较低。二是其流动依靠ICT和数字技术，这可以迅速实现，并且复制迁移成本较低。三是数据的价值只有在多维度交叉中才能最大化释放，因此，上至政府部门下至相关行业都有主动增强数据流动性的激励机制。

第二，数字经济可以改善制造业既有的要素错配。在数字经济情境下，行业的数字化程度与成本控制能力成正比[3]。数据要素的低资产专用性、高可复用性、非损耗等特征使投入数据要素的成本低于其他要素，并且数字经济的发展让要素市场信息更对称，要素价格整体更加透明。同时，数据要素

① 唐荣、黄抒田：《产业政策、资源配置与制造业升级：基于价值链的视角》，《经济学家》2021年第1期，第63~72页。

② Hsieh C. T. , Klenow P. J. , "Misallocation and Manufacturing TFP in China and India," *The Quarterly Journal of Economics*, 124 (4), 2009：1403-1448.

③ 柏培文、喻理：《数字经济发展与企业价格加成：理论机制与经验事实》，《中国工业经济》2021年第11期，第59~77页。

赋能资本、劳动力、企业家才能等传统生产要素带来了更高的生产率。要素成本下降的同时边际产出上升,二者之间的偏离度更小,错配得到一定程度的改善。此外,数字技术催生的远程办公、在线协作平台等强化了劳动力、技术要素的虚拟流动能力,要素流动受阻引起的效率损失问题得到缓解。

3. 竞争促进效应

第一,从要素视角来看,数据要素更具竞争激励作用。传统要素具有排他性,各经济部门会对高质量要素的独占权展开争夺。在数字经济时代,关键生产要素变成了数据,而数据只是生产、分配、交换、消费等环节的副产品[①],其时效性极强并且价值与发放程度正相关。换言之,垄断数据无法为垄断者带来市场势力[②],因而数字经济下的市场结构更趋竞争性。

第二,从产业视角来看,数字经济扩大了制造业的竞争范围。产业边界是阻碍竞争的天然屏障,帮助制造业屏蔽来自其他产业的竞争压力。数字经济的发展使跨界融合趋势愈演愈烈,制造业、其他数字经济行业都在争相创建以自身为核心的数字生态,不同数字生态之间势必会产生激烈的竞争。在进入退出机制的作用下,效率低下的部分传统制造业日渐式微,服务制造、智慧制造等新模式提高了产业的整体生产效率。此外,数字经济为闲置资源提供了更好的供需匹配机制和更可靠的信任机制,促使资源共享。对制造业而言,资源共享模式不仅可以使个人拥有的生产要素成为行业既有要素的补充,还可以降低制造业的准入门槛,使行业可以依托差异化产品进行竞争[③]。

(二)数字经济培育制造业生产方式变革机理

数字经济的发展重构了制造业的生产方式,实现了对去中间品的生产方式与经济系统的再整合,促进了制造业产业结构的内部优化。数字经济

---

① Veldkamp L. , Chung C. , " Data and the Aggregate Economy," *Journal of Economic Literature*, 2019:1~36.

② 费方域、闫自信:《数字经济时代数据性质、产权和竞争》,《财经问题研究》2018年第2期,第3~21页。

③ 刘根荣:《共享经济:传统经济模式的颠覆者》,《经济学家》2017年第5期,第97~104页。

带动制造业生产方式实现"三个转变"。一是自动化生产向智能化生产转变。在数字经济时代，企业面临的市场竞争更加激烈，任何一家制造业企业要想在竞争中占据优势就必须提高其在产品设计、产品生产以及产品销售方面的灵活性和弹性，确保以消费者需求为导向并及时调整生产方式。数字经济时代的人工智能应用所创造的"智能工厂+智能决策"使上述要求得以实现。二是标准化生产向个性化生产转变。为了确保规模经济发展，传统制造业的生产被迫等价于大规模、批量化、同质化的生产。在数字经济时代，随着"长尾需求"市场的拓展，需求被无限细分，精细化、模块化的分工逐渐成为企业分工的主流方式，协同生产成为生产系统进行改革的新趋势，研发个性化、差异化的产品成为新的方向，个性化规模定制成为可能。三是集中化生产向分布式生产转变。数字经济打破了传统的制造业产业链，企业的一些非核心制造环节逐步被剥离，其通过分包或众包的方式将这些环节交给专业化程度更高、效率更高的外部企业完成。这种模块化生产与社会协同方式突破了传统制造业只能在特定空间生产的限制，拓展了行业的生产经营边界。数字经济使制造业实现了生产方式数字化、智能化、绿色化和柔性化，推进制造业生产方式变革。

1. 生产方式数字化

突破生产制造对人的依赖是节约制造成本的有效途径[①]。自动化的目的就是简单替代制造业中重复性高、人的体力消耗大的作业环节，但自动化对生产的规模性有要求，这尚不足以带来制造业生产方式的普遍性变革。在数字经济时代，数字基础设施和信息网络的不断完善使制造业投入与产出均向能够被计算机识别的"0""1"字符串转变[②]，前者使海量数据的实时生产、采集、存储以及物理世界生产过程向虚拟空间的映射得以实现，后者帮

---

① 邓仲良、屈小博：《工业机器人发展与制造业转型升级——基于中国工业机器人使用的调查》，《改革》2021 年第 8 期，第 25~37 页。

② Jones C. I., Tonetti C., "Nonrivalry and the Economics of Data," *American Economic Review*, 110 (9), 2020: 2819-2858.

助数据快速在生产链条上传输[1]。

投入与产出的数字化，一是使制造标准的可控程度提升。由于生产制造流程被划分为若干个模块，各个模块内部以及相互衔接的过程都有统一的数字化标准，数据异常时表明生产流程存在问题。二是使生产过程的可替代性上升。数字化是制造业从生产设备自动化向数据流动自动化升级的过程，通过将数据在正确的时间自动传输给相关人员与机器就可以实现对部分脑力劳动的替代。换言之，除了体力劳动外，脑力劳动的可替代性也在上升[2]。三是突破了规模性的约束。一方面，数字技术越进步，其成本就越低，可以降低数字化生产的门槛；另一方面，在数字化生产方式下，不同环节之间依靠数据自由流动实现生产的规模化、网络化协同，所需的交易成本更低，这可以使生产的规模报酬递增阶段延长。

2. 生产方式智能化

智能化是制造业基于既往有关生产经营的大数据，在工业云平台上，借助大数据分析、云计算、机器学习等技术实现对生产前期规划、中期过程发展以及后期市场化等环节的决策[3]，突出表现在智能生产系统和智能产品服务两个方面。

智能生产系统的核心是智能机器人与人类智慧组成的人机一体化系统[4]，其可以减少机器运行中对人脑的过度依赖。由于人工智能技术的广泛应用，智能生产系统具备自学习、自决策、自组织和自维护的"干中学"能力[5]，收集与处理的数据体量越大，智能决策的精准程度和效率越高。

在智能生产系统下，制造业生产的产品从普通产品向智能产品与服务转

---

① 盛磊：《数字经济引领产业高质量发展：动力机制、内在逻辑与实施路径》，《价格理论与实践》2020 年第 2 期，第 13~17、34 页。

② 安筱鹏：《重构：数字化转型的逻辑》，电子工业出版社，2019，第 92 页。

③ 何大安、许一帆：《数字经济运行与供给侧结构重塑》，《经济学家》2020 年第 4 期，第 57~67 页。

④ 李春发、李冬冬、周驰：《数字经济驱动制造业转型升级的作用机理——基于产业链视角的分析》，《商业研究》2020 年第 2 期，第 73~82 页。

⑤ 胡俊、杜传忠：《人工智能推动产业转型升级的机制、路径及对策》，《经济纵横》2020 年第 3 期，第 94~101 页。

变。智能产品服务表现为通过将智能传感器、处理器等电子器件内嵌于产品中，制造业可以实现"人与产品对话"，即用户将使用反馈经产品传递至生产端，可以实现"产品与产品对话"，这是因为智能产品可以无缝互联，形成广泛互联的智能制造生态。这意味着，在某一产品上获取的用户数据可以同步应用于其他产品，甚至可以转售给其他行业以增加利润。可以说，数字经济驱动的生产方式向智能化转变使制造业对消费主体更高品质需要的实时感应与正向反馈能力提高，这是制造业价值提升的源泉。

3. 生产方式绿色化

制造业绿色发展是我国实现"双碳"目标的关键方面。数字经济发展对生产方式绿色化转型的贡献如下。一是数字化使制造业从资源密集型向知识和技术密集型转变，提高了知识、信息、数据等要素在生产中的地位。相比传统要素，这类要素的生产力水平更高且能源消耗更少，可以通过要素投入的清洁性促进制造业产出绿色化[1]。二是借助覆盖生产全流程的数字技术和数字基础设施可以实现对制造业生产过程的实时监控与精细化管理，资源耗费高、生产有冗余的环节可以迅速被识别并改进，次品率和无效库存率被压缩，能源资源的使用效率提高。三是在清洁能源与数字技术融合发展的背景下，环保产业进入发展的"快车道"。环保产业在国民经济中的占比越高，产业结构的绿色化程度越高。而环保产业的产出总是与电子制造、专用化学品制造等的投入相关，因此其规模和创新性的提升将通过产业关联溢出促使生产方式更加绿色化。

4. 生产方式柔性化

数字经济促使制造业生产方式从大规模标准化走向大规模定制化[2]。从需求角度来看，尽管当前消费者的个性化需求比重上升，但也保留了一定的消费共性。从供给角度来看，借助工业设计软件、各类应用程序等，制造商

---

[1] 祝树金、谢煜、吴德胜：《制造业服务化的节能效应及其中介机制研究》，《财贸经济》2020 年第 11 期，第 126~140 页。

[2] 芮明杰：《构建现代产业体系的战略思路、目标与路径》，《中国工业经济》2018 年第 9 期，第 24~40 页。

即可实现产品定制化生产。综合供需特征，模块化生产成为提升制造业柔性化水平的可行之道。

在产品设计阶段，消费者的一切偏好与消费行为被数据化并传送至智能工厂，设计部门在据此设计出产品的共性模块后增加不同的工艺、配色、配置等设计方案，车间负责根据用户反馈的工艺、设计、配置需求加工产品。产品售出后，厂商可以通过远程更新软件继续调整产品功能，实现从外观设计到内在应用的全定制化。这种模块化生产提高了定制化效率，使制造商可以自主选择进行规模化或少量化生产，柔性化生产得以实现。特别是对于装备制造业这样的按项目、按单制造的非标准化行业而言①，柔性化生产能力的提升能够促进其价值链升级。

（三）数字经济培育制造业经营管理效率优化机理

数字经济发展不仅能强化制造业企业经营管理适应变革的能力，提高制造业企业经营管理质效，还能通过组织结构、企业文化等方面的变化为经营管理效率提升培育更适宜的环境②。

1. 优化经营管理流程

数字化可以大幅提升企业的经营管理水平③。其内在逻辑是数字技术可以削减部门间的沟通与交流成本，并为部门间协作提供高效率的平台，加强对产品质量、投资与融资、客户关系等多个环节的质效管理。

第一，产品质量管理。当免费成为一种营销模式时，产品之间的价格竞争将被质量竞争取代。从需求端来看，营销的全渠道化使有关产品质量的信息的透明度极高，消费者有能力为质优物美的产品支付更高的价格并主动借助社交网络为其营销，也有能力将质量较低的产品挤出市场，这种对产品质

---

①　张月月、俞荣建、陈力田：《国内国际价值环流嵌入视角下中国装备制造业的升级思路》，《经济学家》2020 年第 10 期，第 107~116 页。

②　陈剑、黄朔、刘运辉：《从赋能到使能——数字化环境下的企业运营管理》，《管理世界》2020 年第 2 期，第 117~128、222 页。

③　赵宸宇、王文春、李雪松：《数字化转型如何影响企业全要素生产率》，《财贸经济》2021 年第 7 期，第 114~129 页。

量的市场选择将使企业主动提升产品质量。从供给端来看，对生产全流程的智能监测、控制、调整可以有效降低残次品率。同时，企业可以通过供应链网络实现对分销商的质量监管，规避以次充好等不良行为。

第二，投资与融资管理。数字经济让制造业企业具有更多的投资与融资机会。一是信息对称性提高使企业可以更快地匹配资金的供需方，同时，盘活闲置资金可以为企业争取到更多潜在的投融资机会。二是数字基础设施建设领域的投资活动如火如荼，作为新型基础设施建设供应链的重要组成部分，制造业企业可以获得一定的投资机会。三是数字技术对金融部门的数字化重塑了信用逻辑，提高了其风控能力和业务效率，使小微制造业企业更容易获得稳定的资金支持。

第三，客户关系管理。良好的客户关系管理可以降低消费价格弹性，为企业带来稳定的客户群。对于重点客户，大数据分析使企业能够精准获知其产品偏好、所处地区、社会关系、信用等级、订货周期等信息，企业可以据此提供定制化服务。对于普通客户，人工智能技术使企业可以提供 24 小时在线的投诉受理服务以及时解决问题。以新冠疫情为例，企业根据消费历史可以迅速筛选出处于风险地区的客户，通过发送关怀信息、发放特别优惠券等提升客户对品牌的好感度，使企业在激烈的市场竞争中维持稳定的份额。

2. 提升企业经营效率

数字经济本质上具有很高的技术属性，可以有效提高微观企业的效率。

第一，数字经济优化企业的成本管理。传统的线性供应链信息反馈存在时延，企业要先完成销售目标才能根据销售数据分析下一周期的采购计划，并将计划传递给供应商，这样做的话，库存调整时效性差且成本较高。依靠数字交易平台，企业可以在消费者下单后"按单生产"，实现对库存近似"一对一"的精细化管理，既可减少成品库存积压情况，也可避免供货不及时。不仅核心企业如此，数字经济使供应链上的所有成员都能实现网络化联结，其他供应商的原料、零部件等的预售、销售数据可以实时反馈至制造商，这成为其调整库存的依据，其库存调整速度更快且成本得到有效控制。生产、物流、销售等环节的成本的降低直接提高了制造业的附加值。

第二，数字经济扩大企业的范围和提升规模经济效应。在传统生产方式下，制造业企业只关心价格和数量；在数字经济时代，针对固定成本与边际成本的变化情况，制造业进行调整，平均成本降低，规模经济形成。同时，数字经济开启了自身产品利润之外的伴生利润来源，促使制造业企业开始进行产品的多样化生产以满足消费者日益多元化的需求，实现生产效率提升。

第三，数字经济引导企业的组织效率提高。传统制造业的管理方式大都以垂直化的金字塔方式为主，数字经济使制造业企业的组织结构向网络化、扁平化和柔性化转变，如海尔"人单合一"、韩都衣舍"大平台+小前端"、小米极致扁平化、华为"铁三角"等的新型企业组织模式，提高了企业的决策和管理效率。

3. 优化经营管理环境

目前，企业数字化变革仍处于初始阶段，尚需企业家变革精神、团队创新意识等内生动力进行相应转变[1]。数字经济对企业组织结构、企业文化、企业家精神的再造能够为经营管理变革提供充足的养分。

第一，企业组织结构再造。数字经济通过影响制造业企业的交易处理、决策制定、工作完成等改变了企业形态[2]，使企业结构从垂直化向扁平化转变。对于新的结构，组织可以进行功能模块分解，这样不影响整体架构，因此制造业企业不再局限于整合自身资源，而是可以以项目为纽带连接不同组织的功能模块，致力于为产业链上其他成员提供可复用的生产解决方案。这样的组织结构更适应数字经济时代分布式生产的要求，便于提高专业化分工效率。

第二，企业文化再造。企业文化一般包括精神、制度和物质文化[3]。精神文化方面，数字经济使企业多元化战略愿景与正向价值回馈相统一。原因

---

[1] 肖静华：《企业跨体系数字化转型与管理适应性变革》，《改革》2020年第4期，第37~49页。

[2] 刘洋、董久钰、魏江：《数字创新管理：理论框架与未来研究》，《管理世界》2020年第7期，第198~217、219页。

[3] 戚聿东、蔡呈伟：《数字化企业的性质：经济学解释》，《财经问题研究》2019年第5期，第121~129页。

在于数字媒介可以为主动奉献社会价值的企业引来超额流量，使企业的付出和回报倾向于对等，激励企业主动实施多元化战略。制度文化方面，数字经济使平等高效的制度设计与充满活力的员工的要求相统一。互联网思维让企业制度设计趋于平等与包容，使员工主动为企业做贡献的意愿更强。物质文化方面，数字经济使团队协作意识与使用的工具相统一。头部互联网平台企业提供的多种远程协作工具可以实现企业资源、信息与人的实时协同，并且这些工具中凝聚的头部企业管理理念和经验会对企业管理效率和质量具有正向溢出作用。

第三，企业家精神再造。从整体来看，制造业企业家的创新力不足，对"制度企业家"具有路径依赖①，企业领导者的年纪越大，越容易依赖政策、社会资本等，缺乏创新的动力和勇气。通过不同行业企业家之间的竞争，数字经济可以塑造行业典型。"任人不唯年龄"等为企业家精神注入了革新动力，驱动企业家摆脱刚性思维模式，以创新发展应对行业变革，以具有更高的"时变"精神，能够从"吃政策红利"向主动创造红利转变，在企业运营管理方面做出更大的贡献。

四　数字经济对制造业发展的效应研究

以制造业为核心的实体经济是社会经济发展的命脉，将数字经济纳入制造业，可以推动我国制造业高质量发展，本书从综合效应、结构效应、关联效应和非线性效应四个维度论证数字经济对制造业高质量发展的影响。

（一）数字经济对制造业高质量发展的"综合效应"

数字经济驱动就是数据在应用过程中在为制造业企业创造价值的同时实

---

① 程虹、刘三江、罗连发：《中国企业转型升级的基本状况与路径选择——基于570家企业4794名员工入企调查数据的分析》，《管理世界》2016年第2期，第57~70页。

现数据自身的价值[①]。数字经济驱动的"综合效应"集中体现在促进制造业交易额的增加上，大数据基于连接能力、智能能力以及分析能力三个维度驱动制造业发展[②]。

第一，连接能力。通过信息技术连接数字化产品。数据信息打通了"人与人""人与物""人与信息""信息与信息"的网络，"人与人"指企业搭建的信息技术平台能连接内部员工，实现人与人的连接，使企业与员工的信息沟通更为顺畅；"人与物"指制造业企业对生产设备、基础设施、库存资料等所承载的信息和数据通过网络及时更新，强化企业和生产资料的连接，使企业能更好地监控和优化生产流程，有效降低生产成本；"人与信息"指制造业企业使用的信息技术使企业能及时获取、更新内外部信息，形成企业和信息之间的连接，提高企业的市场敏感度；"信息与信息"指不同企业的信息技术平台之间实现信息交互共享，加强信息和信息之间的连接。数字化的连接效应使数据不断加速积累，数据涵盖的范围不断延伸，数据资源的储存量不断增加。

第二，智能能力。智能能力是人为干预下信息技术捕获信息资源的能力，具体表现为数据全面感知、动态资源分配和灵活分级服务[③]。一是数据全面感知，首先，从供给侧来看，数据感知能让企业收集到各类数据，生产过程更为透明，实现可视化、精细化和智能化，使企业迅速定位以及时解决生产中的问题，确保生产流程的顺畅性以及生产决策的科学性。其次，从消费侧来看，信息交流的便捷性激发了消费者追求个性化的本质，通过提升用户行为感知能力，预测用户需求，强化和用户间的互动，推动企业由"业

---

① 孙新波、苏钟海：《数据赋能驱动制造业企业实现敏捷制造案例研究》，《管理科学》2018年第5期，第117~130页。

② Lenka S., Parida V., Wincent J., "Digitalization Capabilities as Enablers of Value Co-Creation in Servitizing Firms," *Psychology & Marketing*, 34（1），2017：92-100.

③ 周文辉、邓伟、陈凌子：《基于滴滴出行的平台企业数据赋能促进价值共创过程研究》，《管理学报》2018年第8期，第1110~1119页。

务产生数据"向"数据产生业务"转型①。二是动态资源分配，由于缺少数据信息的指导，传统制造业的资源要素投入优化调度比较缓慢。在数字经济时代，将数据作为生产要素与劳动、资本、技术等一同投入生产经营过程，把数字化生产力予以融合聚类、开发利用，企业的资源要素将一直处于动态、实时调整匹配中，能不断优化资源配置效率，提高生产率。三是灵活分级服务，通过对研发设计、生产制造、产品营销、售后服务等环节的数据进行分级整合，企业在做好数据管理的基础性工作后，利用数据洞察生产规律与商业运行模式，进行精准的自动化决策，使大数据为制造业企业各个环节的决策提供支持服务。

第三，分析能力。数字经济驱动的连接能力和智能能力体现了数据的资源性，分析能力能将数据从资源转化为资产，发挥数据的价值。从信息技术平台产生的海量数据中提取有价值的信息后可以进行信息交换、信息处理和信息共享②。一是信息交换，在组织内部，信息交换能打通传统的组织架构形成的内部数据孤岛与业务孤岛，调动所有的知识、技术等创新要素，使数据信息快速进行双向流动以形成反馈闭环，企业站在全局角度优化调整决策。在组织外部，信息交换涉及上下游供应链和销售链，推动企业构建设计在线、研发在线、生产在线、用户在线、服务在线和消费在线的完整上下游产业链体系。二是信息处理，信息处理的价值集中体现为更强的流程优化能力、洞察发现能力和决策力③。首先，有价值的信息流为企业探索对整个业务流程再造和再设计提供依据，使企业具有更强的流程优化能力。其次，数据信息通过无限拉近和消费者的距离，可以为其提供精准的产品和服务，企业洞悉消费群体的真实需求成为可能，通过对用户进行精准细分，基于大数据处理技术对商品和服务的精准、及时、动态的定位和推介，使满足消费者

① 李强、史志强、闫洪波、李丽：《基于云制造的个性化定制生产模式研究》，《工业技术经济》2016 年第 4 期，第 94~100 页。

② Guojie L., Xueqi C., "Research Status and Scientific Thinking of Big Data," *Journal of Software*, 27 (6), 2012: 647~657.

③ Mark A., Beyer, Douglas Laney, "The Importance of 'Big Data': A Definition," http://www.Gartner.com/resId = 2057415.

的真实需求和潜在需求成为可能，为消费者打造"量身定做"的个性化服务和促销手段，信息处理使企业具有更强的洞察发现能力，基于大数据技术的信息处理能够推动企业减少主观人为干扰，进行精准的自动化决策。三是信息共享，其可以分为内部和外部两个维度，目的是解决信息不对称问题，进而节约成本、提高效益。内部信息共享能降低组织内部冗杂度，内部资源的有效集成能激发进行互补性创新，降低企业管理的等级性，提高员工学习和参与的积极性。外部信息共享能加强与外部市场参与者的交流、合作，这能够帮助企业减少信息不对称问题，使企业更容易接触到先进的技术，提高市场透明度，同时推动资源互补，形成具有特定优势的战略联盟[①]。

（二）数字经济对制造业高质量发展的"结构效应"

数字经济驱动的"结构效应"集中体现在制造业产业结构转型升级上，大数据从经济结构、业态结构和市场结构三个方面驱动制造业高质量发展，引领制造业结构优化和调整，释放经济红利。

第一，经济结构。其是从产业化向服务化转型的经济结构。服务化不单指产业链向服务业衍生，而是经济增长方式和经济结构的优化调整。工业经济时代制造业的发展主要依赖资本、劳动等要素投入驱动，形成规模化大生产，竞争方式主要是降低产品价格。在数字化经济时代，海量的数据在云平台被实时储存、挖掘、处理、分析，释放出具有价值的信息，大数据能够缩短供给侧和消费侧的时空距离，企业具有无限接近消费者的潜能，基于数据赋能的制造业企业能够建立产品与服务紧密结合的集成系统。一方面，企业利用数据发现消费者的需求缺口，重新梳理产品和服务；另一方面，企业向消费者提供辅助性的售后支持服务，满足消费者个性化和差异化的需求，让用户获得产品的增值服务以及参与有关产品服务的体验活动[②]，这能够将服务

---

① 韩孟孟、张三峰、顾晓光：《信息共享能提升企业生产率吗？——来自中国制造业企业调查数据的证据》，《产业经济研究》2020 年第 1 期，第 42~56 页。

② 罗建强、赵艳萍、程发新：《我国制造业转型方向及其实现模式研究——延迟策略实施的视角》，《科学学与科学技术管理》2013 年第 9 期，第 55~62 页。

要素整合延伸到产品的全生命周期，推动制造业企业转型升级。其竞争方式转化为通过增加产品附加值来提高价格。因而，大数据将推动制造业形成从同质化竞争向差异化竞争、从低端产品向高端产品、从产业链底部向中高部转移的经济结构模式，走出制造业面临的"服务悖论"。数据赋能制造业使制造业摒弃大规模、低成本的产业化发展方式，进行差异化生产、满足不同需求的智能化和服务化生产。

第二，业态结构。其是大数据和制造业深度融合的新业态结构。首先，数据驱动下的制造业能够有效解决多样性价值和复杂性成本①之间的矛盾②。多样性价值基于市场的群雄角逐和消费者个性化需求对制造业企业生产产品的种类、性能、服务等方面提出更高的要求，复杂性成本是为了满足多样性价值而产生的非增值成本，具有产品复杂性、流程复杂性和组织复杂性等特征，两者是对立的关系。信息技术对数据的收集、储存、挖掘、处理、分析能够使制造业企业进行柔性生产和精益管理，一方面，其通过数据实时监控以降低流程的切换成本；另一方面，信息技术及时采集消费者需求，企业能够进行拉动式的精准生产，在满足个性化需求的同时降低库存管理成本。其次，推动大数据和制造业融合发展，实现中国制造业从"制造"到"智造"的跨越。智能制造建立在对生产系统中的"可见"问题和"不可见"问题的处理上。一是大数据能够找到"可见"问题的源头，对其进行分析归纳，在解决问题的基础上防止问题再度发生；二是用大数据处理技术挖掘隐性问题的线索，通过对其进行分析和预测，降低隐性问题发展为显性问题的概率；三是基于反向工程，利用大数据对生产流程进行深度剖析和精细建模，倒推隐性问题的根源③。推动制造业由"制造"向"智造"的高附加值新业态发展，提升制造业整体层次和核心竞争力。

---

① Stephen A. Wilson 和 Andrei Perumal 在 2009 年提出复杂性成本。
② 姜奇平：《"互联网+"与中国经济的未来形态》，《人民论坛·学术前沿》2015 年第 10 期，第 52~63 页。
③ 〔美〕李杰、倪军、王安正：《从大数据到智能制造》，刘宗长整理，上海交通大学出版社，2016。

第三，市场结构。其是形成大数据驱动信息网络精准配置资源的市场结构[①]。大数据等信息技术用有别于市场机制和政府机制的方式，以网络扁平化的方式配置资源，同时改变市场结构，以低成本个性化和创造性多样化，充分联动生产和销售环节，实现效率和质量并存。此外，数据信息会提高市场透明度，通过降低行业的进入壁垒，加剧市场竞争，有助于建立公开、公平、公正的市场机制，促进经济要素自由流动。因此，数据驱动下的制造业市场机制在更好地发挥市场力量的同时，更重视数据信息网络在资源配置中的主导作用。

（三）数字经济对制造业高质量发展的"关联效应"

基于产业链可以将整个制造业活动部门划分为研发设计和生产制造两个部门，在利益驱动下，两个部门以大数据为纽带建立经济联系。大数据主要基于三个路径对制造业高质量发展产生深刻的影响。

第一，大数据的前向关联渗透效应，主要表现为大数据对生产制造部门的渗透效应。一方面，数据正在逐渐渗透到生产制造的各个环节，数据资源如同劳动、资本、技术等要素已然成为制造业企业实现高质量发展的必备生产资料，大数据基于对用户需求数据的分析，智能化对接企业的资源和制造过程的设备，减少制造环节的非增值成本，既能快速响应消费者的个性化需求，也能提高生产效率。另一方面，大数据向生产制造部门内部其他生产要素渗透，基于"摩尔定律"和自身的技术进步对其他生产要素具有替代作用[②]，大数据能够降低相关产品的价格，推动整个制造业不断积累以大数据为基础的信息技术资本[③]，通过替代效应为高质量发展做铺垫；大数据能够"软化"生产部门的要素结构，提高各个环节生产要素之间的协同性，助力

---

① 祝合良、王春娟：《数字经济引领产业高质量发展：理论、机理与路径》，《财经理论与实践》2020年第5期，第2~10页。

② 吕明元、苗效东：《大数据能促进中国制造业结构优化吗?》，《云南财经大学学报》2020年第3期，第31~42页。

③ 蔡跃洲、张钧南：《信息通信技术对中国经济增长的替代效应与渗透效应》，《经济研究》2015年第12期，第100~114页。

制造业实现敏捷性和精准性制造，进行提质增效的生产。

第二，大数据的后向关联协同效应，主要表现为大数据对研发设计部门的协同效应。一方面，大数据技术对消费者需求的捕捉，将引导研发设计部门开展前瞻性的产品研发①，极大地降低信息不对称带来的风险；另一方面，研发设计部门向生产制造部门提供大数据服务时，必须优先提升自身的大数据应用水平，如大数据挖掘技术、数据资产管理机构的搭建和大数据链的建设等，这将在很大程度上对研发设计部门的大数据技术提出更高的要求，迫使研发设计部门不断加强大数据服务建设，增强数字化发展能力，从而提高大数据的后向关联协同效应。

第三，大数据在研发设计部门和生产制造部门的交互效应。大数据在赋能研发设计部门和生产制造部门的过程中，均呈现反馈效应和循环累计效应。一方面，反馈效应集中表现为生产制造部门的大数据应用效果会影响研发设计部门对大数据的应用逻辑，推动其不断对现有的信息技术进行更新，而研发设计部门使用的大数据技术会倒逼生产制造部门不断进行大数据基础设施的完善，推动其生产流程智能化、可视化。另一方面，循环累计效应表现为大数据在两个部门的应用，在推动制造业高质量发展的同时驱动大数据技术不断发展，生产制造部门在获得大数据带来的渗透利益之后，会对大数据产生更大的依赖和提出更高的需求，而研发设计部门在生产制造部门获取数据溢出红利的同时，为了不断强化动态化的需求会进行整合，正是由于大数据在制造业产业链中的渗透，大数据发展和制造业高质量发展协同推进。

（四）数字经济对制造业高质量发展的"非线性效应"

数据连通个人、企业和市场，通过开放、流通等方式对经济社会发展产生巨大的杠杆效应，制造业企业的数据赋能效果依赖数据资产的累积、信息平台的建设以及大数据挖掘和分析方法的构建等，一方面，释放数据的信息

---

① Cozzolino A., Verona G., Rothaermel F. T., "Unpacking the Disruption Process: New Technology, Business Models, and Incumbent Adaptation," *Journal of Management Studies*, 7, 2018.

价值要基于一定的技术跨越，不仅体现在数字化基础设施的投资方面[①]，还要提升企业内部全体成员的数据分析能力，在网络连接规模和数据超过临界值后，就会产生惊人的能量[②]。另一方面，数据的真正价值不是体现在数据体量上，要从一定规模的数据中筛选、分类、整理，从数据中挖掘价值。过去的研究把"小数据"变成"大数据"，数据赋能的关键在于数据"从厚到薄"的价值显现。因此，大数据对制造业高质量发展的赋能并不是简单的线性推动，可能涉及计量经济方面的门槛效应。大数据的非线性传导机制主要表现在以下三个方面。

第一，大数据前向关联渗透的非线性机制。大数据在生产制造部门的广泛使用，有效地提升了生产效率，使其在生产流程优化、利润获取等方面有了比较优势，但此时由于应用范围的约束，大数据只表现出连通作用，渗透效应并不是很明显，随着信息技术平台的进一步发展，生产制造部门对大数据赋能提出更高的要求，推动大数据渗透到其他生产环节，调整优化资源配置，进一步降低生产成本，提高边际收益。在利益驱动下，生产制造部门的大数据共享、流通，数据信息的无线传递性和可复制性，将使制造业结构转型升级的成本降低，使制造业形成网络化、定制化、互联化和生态化的生产模式，如此就会产生持续的正向反馈，数据赋能制造业高质量发展呈现边际效应递增的趋势。

第二，大数据后向关联协同的非线性机制。在大数据发展初期，研发设计部门从生产制造部门获取一定的收益，但是由于基础设施、技术水平的限制，研发设计部门的边际成本较高，大数据的协同作用受到限制。随着不断地从大数据发展中获利，研发设计部门逐步提升信息化水平，推广大数据思维，向生产制造部门提供更为优质的产品和服务，此时由于应用范围扩大，获取信息、知识和技术更为便捷，大数据研发设计的边际成本降低，研发设

---

①　Marco Lansiti, Karim R. Lakhani, "Digital Ubiquity: How Connections, Sensors, and Data Are Revolutionizing Business," *Harvard Business Review*, 92 (11), 2014: 141.

②　郭家堂、骆品亮：《互联网对中国全要素生产率有促进作用吗？》，《管理世界》2016 年第 10 期，第 34~49 页。

计部门的效率明显提高。当大数据技术应用水平达到一定阈值时，协同效应进一步显现，更多的制造业企业将应用大数据技术，此时大数据的价值呈现指数型增长态势，研发设计部门在大数据供给中获利，进而进一步提高研发质量，这样就表现出大数据对研发设计部门的边际递增效应。

第三，大数据在研发设计部门和生产制造部门的交互非线性传导机制。在研发设计部门和生产制造部门的交互初期，大数据的应用范围较小，信息、知识和技术传播范围受到限制，此时整个制造业的发展水平较低。随着大数据使用规模的提升，研发设计部门和生产制造部门的交互更为频繁，生产制造部门能够及时将制造业高质量发展的需求送到研发设计部门，研发设计部门能准确地获取生产制造部门的反馈信息，更有针对性地研发设计新的高质量产品，同时驱动生产制造部门提高效率，即两大部门之间相互促进以提升产品质量和生产效率。在这一交互过程中，双方都能够不断获利，随着大数据交互规模的不断提升，更多的主体参与到大数据建设中，从信息化中获得更多的价值，改善了交互初期边际成本较高的情况。研发设计部门和生产制造部门的交互使大数据发挥更大的价值。由于两个部门的循环交互和持续反馈，数据赋能制造业高质量发展形成了非线性传导机制。

五　小结

数字经济是促使制造业完成新旧动能转换的关键动力，数字经济驱动制造业高质量发展的逻辑机理研究体现在以下几个方面。一是数字经济的学理基础与制造业发展界定了数字经济与制造业高质量发展的内涵，研究数字经济运行的产权逻辑、信用逻辑和数字经济的治理逻辑，分析制造业高质量发展的要求与现实发展中的逻辑不畅，为研究数字经济驱动制造业高质量发展的内在逻辑奠定了学理基础。二是数字经济对制造业发展的作用机理以数据要素为赋能基础，通过增加数据要素投入，延伸制造业的产业链与供应链，重塑制造业商业模式，促进制造业与服务业融合，为制造业转型发展积蓄动能。三是数字经济培育制造业发展的逻辑机理，数字经济通过全要素生产率提升、生产方式变革以及经营管理效率优化三个维度实现制造业动力变革、效率变革和质量变革。四是进行数字经济对制造业发展的效应研究，本书从综合效应、结构效应、关联效应和非线性效应等维度论证数字经济对制造业高质量发展的影响。大数据基于连接能力、智能能力以及分析能力三个维度，从经济结构、业态结构和市场结构三个方面驱动制造业高质量发展，引领制造业结构优化和调整，释放经济红利。以大数据为纽带的研发设计部门和生产制造部门主要基于前向关联渗透效应、后向关联协同效应和交互效应三个路径对制造业高质量发展产生深刻的影响，数据赋能制造业高质量发展形成前向关联渗透、后向关联协同和交互的非线性传导机制，大数据对制造业发展的赋能并不是简单的线性推动，涉及计量经济方面的门槛效应，具有非线性传导机制。

第四章 数字经济驱动中国制造业高质量发展的理论分析与研究假设

伴随数字化和信息化的加速发展，传统生产要素的边界拓展，数据被纳入经济增长函数之中，成为与土地、资本、劳动力等传统生产要素并列的生产要素，数据作为一种新的生产要素，赋予数字经济强大的发展活力，数字经济已经成为我国经济增长的新动能，尤其是新冠疫情后，数字经济更是日益成为全球经济增长的"新引擎"。既有研究为认识数字经济提供了重要启示，但回顾既有研究可以看出，对数字经济的研究目前仍处于探索阶段，且大多数研究主要关注数字经济在宏观层面上对经济高质量发展的影响，而较少分析数字经济对制造业高质量发展的影响，部分探讨数字经济与制造业高质量发展关系的研究主要停留在定性分析层面，缺乏经验证据的支撑。因此，数字经济如何赋能企业创新效率优化、促进制造业产业转型升级、推动制造业产业链延伸和高质量发展、实现全要素生产率提升是我国经济发展面临的关键问题。通过研究数字经济对制造业创新效率的影响效应，数字经济对制造业的中介效应、耦合效应，数字基础设施对全要素生产率的影响效应，数字化重构下人工智能促进制造业高质量发展，从理论上分析数字经济与制造业高质量发展的内在联系，为制造强国、质量强国、网络强国、数字中国建设提供理论阐释，为实证检验数字经济促进制造业高质量发展奠定了学理基础。①

---

① 本章中的第一、二、三、四、五、六、七个研究，分别与第六章、第七章、第八章、第九章、第十章、第十一章和第十二章的实证检验是对应的。

一 数字经济对企业创新影响的理论分析与研究假设

（一）数字经济对中国企业创新的影响机理

数字经济是以互联网、大数据、人工智能及其相关技术应用为基础的一种新型经济形态，具有高技术性、高成长性、高融合性、高协同性的特征，实现了生产力要素的数字化渗透、生产关系的数字化重构，能够推动企业加快质量变革、效率变革、动力变革，进而助力企业创新。

1.数字经济推进质量变革，助力企业创新

在传统要素驱动模式下，中国企业自主创新能力薄弱，产品质量总体不高，而对人工智能、5G、大数据、区块链等数字技术的运用加快了传统企业转型升级的步伐，实现了经济增长方式的转变和全要素生产率的提高。一方面，数字经济提升了企业投入要素质量。在数字经济时代，数据、知识、信息成为类似货币和黄金的新型经济资产，并可作为独立的生产要素进入企业生产的各个环节。在改变了原有经济系统中要素投入结构的同时，其成为企业发展的关键要素和战略性资源。同时，信息、数据、知识等新型生产要素能够通过对资本、劳动等传统生产要素的渗透、改造和提升，实现与其他要素的相互作用、相互补充，从而改善了传统要素的质量[1]。另一方面，数字经济提升了企业产品和服务的质量。从研发流程来看，在数字经济时代，企业家可以依托开放的数字化技术、智能化设备实现虚拟制造，将创新过程和结果进行全面模拟，优化传统的创新方式，提高技术创新成功率，减少决策失误，提高研发质量[2]。从市场需求来看，长期以来，企业的创新决策都由企业主导，由于只通过小范围的市场调研获取消费者数据，选择性地吸纳

---

[1] 杜传忠、郭美晨：《第四次工业革命与要素生产率提升》，《广东社会科学》2017年第5期，第5~13、254页。

[2] 余东华、王梅娟：《数字经济、企业家精神与制造业高质量发展》，《改革》2022年第7期，第61~81页。

消费者的意见，消费者数据的不完备以及消费者意见的缺失使企业无法准确把握消费者的需求①。随着大数据、人工智能等新一代数字技术的广泛应用，市场力量从供给端转移至需求端，用户可深入企业的生产活动，参与产品的设计与生产，使消费者在拥有对产品极大的自主选择权的同时实现个性化的产品供给。这不仅加强了供需之间的连接和匹配，还有助于企业把握消费者需求的变化，明确产品制造和创新的方向，破除无效创新，提高创新质量②。

2.数字经济推进效率变革，助力企业创新

企业参与市场竞争，归根结底是效率的竞争，这也是企业能实现高质量发展的关键所在。数字经济平台作为数字经济发展的主体，利用区块链、人工智能、大数据、物联网、云计算等新技术，突破时空限制，连接各类主体，构建联动交互的数字经济生态，发挥规模效应，实现效率变革。一是数字经济可以提高企业搜寻信息、获取信息的效率。数字经济具有信息传播、网络共享、信息获取近乎零成本等优势特征，能有效地缓解市场与企业创新行为的信息摩擦，提高企业内外部信息的对称性③。企业不仅利用大数据分析消费者的显性需求，也采用机器学习和数据挖掘等手段发掘消费者的潜在需求。这有利于企业针对消费者的最终需求有效开展创新活动，从而加快创新成果转化速度，提升企业创新效率④。二是数字经济可以提高企业生产研发效率。一方面，新一代数字技术尤其是移动互联网技术的日益成熟与广泛使用，使人与人之间实现实时交互，"远程办公""异地办公""移动办公"成为工作常态，这意味着传统研发流程中涉及人员交互的环节都可突破时空约束，通过虚拟空间被碎片化、低成本、高效率地完成。另一方面，随着

---

① Cram W. A., "Agile Development in Practice: Lessons from the Trenches," *Information Systems Management*, 36 (1), 2019: 2-14.

② 肖旭、戚聿东：《产业数字化转型的价值维度与理论逻辑》，《改革》2019 年第 8 期，第 61~70 页。

③ 韩先锋、宋文飞、李勃昕：《互联网能成为中国区域创新效率提升的新动能吗》，《中国工业经济》2019 年第 7 期，第 119~136 页。

④ 彭硕毅、张营营：《区域数字经济发展与企业技术创新——来自 A 股上市公司的经验证据》，《财经论丛》2022 年第 9 期，第 3~13 页。

"数字孪生"技术在企业中的应用与普及，常规化的劳动密集型研究被综合利用大数据与增强预测算法的研究所取代，虚拟数据建模取代真实样本制造，"模拟择优"研发模式取代"实体试错"研发模式，这极大地降低了实物资本投入，压缩了产品研发周期，提高了产品研发效率[①]。三是数字经济提高企业创新成果的转化和利用效率。在数字经济时代，消费者需求呈现高度易变特征，为了不丧失市场竞争力，企业通常不会过度地追求向市场推出完美化的产品从而贻误最佳时机，而是在发现市场空缺后，首先快速推出一个具有基本功能的产品，然后对其进行持续改进。这种迭代创新模式使企业能够更好地把握市场机遇，加快创新成果转化[②]。

3. 数字经济推进动力变革，助力企业创新

新一轮科技革命带来的是更加激烈的科技竞争，只有从传统要素驱动转变为创新驱动，企业发展才会有不竭的动力。作为我国最主要的微观经济活动主体，企业过去一度依靠资源和低成本劳动力等传统要素的投入发展，技术进步以模仿国外先进技术为主。这种粗放式的要素驱动发展模式不仅使企业丧失国际竞争力，在产业链上逐渐被边缘化，还给我国经济可持续发展带来了十分尖锐的资源环境矛盾。在我国进入数字经济时代后，以大数据、云计算、人工智能、物联网、区块链等为代表的数字技术不仅是科技革命的创新成果，而且通过数字经济与传统产业的结合、企业数字化转型的完成不断实现多种方式的创新。数字经济通过动力变革助力企业创新，可以从以下几个方面来看。一是数字经济提供企业技术创新动力。通过数据分析、软件和应用程序开发、网络和人工智能、智能机器生产、机器人等领域的数字技术创新，大力推进高新技术企业、互联网企业等新兴产业中的企业发展，同时促进数字技术与传统产业深度融合，合理有序地优化企业发展的空间并提供新动能。二是数字经济打造企业模式创新动能。以"互联网+"为驱动力，着

---

① 李海舰、赵丽：《数据成为生产要素：特征、机制与价值形态演进》，《上海经济研究》2021年第8期，第48~59页。

② 戚聿东、肖旭：《数字经济时代的企业管理变革》，《管理世界》2020年第6期，第135~152、250页。

力推进产业数字化，鼓励进行模式创新，促进电子商务、工业互联网和互联网金融跨界融合，以显著改善成本效率，为传统企业装上提质增效的新引擎，全力打造企业高端化、智能化、绿色化发展的新动能。三是数字经济释放企业制度创新活力。所谓制度创新其实是对制度、观念和利益的认同。数字经济的发展包含重要制度和政策的创新，其核心是围绕数字技术进行的一场制度创新，是与数字技术相关的各种规则和制度安排的重塑和再造。随着制度创新红利的持续释放，数字经济的辐射带动能力必将不断增强[1]。

基于此，本书提出以下假设。

假设1：数字经济发展对企业创新能力存在正向的推动作用。

（二）数字经济驱动企业创新的非线性作用机制分析

数字经济是继农业经济、工业经济之后的一种全新的社会经济形态，数据也随之成为资本、劳动、土地之外新的生产要素。与劳动、资本等其他生产要素相比，数据具有易复制性、非损耗性和非排他性等特征，且数据的存储成本相对较低，边际成本几乎为零，数据规模不断扩大、数据的总价值迅速攀升，表现出边际效益递增的特点[2]。同时，数字经济的本质是信息化，网络成为信息传递的载体。根据梅特卡夫法则，网络具有极强的外部性和正反馈性，即当用户数量超过一定的临界值时，网络的价值越大，越能吸引更多的用户加入网络中，网络的价值将爆发式增长[3]。从企业创新和发展的角度来看，由数字经济自身技术特性可知，企业生产具有高固定成本和低边际成本的特点，企业倾向于通过扩大生产规模来降低长期平均成本，进而形成规模经济效应[4]。这就意味着数字经济与企业创新溢出之间并非简单的线性

---

[1] 本章的第一个研究是数字经济对企业创新影响的理论分析与研究假设，第六章是对这个研究的继续与深化，如果说前者是理论研究，后者则是实证分析。

[2] 杨汝岱：《大数据与经济增长》，《财经问题研究》2018年第2期，第10~13页。

[3] 裴长洪、倪江飞、李越：《数字经济的政治经济学分析》，《财贸经济》2018年第9期，第5~22页。

[4] 荆文君、孙宝文：《数字经济促进经济高质量发展：一个理论分析框架》，《经济学家》2019年第2期，第66~73页。

关系，可能存在复杂的非线性关系。

在数字经济发展初期，相关数字基础设施不健全，企业数字化思维和意识不强，在高昂的建设成本下，仅有少数经济实力雄厚的企业开发和应用数字技术，这时，数字经济带来的影响效应不是很明显，对企业创新的溢出效果也相对有限。但随着对数字技术的掌握，数字化的边际成本逐渐降低，且数字经济的跨时空、多向信息传播、技术溢出等优势显著促进企业人力资源和知识资本整合、创新资源优化配置、研发效率提升，明显提高企业的创新溢出和生产效益。受到数字经济红利的吸引，更多的企业不断提升自身数字化的开发与应用能力，数字网络逐渐扩大，技术传播速度加快，知识积累逐渐增加，创新产品周期缩短，企业创新效率得到进一步提升。企业在向消费者提供更为优质、便捷、高端的产品服务的同时，也在数字经济的应用中获取更多收益。然而，随着数字经济规模的不断扩大，网络中出现了各种冗余、杂乱和虚假的信息，数据平台的用户信息泄露现象、网络侵权现象也时常发生。同时，互联网技术的广泛应用带来了产业垄断，造成企业生产的规模不经济①，严重削弱了数字经济对企业创新溢出的驱动力。当数字经济发展打破瓶颈，开放共享、互联互通效用得到充分发挥时，创新资源将得到高度、有效整合，消费者需求得以全面激发，创新供给和需求将实现合理、精准匹配。此时，企业创新参与者将在更大区域范围内享受创新收益，数字经济的创新溢出效应达到最大化。

基于此，本书提出以下假设。

假设2：数字经济发展与企业创新能力之间存在边际报酬递增的非线性关系。

在经济新常态下，数字经济的创新溢出效应会受到外界环境的影响。一方面，"数字经济+企业创新"离不开政府科技支持——政府可以通过适当加大财政扶持力度，降低互联网基础设施和平台构建成本；通过完善专利、

---

① 郭家堂、骆品亮：《互联网对中国全要素生产率有促进作用吗?》，《管理世界》2016 年第 10 期，第 34~49 页。

产权制度，激发创新主体开展创新活动的积极性和主动性；通过制定产业政策，引导数字技术应用于创新网络活动，从而提升数字经济创新溢出效应。另一方面，作为在新一代科技革命和产业变革中孕育出来的新兴经济模式，数字经济的本质是知识经济。因此，在应用数字技术进行企业创新的过程中，其对劳动者的专业技能提出较高的要求。进一步重视专业人才素质，提高人力资本水平，为企业创新提供充足的智力支撑，有利于企业尽快实现技术突破，提升创新质量和创新效率。

基于以上分析，本书提出以下假设。

假设 2a：数字经济发展与企业创新能力之间的非线性关系会受到政府科技支持的影响。

假设 2b：数字经济发展与企业创新能力之间的非线性关系会受到人力资本水平的影响。

二 数字经济对制造业创新效率影响的理论分析与研究假设

（一）数字经济发展对中国制造业效率的影响机理

数据作为一种新的生产要素，赋予了数字经济强大的发展活力。数字经济可以提高制造业企业的创新意愿、加快数据信息的交互、提高创新要素的配置效率等。数据为数字经济有效提高制造业企业的创新能力提供了可能。制造业要素投入密集、生产流程复杂、规模效应显著，是创新活动的载体，推动创新成果产业化、促进创新正向循环，是一国建立和发展创新型经济的重要支撑。熊彼特创新理论提出，创新是生产要素的再组合，信息通信技术等数字技术创新能对生产过程中劳动力、原材料和设备等要素进行有效整合，推动企业生产工艺、流程数字化，进而减少生产过程中的能源消耗，促进企业生产技术创新。数字经济对中国制造业创新效率的直接影响表现在以下几个方面。在生产要素方面，数据资源已成为关键生产要素。数据作为新的生产要素不仅能够提高其他生产要素的质量和使用效率，如劳动、资本，还能够改变经济活动的组织方式，加速资源重组，提高全要素生产率，为现代化经济发展注入新动力。在生产关系方面，网络基础设施推动构建新型生产关系。数字经济的出现构建了以现代信息网络、数字化基础设施和数字平台为载体的新型生产关系，原有的信息隔离与信息垄断被数字化转型打破，促使人与人、部门与部门之间的合作更加透明。在生产力方面，数字技术已经成为重要生产力。数字技术是数字经济发展的技术基础，具有"正外部性"，其所产生的效应呈指数级增长，如人工智能、物联网、大数据、区块链等信息技术一旦突破临界点，就会使创新从单点创新转向交叉创新，形成多技术群互相支撑、共同发展的链式创新模式，产生巨大的发展动力。创新能力的提升可以为传统制造业带来自动化和智能化的生产设备，有效降低生产过程中的资源损耗和相关成本，进而提高传统制造业的生产效率、资本产出比以及盈利能力。

1. 数字经济提高了制造业创新意愿，降低了创新风险

数字经济为企业研发创新提供了精准的市场定位和发展方向，进一步调动了企业的创新意愿和积极性，并通过促进多元主体合作创新的方式降低企业创新风险。一方面，创新活动具有周期长、风险高、不确定性高等特点[1]，导致企业很难在创新项目中进行大规模的投入，并且容易陷入模仿式创新的路径依赖困境。随着数字经济的不断发展，大数据等新兴数字技术逐渐在企业实践中得以运用，企业可以对消费者行为数据进行采集、存储、挖掘与分析，并借助大数据技术将消费者行为数据可视化，为企业创新活动提供更加精准的市场定位。不仅如此，企业内部和外部信息闭塞的状况也得到了改善，企业和市场的协调成本大幅度降低，企业产品供给与外部市场需求匹配更加准确，有利于明确企业创新的市场定位，减少创新收益的不确定

---

[1] Holmstrom B. , "Agency Costs and Innovation," *Journal of Economic Behavior & Organization*, 12 (3), 1989: 305-327.

性，极大限度地调动企业创新活动开展的积极性①。另一方面，数字经济的发展有助于推动多元创新主体的形成，降低企业独立创新的风险。在数字经济的背景下，企业不再作为唯一的创新主体，而是可以利用网络空间使大学、科研院所以及个人开发者等创新主体参与到整个创新过程②，推动创新生态系统的演化升级，降低企业内部创新失败的风险，提高企业的创新能力。

2. 数字经济加速了制造业知识共享，为企业创新提供了智力来源

数字经济加速了企业间的知识共享和交换，知识的外溢为企业创新提供了智力来源。数字经济的开放性、无边界性、注重数字化资源的流动和价值共享等特点都是知识交流与共享的基础。在数字经济背景下，信息交互的强化会使企业在创新的过程中与团队成员、部门成员、合作联盟等进行知识共享，从而使经营系统形成一个跨组织、跨行业、跨时空、跨层次的知识共享网络，而创新主体提高创新绩效的重要原因就在于对知识以及经验的学习能力③。企业在知识共享上的吸纳能力越强，越能更好地应对环境变迁，并且能够更好地识别出提高创新绩效的有价值的知识④，知识溢出效应、技术溢出效应会进一步加快企业的创新速度，提高企业的创新水平，产业链上各企业之间信息交融，密不可分。对于某一企业，在溢出效应下，创新成果及相关信息会迅速向上下游产业传递，数字化打破信息沟通障碍，上下游产业迅速接收创新信息，在关联效应下，产生创新信号，处于上游和下游产业链的企业会紧跟产业发展形势，进行产品服务创新升级，实现全产业链产品协调匹配，促进全产业链创新效能提升，实现全产业链价值赋能。因此，数字经

① 李慧泉、简兆权：《数字经济发展对技术企业的资源配置效应研究》，《科学学研究》2022年第8期，第1~17页。

② Caloghirou Y., Giotopoulos I., Kontolaimou A. et al., "Industry-university Knowledge Flows and Product Innovation：How Do Knowledge Stocks and Crisis Matter？" *Research Policy*, 50（3），2021：104-195.

③ Akcigit U., Caicedo S., Miguelez E. et al., "Dancing with the Stars：Innovation through Interactions," National Bureau of Economic Research, 2018.

④ Tanriverdi H., "Information Technology Relatedness, Knowledge Management Capability, and Performance of Multibusiness Firms," *MIS Quarterly*, 2005：311-334.

济的发展为企业间的知识共享与交换提供了重要媒介，加强了企业之间的知识分享，从而提高了企业的创新能力。

3. 数字经济有助于提高制造业创新资源要素的配置效率

数字经济对企业创新资源要素的配置效率的影响体现在两个方面。一方面，数字化技术的嵌入能够不断优化企业内部的生产和运营方式，进而优化企业内部创新要素资源的配置[1]。新一代数字技术的应用和兴起使企业信息结构发生质的变化，企业组织结构由科层制向网格制发展转变，信息可以通过网络技术在云端进行实时分享，使企业创新过程所需的各种要素可以通过企业数字化平台进行协调，数字化使企业与消费者可以通过数据端口对接，重新构建了两者之间的沟通交易模式，企业通过数字端口获取消费者需求信息，确定创新导向，消费者通过数据信息搜索，精准获取所需商品信息，有效避免了由供给与需求之间的不平衡造成的资源浪费，缓解了供需矛盾，优化了企业的运营环境，减少了交易的不确定性，减少了成本投入。另一方面，数字化发展可以有效突破企业的时空限制，使企业外部信息的传输、处理更加便捷，并扩大了创新资源配置的空间范围，使创新资源与多元创新主体连接，在很大程度上提高了创新资源的配置效率[2]。随着数字化与全产业链环节各阶段的渗透融合，产业边界渐趋模糊，带动相关市场交织发展，产品、服务流动速度加快与范围扩大，市场与市场之间产生规模集聚效应，企业在创新环节的投入减少，区域整体的创新空间不断扩大。相对而言，区域性创新的整体水平提高会增加企业创新的压力，创新成为企业在竞争中的关键要素，从而推动企业积极学习、吸纳先进技术，进行创新，提升整体创新效能。

基于以上分析，本书提出以下假设[3]。

假设1：数字经济对中国制造业企业创新效率具有显著的促进作用。

---

[1] 韦庄禹：《数字经济发展对制造业企业资源配置效率的影响研究》，《数量经济技术经济研究》2022年第3期，第66~85页。

[2] 张昕蔚：《数字经济条件下的创新模式演化研究》，《经济学家》2019年第7期，第32~39页。

[3] 这是本章的第二个研究，第七章是对这个研究的继续与深化。

（二）数字经济影响中国制造业的创新效率的路径

数字经济不仅是经济发展的增长点，也是产业结构升级的支撑点。创新能力是产业结构调整的重中之重，而创新能力的提高除了源于 R&D 投入的持续增加之外，还源于创新效率的提升。数字经济通过改造传统产业、催生新兴产业、重塑供需结构，从而影响产业结构升级[①]，即数字经济发展促进了产业结构升级[②]。一是数字经济有利于深化产业间的相互关联度。数字技术的广泛应用打破了区域间的资源、技术壁垒，改善了过去传统产业相对独立的态势，产业间的关联性随着网络、通信、计算机等数字设备与技术的渗透日益提升。二是数字经济革新了传统产业的发展模式与演化路径。数字经济依托 ICT，改变了传统交易模式，通过降低交易费用提升了匹配效率。对新技术的应用催生出新的产品与模式，带来新的供给与需求，促进新型产业创新与传统产业转型。三是数字经济推动产业融合发展。数字技术的通用性及渗透性使数字经济的作用范围由互联网、信息产业逐渐扩大至消费、生产领域，在跨产业融合的过程中加强其与实体经济的结合。

信息与数据是关键的生产要素，随后不断有新业态产生，数字化基础设施不断完善，能够有效促进区域内以及区域间的知识与技术溢出，进而提高区域内产业创新效率。数字经济的发展能够有效降低技术溢出成本。"摩尔定律"表明，技术进步尤其是数字技术的加速更新与迭代，可以持续导致数字产品价格下降。不同于传统的产品生产，数字技术的创新成果通常能够被大规模使用，同时它的可复制性、非损耗性、低边际成本等特征使其迅速进入制造业创新的各个环节，促进区域内创新效率和产品质量提升。在知识、信息和技术在区域内扩散和共享后，制造业获得了良好的创新带动效果与学习环境。生产性服务业属于技术密集型产业，能迅速吸收最前沿的新技

---

① 张于喆：《数字经济驱动产业结构向中高端迈进的发展思路与主要任务》，《经济纵横》2018 年第 9 期，第 85~91 页。

② 焦勇：《数字经济赋能制造业转型：从价值重塑到价值创造》，《经济学家》2020 年第 6 期，第 87~94 页。

术、新方法、新工艺，并将其辐射及应用于区域内的其他中介机构、制造业企业，这有利于制造业企业涉足价值链高端环节，提升制造业的技术含量。不同性质的企业由于地理上的靠近性和经济上的关联性而相互影响，产生知识溢出，这些企业积累了大量的知识和技术资本，降低了创新成本，提高了创新效率。

基于以上分析，本书提出以下假设。

假设 2a：数字经济通过产业结构升级间接促进中国制造业创新效率提升。

假设 2b：数字经济通过技术溢出间接促进中国制造业创新效率提升。

（三）数字经济对中国制造业的空间溢出效应

随着新经济地理学理论的不断发展，经济发展与邻近区域息息相关，即存在空间外部性。在创新活动中，各区域创新主体间存在密切的关系，都会受到相邻空间内其他创新主体的影响，在制造业创新过程中，企业的创新能力不仅由自身实力决定，还会受到区域内或区域间企业之间的影响。尤其在数字经济发展背景下，创新知识和技术对地理区位具有较强的黏性，地理位置邻近或者技术水准相近的地区间更容易产生经济交流和相互模仿，从而产生创新集聚①。一方面，各地区资源禀赋和经济发展存在较大差异，人才结构和资本发展水平不尽相同，而创新人才和资本等创新要素因物理距离、时间等客观因素会在周围邻近地区之间流动，要素在流经区域间能产生一定程度的知识溢出，从而对周围地区制造业创新效率产生空间溢出影响。另一方面，数字经济通过互联网的"梅特卡夫法则"效应和"网络效应"极大地促进了地区间的信息传递，压缩了地区间的时空距离，创新要素的空间集聚与扩散变得更为简单、灵活，从而拓展了地区间经济交流的深度和广度②，扩大了对周围地区制造业创新效率的空间溢出影响。由于不同地区人才结构

① 游达明、欧阳乐茜：《环境规制对工业企业绿色创新效率的影响——基于空间杜宾模型的实证分析》，《改革》2020 年第 5 期，第 122~138 页。

② 张旭亮、史晋川、李仙德、张海霞：《互联网对中国区域创新的作用机理与效应》，《经济地理》2017 年第 12 期，第 129~137 页。

和资本等创新资源、数字经济发展水平本身具有较大差异，不同地区对周围地区制造业创新效率的空间溢出的表现可能有所不同。同时，我国不同经济发展阶段的目标不同，数字经济伴随着3G、4G等突破性移动网络技术的出现而迅速发展。在不同的时间阶段，数字经济对制造业创新效率的溢出效应可能呈现不同的特征。因此，本书提出以下假设。

假设3：数字经济通过空间溢出效应影响邻近地区的制造业创新效率，且这种空间溢出效应存在时空差异。

三 数字经济对制造业中介效应的理论分析与研究假设

作为一种新型生产要素，虽然数据具有高边际产出的优势，但其自身的非实体性特征决定了数据的产出优势需要通过诸多经济环节得以体现，其中，数字产业发展形成的人力资本需求是数字经济驱动制造业转型升级的基础条件，由数字技术创新引发的创业活动则是数字经济驱动制造业高质量发展的集中体现，数据投入带来的产业升级是数字经济驱动制造业高质量发展的重要环节。本书选择从人力资本水平、创业生态、产业升级的角度出发，分析数字经济对制造业高质量发展的影响机制。

（一）数字经济通过提升人力资本水平驱动制造业高质量发展

提升人力资本水平是数字经济驱动制造业高质量发展的重要条件，数字经济在通过"替代效应"对行业低技能劳动力产生冲击的同时，也会通过"提升效应"提高对原有岗位员工的技能要求[1]，从而促进行业人力资本水平提升。首先，从需求端来看，数字经济的迅速发展不仅大幅拉动了技术密集型制造业的就业规模，也改变了制造业对包括劳动力技能以及受教育程度等在内的人力资本需求。智能化生产的加速对劳动力技能提出新要求，以软

---

[1] Guy Michaels, Ashwini Natraj, John Van Reenen, "Has ICT Polarized Skill Demand? Evidence from Eleven Countries over Twenty-Five Years," *Review of Economics and Statistics*, 96 (1), 2014.

件开发和相关制造为代表的高新技术行业大学专科、本科及以上受教育程度人群的就业比重不断提高①，高端信息技术人才对简单劳动力形成部分替代，制造业劳动力市场的用工偏好由数量型向质量型转变，为适应劳动力市场变化以及提高自身竞争优势，劳动力被迫增加数字技能培训投资以提升自身人力资本水平。在数字技术与制造业的融合过程中，智能资本的投入并不会必然引致高端劳动力对简单劳动力的绝对替代，而是以"智能资本+活劳动"的人机协调方式完成生产，智能资本投入虽然降低了以程式化任务为主的就业占比，但诱发了知识与技术密集型行业对高端劳动力的需求②。其次，从供给端来看，专业化的数字技术培训能够直接赋予劳动力新技能，促使简单劳动力向复杂劳动力转变，从而提升劳动力综合素质。数字生活则能提高个人的学习能力，对人的认知和智力发展产生积极影响，为构建终身学习体系提供可能③。借助数字化平台，线上教育、人工智能模拟、5G 通信等方式能够促进区域教育资源的公平分配，进行教育方式的创新，丰富的教育资源和高效的学习方式是提升人力资本水平的主要动力。同时，数字技术的引入使员工能够更加便捷地实现知识共享和学习互助，从而推动劳动力就业结构高级化。信息化的就业服务平台能够缓解企业与员工之间的信息不对称的状况，解决人力资源闲置问题，极大地提高劳动力市场的供求匹配度。劳动力资源的高效利用则有助于加快人力资本的累积速度。作为一种区别于传统生产要素的高端要素，人力资本投入水平的提高不仅会推动要素配置结构升级，而且能够充分发挥技术和知识溢出效应，协助企业实现要素投入结构优化和制造业污染物达标排放，从而提高绿色全要素生产率。基于此，本书提出以下假设④。

---

① 高文书：《数字经济的人力资本需求特征研究》，《贵州社会科学》2021 年第 3 期，第 114~120 页。

② Frank L.，"Computers and Populism：Artificial Intelligence，Jobs，and Politics in the Near Term，" *Oxford Reviews of Economics Policy*，34（3），2018.

③ 戚聿东、褚席：《数字生活的就业效应：内在机制与微观证据》，《财贸经济》2021 年第 4 期，第 98~114 页。

④ 这是本章的第三个研究，第八章是对这个研究的继续与深化。

　　假设 1：人力资本对于数字经济影响制造业高质量发展具有显著的正向强化效应，即数字经济能够通过提升人力资本水平驱动制造业高质量发展。

（二）数字经济通过激活创业生态驱动制造业高质量发展

　　激发大众创业是数字经济释放高质量发展红利的重要机制，数字经济通过激活高效的创业生态极大地拓展了创业的广度，从而为驱动制造业高质量发展培育新动能。凭借跨时空传播、降低交易成本、规模经济等优势，数字经济能够有效破除区域创新系统与创业活动的供需矛盾以及创新活动的空间限制[①]。首先，数字技术的创新应用直接创造了新的市场需求，这为创业活动的产生提供了广阔的空间。随着新一代信息技术的快速发展，数据资源的存储、计算和应用需求大幅增加，以建设数据中心为主的新型基础设施领域成为创新创业高地。数字技术与传统产业的融合催生了新产业、新业态和新模式，创造了大量就业机会，在新型就业需求的刺激下，劳动力市场的就业需求会朝着创业方向延伸，就业岗位在实现数字化转型的同时，也催生了一批以网络导购员、网约物流配送员、人工智能训练师等为主的新岗位和新职业[②]。同时，为满足就业岗位数字化转型的新需求，针对数字技术人才的劳动力培训市场会成为开展创业活动的重要选择。其次，信息技术的创新应用为创业活动提供了多维度的技术支撑，从而极大地推动了创业思维的实践转换。数字金融可以缓解信贷约束、加速资金流转[③]，数字金融普惠既能有效提升创业群体合理选择与使用金融产品和服务的能力[④]，也能增加低社会资本家庭的创业概率，促进创业机会均等化[⑤]。在以互联网为主的通信技术的

①　赵涛、张智、梁上坤：《数字经济、创业活跃度与高质量发展——来自中国城市的经验证据》，《管理世界》2020 年第 10 期，第 65~76 页。

②　叶胥、杜云晗、何文军：《数字经济发展的就业结构效应》，《财贸研究》2021 年第 4 期。

③　Zhao J. M.，"Internet Usage and Rural Self-employment in China," *Asian Perspective*, 44（1），2020.

④　谢绚丽、沈艳、张皓星、郭峰：《数字金融能促进创业吗？——来自中国的证据》，《经济学》（季刊）2018 年第 4 期，第 1557~1580 页。

⑤　张勋、万广华、张佳佳、何宗樾：《数字经济、普惠金融与包容性增长》，《经济研究》2019 年第 8 期，第 71~86 页。

支撑下，集聚创业资源的互联网社区、众创平台等新业态不仅为创业者提供丰富的信息资源，也有利于创业者发挥创新思维的规模效应。得益于市场信息的高效流动和即时共享，创业者能够根据市场需求制定更具针对性的生产方案，从而降低决策风险，提高创业成功率。最后，从个人微观角度来看，数字生活既能拓展社会关系网络，通过维护和增加社会资本提高个人创业概率，也能重塑个人发展路径，通过提升个人人力资本水平提高个人创新创业能力①。数字生活能减少通勤时间和工作场所的限制，增加工作的灵活性和自主性②，从而拓展创业形式和降低创业成本。另外，信息技术、人工智能技术的偏向性会降低劳动力的比较优势③，机器对人的替代会在一定程度上倒逼低技能劳动力由工资获得者向自我雇佣者转变。政务数字化的推进则会简化行政审批流程，从而为创业活动提供良好的营商环境。而作为经济增长的内生动力，创业活动能够推动制造业新旧动能转换，从而为制造业高质量发展提供支撑④。基于此，本书提出以下假设。

假设2：创业活动对于数字经济影响制造业高质量发展具有显著正向强化效应，即数字经济能够通过激发创业活力驱动制造业高质量发展。

（三）数字经济通过促进产业升级驱动制造业高质量发展

产业升级本质上是由要素投入结构优化引致的要素配置效率提高的结果，作为一种新型生产要素，数据信息的投入份额的增加可以通过强化产业关联和加速产业融合的方式提高要素配置效率，进而促进产业结构实现优化升级。首先，从产业关联的角度来看，数据要素投入不仅可以加强行业内部

---

① 戚聿东、褚席：《数字生活的就业效应：内在机制与微观证据》，《财贸经济》2021年第4期，第98~114页。

② Nicholas Bloom, James Liang, John Roberts, Zhichun Jenny Ying, "Does Working from Home Work? Evidence from a Chinese Experiment," *The Quarterly Journal of Economics*, 130 (1), 2015.

③ Acemoglu D., Restrepo P., "Robots and Jobs: Evidence from US Labor Markets," *Journal of Political Economy*, 128 (6), 2020.

④ 赵涛、张智、梁上坤：《数字经济、创业活跃度与高质量发展——来自中国城市的经验证据》，《管理世界》2020年第10期，第65~76页。

产品与技术的融合，还可以丰富要素与产品之间的转换维度、挖掘要素再生产潜能、细化生产分工流程，从而促使产业实现价值链攀升。作为一种高效的新型生产要素，数据的增加能够改变传统生产要素的投入配比，使资本与劳动更为紧密地结合，从而提升产业之间各类生产要素的利用效率①。而且，数字经济构建的高度互联互通的网络结构为各类生产要素的创造、集聚、转移和应用提供了便利条件，促进了知识、技术、人才、资金等生产要素的时空交换，从而提升了区域之间的交易效率，促进了要素供需的精准匹配。大数据也能够提高产品及服务的有效供给，全面提升供给体系的质量和效率，使低端无效供给向高端有效供给转变，从而引导产业实现优化升级。其次，从产业融合的角度来看，数字经济可以通过改造传统产业和培育新型产业的方式促进产业深度融合，从而实现要素配置效率的提高。一方面，数字经济可以通过改变传统产业生产方式、重塑企业内部流程、优化产业组织模式等途径，实现对传统产业的全方位改造。大数据与传统产业的融合将"软化"生产部门的要素结构，推动传统制造业朝着技术密集型和知识密集型的方向转变②。而传统产业的数字化转型不仅能够提升资源利用效率，也形成了新的数据变现模式，产业链的各个环节因而得以实现高度融合，从而加速推动了现代产业体系的数字化转型。另一方面，数字技术的创新应用直接推动产业的分化和重组，大数据、互联网、云计算、人工智能、区块链等数字技术放大了技术的延展边界，新产业、新服务、新模式的形成构建了新的经济形态，推动产业协同发展，加快产业融合进程，促进产业结构升级。最后，伴随数字经济产生的数字化人才对于产业结构升级能够产生持续积极的影响。数字经济有助于破解行业垄断问题，市场竞争的加剧能够加速要素自由流动，使生产要素不断由低效率企业向高效率企业流动，进而推动产业升级。而产业升级引致的要素配置效率的提高是促进制造业高质量发展的重

---

① 马中东、宁朝山：《数字经济、要素配置与制造业质量升级》，《经济体制改革》2020年第3期，第24~30页。

② 吕明元、苗效东：《大数据能促进中国制造业结构优化吗?》，《云南财经大学学报》2020年第3期，第31~42页。

要动力，要素配置结构的优化可以为制造业高质量发展带来结构红利。基于此，本书提出以下假设。

假设3：产业升级对于数字经济影响制造业高质量发展具有显著正向强化效应，即数字经济能够通过促进产业升级驱动制造业高质量发展。

四 数字经济对制造业耦合效应的理论分析与研究假设

（一）数字经济对中国制造业静态技术创新效率提升的耦合效应

1. 数字技术的研发过程与制造业技术创新的交互与耦合

数字技术属于新的技术范式，其迭代进化的突出特点是基于对应用场景、关键数据、过程参数的收集与挖掘，通过不断增强算法的优越性提升数字技术性能和拓展技术的多样性；制造业技术属于传统实体物理系统的技术范式，包括基本的技术原理、技术工艺、关联过程及参数，这类技术的改进与优化基于生产制造经验的积累与创新，改进依托反复的生产试验。数字技术作用于制造业技术创新的核心机制是，通过数字化建模对制造业技术原理、工艺流程进行仿真，并通过算法的优化与迭代实现对制造业生产技术流程的集成与控制[1]。在这个过程中，数字技术通过对于制造业技术原理、工艺流程的深度学习，不断优化数字技术的仿真方法与实现路径，实现数字工程的模块化、参数化，并反过来通过重构与集成实体制造流程，提升制造业技术的水平。所以，数字技术的研发来源于实体制造业的技术原理、工艺，研发产出的共性技术推动制造业生产、工艺流程优化，两者耦合的程度决定了制造业在当前技术路径下实现静态技术创新效率提升的幅度。

2. 数字技术在制造业技术链网络的扩散与吸收的耦合特征

数字技术是共性技术，技术的突出特征是原创性且包含非常广泛的知识。可以认为，数字技术向后端制造业技术链网络的扩散过程是原创知识对

---

[1] 《把握德国制造业的未来 实施"工业4.0"攻略的建议》，德国联邦教育研究部，2013。

于已有知识系统中的知识的整合过程，这个过程伴随着已有知识系统的优化与知识创造。亨德森和克拉克指出知识整合的过程包含知识发送者与知识接受者两个主体，知识发送者转移给知识接受者显性知识、隐性知识，知识接收者吸收、综合并实现创新①。进一步，根据企业知识理论的分析②，可以把制造业技术链网络看作封闭的知识系统，链上的制造业企业依托自身存量知识，通过对显性知识的组合化、隐性知识的共同化进行知识的吸收，并通过累积性技术创新将显性知识转化为链上企业的内隐化知识、把隐性知识转化为具有自主创新性质的表出化知识，这个过程是数字技术的原创知识与制造业技术链已有知识库中的知识融合与创造的过程。按照知识创造的一般规律，制造业技术链的知识创造会随着知识增量的提高和知识创造质量的提升呈现螺旋上升的轨迹，其中原创知识与已有存量知识的耦合程度是影响知识创造过程的关键因素③。所以，数字技术在制造业技术链网络的扩散与吸收具有耦合效应的特征。

（二）数字经济对中国制造业动态技术创新效率提升的耦合效应

作为短周期技术的数字技术的选择与吸纳以及进行的本土化研发扩散，是后进国家制造业规避对发达国家制造技术路径的依赖，形成自主的技术创新路径并进行技术赶超的动态技术创新效率提升的关键。数字经济促进制造业动态技术创新效率提升的耦合效应体现在两个方面：一方面数字技术吸收的复杂性与我国制造业创新体系绩效的匹配情况，与制造业技术创新路径的选择及相应的动态技术创新效率提升幅度之间的耦合效应；另一方面数字技术与制造业技

---

① Henderson R. M. , Clar K. B. , "Architectural Innovation: The Reconfiguration of Existing Product Technologies and the Failure of Established Firm," *Administrative Science Quarterly*, 35, 1990: 111-120.

② Bruce Kogutand Udozander, "Knowledge of the Firm, Combinative Capabilities and the Replication of Technology," *Organization Science*, 8, 1992: 78-92.

③ 杨蕙馨等：《企业成长：中间性组织与网络效应研究》，经济科学出版社，2021，第165~166页。

术融合创新的技术独创程度[①]与制造业产业层面技术吸收创造机制绩效的匹配情况,与制造业技术创新的本土化研发扩散程度之间的耦合效应。

第一,在数字技术吸纳与技术创新路径的选择方面,本书引入 Freeman 所提出的国家创新体系(NIS)的概念[②],以分析后进制造业国家的技术学习和创新系统的异质性,进而阐述国家创新体系的绩效与数字技术复杂性之间的匹配情况,与后进国家制造业技术创新路径的选择以及动态效率提升之间存在的耦合效应。一方面,从数字技术的特点分析,数字技术是短周期技术,技术的更新与迭代不依赖已有技术的积累,但其原创性的特点意味着这种技术根植于更广泛领域的知识或技术,具有一定的复杂性特征。另一方面,从国家创新体系的构成以及技术学习的异质性分析,我国的国家创新体系包括企业、研究性的大学和各层级的重点实验室、研究所,并且不同主体之间存在两种特色的协同创新机制。一是以新型中国体制为制度保障的政产学研自主创新机制。这种机制注重以政府为主导,集中资源对关键技术进行研发与吸收,并搭建技术合作的平台和技术市场交易机制以促进技术创新的本土化扩散。二是以大学、科研机构为中心的知识技术创新成果市场转化机制。在中国大学、科研机构高质量科研产出与较成熟的市场转化机制下,大学与科研机构形成了对于原创性知识的吸收与学习并向本土制造业企业进行技术溢出的机制,或者大学、科研机构依托自主技术创新成果直接衍生出创业公司的高新技术企业孵化机制。以上国家层面与市场层面的两种特色机制决定了中国对于获取原创性知识、创造新知识和向其他机构参与者进行技术扩散的能力与速度,而这种能力与数字技术原创性涉及的技术复杂性的匹配与耦合,会影响中国制造业利用数字技术进行融合技术创新的路径选择——渐进跟随、阶段跳跃或者路径创造[③],所以,中国国家创新体系的绩效与数

---

① 技术独创程度:基于后项引用次数或者该专利对已有专利的引用数,对原创性进行度量。

② Freeman C., "The 'National System of Innovation' in Historical Perspective," *Cambridge Journal of Economics*, 19 (1), 1995: 5-24.

③ 〔韩〕李根:《经济赶超的熊彼特分析:知识、路径创新和中等收入陷阱》,于飞、陈励译,清华大学出版社,2016,第 15~26 页。

字技术的原创性的匹配程度，会通过影响技术创新路径的选择而与制造业动态技术创新效率提升的幅度存在耦合效应。

第二，借鉴新熊彼特主义经济学家 Nelson 和 Winter 提出的产业层面有关技术创新绩效的技术体制概念[1]，分析中国制造业产业层面的技术吸收创造绩效和数字技术与制造业融合技术创新独创性的匹配情况，与制造业融合技术创新本土化研发扩散之间的耦合效应。一方面，从技术吸收创造绩效角度分析，Breschi 等认为技术体制包含技术机会[2]、技术创新的累积性、创新独占程度和知识库的特性四个维度，其中前三个侧重产业层面，最后一个侧重企业层面[3]。依据这个概念框架分析，我国技术体制的绩效可以概括为四个方面：一是制造业融合技术创新获取资本市场投资并盈利的可能性；二是技术创新中间性组织（各层级实验室或工程化研究机构）的组织化程度以及技术市场交易的市场化程度；三是制造业的独占性创新在产业层面的共享机制，以及形成的技术多样化和技术深化程度；四是制造业企业对于特定性、默会性、复杂性独创知识的学习和吸收能力。另一方面，从数字技术与制造业融合技术创新本土化吸收的条件分析，融合创新中的数字技术具有较高的独创性、复杂性，Trajtenberg 等认为原创性越高的创新，通常是综合不同领域的知识和想法而产生的，知识来源越广泛对于赶超国家获取知识并创造知识的难度越大，其需要有效的本地技术创造机制提供支撑[4]。所以，可以认为，作为独创性高的创新形式，数字技术与制造业的融合创新所涉及知识的广泛性、复杂性，决定了我国制造业产业层面的技术体制需要为融合创新本土化扩散提供有效的吸收转化方面的支撑。那么，融合技术创新的独创性与

---

[1] Nelson R., Winter S., *An Evolutionary Theory of Economic Change* (Cambridge, MA: Harvard University Press, 1982): 35-46.

[2] 技术机会：投资于创新活动的资金具有促进创新成功的可能性。

[3] Breschi et al., "Technological Regimes and Schumpeterian Patterns of Innovation," *Economic Journal*, 110 (463), 2000: 388-410.

[4] Trajtenberg, Manuel, Rebbecca Henderson, Adam B. Jaffe, "University vs. Corporate Patents: A Window on the Basicness of Innovations," *Economics of Innovation and New Technology*, 5 (1), 1997: 19-50.

技术体制的绩效的四个方面的匹配情况，会通过影响制造业融合创新进行本土化研发扩散的速度、广度、深度而与制造业动态技术创新效率提升存在耦合效应。

基于以上分析，我们提出以下假设①。

假设1：作为产业共性技术和短周期技术，数字技术研发与后端制造业技术链网络扩散、吸收过程以及制造业利用数字技术进行创新路径的选择和相应的本土化研发扩散的过程均存在耦合与匹配，耦合效应决定了制造业静态、动态技术创新效率提升的幅度。

（三）数字经济促进邻近地区制造业技术创新地理溢出的空间效应

1. 制造业技术创新地理根植性与数字经济促进技术创新地理溢出的原因

本书从生产系统地域化与其对全球价值链的影响程度对制造业地区进行分类，其中具有产业支配地位、技术创新和专业化程度高的区域具有高度地域化的根植性②，即制造业的技术创新存在地理集聚的典型特征。从创新地理的角度分析，隐含知识在技术创新过程中具有关键的作用③，隐含知识的可编码、不需要面对面交流与学习的特征使其传播具有本地化的特征④。所以，由于空间邻近是有效生产和传递/共享隐含知识的关键，那么通过形成具有创造性的组群、区域有利于前沿技术中的隐含知识的共享并形成技术创新的激励⑤。

数字技术具有知识性和可封装性两个典型特征，这两个特征会重构

---

① 这是本章的第四个研究，第九章是对这个研究的继续与深化。

② Trajtenberg, Manuel, Rebbecca Henderson, Adam B. Jaffe, "University vs. Corporate Patents: A Window on the Basicness of Innovations," *Economics of Innovation and New Technology*, 5 (1), 1997: 19-50.

③ Storper M., "Society, Community and Economic Development," *Studies in Comparative International Development*, 39 (4), 2005: 30-57；王缉慈等：《创新的空间：产业集群与区域发展》，科学出版社，2019，第40~41页。

④ Nelson R., Winter S., *An Evolutionary Theory of Economic Change* (Cambridge, MA: Harvard University Press, 1982): 35-46.

⑤ Maskell P., Malmberg A., "Localised Learning and Industrial Competitiveness," *Cambridge Journal of Economics*, 23, 1999: 167-186.

制造业技术创新的过程并促进技术创新的地理溢出。首先，数字技术的知识性对于制造业技术创新的影响体现在通过建模、仿真等手段可以解构制造业技术的原理、工艺及流程，从而对于制造业技术创新的隐含知识进行编码。其次，数字技术的可封装性，使编码的制造业技术创新知识以数据为载体在虚拟空间进行跨区域流动，从而实现技术创新的隐含知识跨地理区域的共享与学习，摆脱技术创新对于地理邻近性的依赖，形成制造业技术创新在邻近地理范围的区域创新系统[①]内的地理溢出的空间效应。

2. 数字经济促进邻近地区制造业技术创新地理溢出传导路径及空间效应

第一，数字技术促进邻近地区制造业技术创新活动密度增加。数字技术将技术创新的隐含知识通过建模、仿真的手段编码，并且以封装数据的形式在虚拟空间进行扩散，基于对新经济地理学理论的局部溢出效应模型分析可知，可封装的知识在虚拟空间的传播弱化了知识扩散在地理距离上的衰减程度，在公共知识空间传播成本降低引起的离心力作用下，技术创新知识会从知识资本丰富的中心区位向知识资本稀缺的外围区位扩散。进一步来看，按照罗默的知识生产的学习曲线[②]，知识和技术的积累会降低创造知识的边际成本，并且可以提高现期的技术创新效率。那么，如果把技术链的创新分为原创性创新、累积性创新，数字技术促进具有原创性的技术创新隐含知识从中心区位向外围区位扩散，原创性创新就会引发外围区域企业形成累积性创新的活动，并在技术创新边际成本降低的作用下形成持续的技术创新活动，这样的话，从中心区域向外围区域的技术创新扩散会增加整个区域的技术创新的分布密度。

第二，数字技术促进邻近地区制造业技术创新链的专业化分工。数字技术有效促进技术创新知识在区域技术链扩散，进一步扩散的技术创新链上的

---

① 区域创新系统：企业、研发机构、高校在地理相邻区域形成的有关技术创新与学习的系统。

② Romer P., "Endogenous Technological Change," *Journal of Political Economy*, 98 (5), 1990, Part II: S71-S102.

企业的累积性创新反过来会向数字技术创新的中心区位集聚，在技术创新的集聚—扩散的累积循环作用下形成区域范围内的制造业技术创新链的专业化分工。依据垂直联系模型（CPVL）[①]，如果把制造业技术创新链看作区域具有技术创新投入—产出关系的上下游部门，所有企业均把其他企业的技术创新知识作为中间投入品，区际企业间的技术贸易遵循"冰山"技术流动成本，那么，数字技术降低了技术创新知识在技术链上的流动成本，形成了技术链上下游的技术创新的集聚—扩散的累积循环。中心区位在技术创新的上游环节形成集聚与实现收益递增，外围区位在技术创新扩散后会在下游环节涌现出新的中间环节的技术创新活动，这样就形成了在不同区位的技术创新环节的分工与集聚。

因此，分析两条技术创新地理溢出的传导路径及产生的空间效应可知，一方面，新经济地理学理论认为，制造业技术创新活动密度的增加形成了技术创新的集聚，集聚会对区域技术创新产生正向外部性，将降低区域技术创新要素的投入成本，有利于技术的共享与学习，从而产生提升区域制造业技术创新效率的空间效应；另一方面，内生增长理论认为，制造业技术创新链的专业化分工推动了区域制造业技术创新链的复杂程度的提升、迂回生产过程的延长，从而促进了技术创新链的内生技术创新效率增长。数字经济促进邻近地区制造业技术创新地理溢出的空间效应形成机制如图 4-1 所示。

基于以上分析，我们提出以下假设。

假设 2：数字技术对技术创新隐含知识的编码、封装，促进技术创新的地理溢出，并通过推动制造业技术创新活动密度的增加和技术创新链的专业化分工，形成了数字经济对于邻近区域制造业技术创新效率提升的空间效应。

---

① Krugman P., "Venables, a Globalization and the Inequality of Nations," *The Quarterly Journal of Economics*, 110 (4), 1995: 857-880.

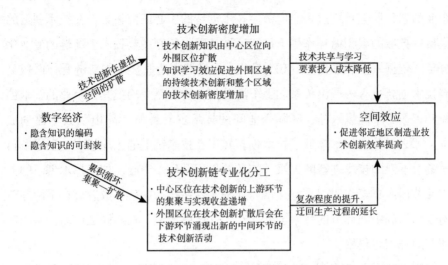

图 4-1　数字经济促进邻近地区制造业技术创新地理溢出的空间效应形成机制

五　数字经济对传统产业创新发展的理论分析与研究假设

（一）数字经济驱动传统产业创新发展的直接传导机制

本书从数字经济对传统产业创新行为的内部影响和外部影响两个方面进行分析，数字经济对传统产业创新行为的内部影响可以从企业创新圈、创新资源配置、创新组织变革三个方面进行解释。一是创新活动呈现以企业为主体的中心化特征，在数字经济时代，企业处于创新活动的主体地位，与此同时，消费者崛起和社区生态化创新模式涌现，消费者、商家等市场参与者可以通过在网络空间发表意见、进行反馈等方式参与到企业创新活动中，形成以企业为主体的创新圈①，企业创新链得以延长。二是创新资源配置方式变革，一方面，数据作为新的投入要素参与到创新资源配置中，能够有效打破

---

① 刘向东、刘雨诗、陈成漳：《数字经济时代连锁零售商的空间扩张与竞争机制创新》，《中国工业经济》2019 年第 5 期。

行业壁垒，促进创新要素流动，有效提高创新资源利用效率。另一方面，大数据、云计算等数字产业在一定程度上减少了信息的不确定性，供求端和需求端的信息能够更加匹配。三是创新组织方式变革，一方面，数字经济颠覆了传统的办公方式及场所，实时在线可交互的数据流和信息流使创新主体可以跨区域、跨领域协同创新，推动创新效率提高。另一方面，数字经济降低了成本，改变了竞争格局，数字经济背景下的技术创新和商业模式创新加速了信息、资金、物质的流转，改变了空间成本和交易成本，使企业的扩张机制发生改变，打破了行业原来的竞争格局。在企业创新模式 3.0 阶段，企业创新行为更加重视资源整合和共生发展①。

数字经济对传统产业创新行为的外部影响可以从经济压力和社会压力两个角度解释。从经济压力来看，大型互联网公司不断进行经营业务扩张，促成了网络电商平台、网络直播带货、网约式服务以及智能制造的崛起，传统零售业、传统服务业和传统制造业等产业市场容量不断萎缩，面临更强的竞争以及经营效益下降风险。根据企业行为理论，当传统企业的市场空间和利润来源受到外部冲击时，传统企业会重新审视现有的产业环境和现有技术，通过融入数字化潮流寻求新的增长突破口，从而促进企业的创新和战略转型。从社会压力来看，当同一产业的企业都进行数字化转型和创新模式变革时，其面临的"社会压力"会越来越大。根据新制度理论的观点，企业并非完全根据成本—收益目标采取决策行为，还取决于外部环境中其他企业的反应以及其他利益相关者的要求，除此之外，政府以及消费者对于经济发展、社会责任、生态环境的关注都将使企业采取变革行动②。因此，企业所面临的"社会压力"会倒逼企业革新。基于以上分析，本书提出以下假设③。

假设 1：数字经济对传统产业的创新发展具有直接的促进作用。

---

① 李万、常静、王敏杰、朱学彦、金爱民：《创新 3.0 与创新生态系统》，《科学学研究》2014 年第 12 期。

② 王诗卉、谢绚丽：《经济压力还是社会压力：数字金融发展与商业银行数字化创新》，《经济学家》2021 年第 1 期。

③ 这是本章的第五个研究，第十章是对这个研究的继续与深化。

（二）数字经济驱动传统产业创新发展的间接传导机制

1. 数字经济通过产业升级促进传统产业创新发展

作为一种新经济形态，我国数字经济产业规模大、数字应用场景丰富，数字基础设施的数量位于世界前列，数字技术在产业中的应用成为推动产业升级的重要驱动力，通过产业数字化转型能够赋予传统产业更加广泛的创新空间。

首先，数字经济有利于产业转型升级，进而推动产业链高级化[①]。数字平台的资源配置优化与功能集成作用促进产业集群化发展，提高了产业链的协同水平，数据作为关键要素赋能产业链上下游的数字化转型，从而提高了企业的生产效率。大数据平台的存在打破了产业之间的交易壁垒和信息孤岛，大数据、云计算等技术还能够缩小数字鸿沟，加强产业之间的联系和交流，促进产业融合，甚至创造了新的产业[②]。其次，从微观层面来看，产业升级推动消费市场持续扩大，通过作用于企业、消费者和劳动者倒逼厂商进行技术革新和产品创新。从中观层面来看，数字经济改变了原有的产业环境，打通了传统产业产品的设计、生产、流通、服务环节，加快了研发设计、生产制造、业务重组的数字化进程，促进产业间的技术扩散和知识溢出，从而加速产业间的高效协同创新。从宏观层面来看，传统产业价值链的提升能够使产业更好地融入全球价值链，获取国外的技术和知识，但产业升级会受到政治环境的影响而产生贸易壁垒，因此将正向促进及反向倒逼企业自主创新[③]。最后，随着数字经济的发展，新型数据要素资源流入传统产业，并且

---

① 刘洋、陈晓东：《中国数字经济发展对产业结构升级的影响》，《经济与管理研究》2021 年第 8 期。

② 吕铁、徐梦周：《传统产业数字化转型的趋向与路径》，《人民论坛·学术前沿》2019 年第 18 期。

③ 吴丰华、刘瑞明：《产业升级与自主创新能力构建——基于中国省际面板数据的实证研究》，《中国工业经济》2013 年第 5 期。

逐渐向高效率部门转移，带来产业链价值重构、应用场景拓展①。产业结构优化升级的同时也面临创新资源的空间重置和不确定性的创新行为，从而推动产业技术创新效率渐进式上升②。基于以上分析，本书提出以下假设。

假设 2：数字经济通过产业升级促进传统产业创新发展。

2. 数字经济通过提高金融效率促进传统产业创新发展

企业创新能力不足的一个重要原因就在于传统金融体系发展不平衡、不充分。近年来，随着大数据、云计算、人工智能等新技术的崛起，传统金融在数字经济的驱动下逐渐发展出更多的新产品、新业态、新模式，特别是数字金融在第三方支付、数字货币、网络借贷等方面的蓬勃发展对传统金融模式冲击巨大③。作为传统金融的补充，数字金融发展是引致传统企业技术创新的一个直接原因④，具体表现在融通创新资本、分散创新项目投资风险、进行信息处理、解决创新激励问题等方面⑤。

首先，由于创新活动本身的高风险性及长期性，其需要大量资金维系，而企业融资约束和高财务费用会对创新活动的开展起到抑制作用，作为数字化技术与金融的结合体，数字金融能够拓宽传统金融的服务边界，利用自身的低成本优势解决融资约束问题，进而引导企业降低财务杠杆、稳定财务状况⑥。数字金融可以降低传统金融对物理网点的依赖，具有更强的地理穿透性，还为传统金融覆盖不足的"长尾企业"以及欠发达区域提供金融服务创造了条件。其次，大数据技术能够提升金融资源配置效率，使数字金融的发展成为缓解信息不对称的一剂良药，能够有效校正传统金融存在的供给结

---

① 李春发、李冬冬、周驰：《数字经济驱动制造业转型升级的作用机理——基于产业链视角的分析》，《商业研究》2020 年第 2 期。

② 赵庆：《产业结构优化升级能否促进技术创新效率?》，《科学学研究》2018 年第 2 期。

③ 黄益平、黄卓：《中国的数字金融发展：现在与未来》，《经济学》（季刊）2018 年第 4 期。

④ 李苗苗、肖洪钧、赵爽：《金融发展、技术创新与经济增长的关系研究——基于中国的省市面板数据》，《中国管理科学》2015 年第 2 期。

⑤ 孙伍琴、朱顺林：《金融发展促进技术创新的效率研究——基于 Malmquist 指数的分析》，《统计研究》2008 年第 3 期。

⑥ 唐松、伍旭川、祝佳：《数字金融与企业技术创新——结构特征、机制识别与金融监管下的效应差异》，《管理世界》2020 年第 5 期。

构性失衡问题。数字金融还有利于缓解逆向选择的问题，使资源与项目更好地匹配①。数字金融对创新要素同时具有"重新分配"作用和虹吸效应，从而使创新要素向优势产业集聚，淘汰落后产能②。最后，数字金融通过扩大金融供给对技术创新研发投入产生"激励效应"，这一效应使原本缺乏创新能力的中小企业有机会投入创新资本和创新人力，实现企业创新变革③。传统产业在转型升级过程中势必要突破自身的局限性，加大对业务创新、管理创新及技术创新等相关创新项目的投入力度，数字金融除了在信贷业务方面给予传统企业创新项目融资支持外，还在投资领域、货币基金以及保险和支付领域为创新项目注入动力④。基于以上分析，本书提出以下假设。

假设3：数字经济通过提高金融效率促进传统产业创新发展。

3. 数字经济通过拉动消费需求作用于传统产业创新发展

企业创新的动力来源一方面是技术推动，另一方面是需求推动。需求推动也可以理解为"指向性的技术创新"⑤，由于创新本身的高失败率和高成本特质，只有市场需求和规模达到一定程度才能够推动创新投资⑥。在数字经济不断壮大的情形下，传统产业与数字化技术融合程度加深，线上消费和数字消费成为拉动需求这驾马车的重要突破口，进而促进传统产业创新发展。

首先，在数字经济背景下，相比传统的投资增长方式，消费升级推动经济增长成为新发展方向。从产品端来看，数字经济促进了消费内容的多元化，随着元宇宙的兴起，消费品不仅是实物产品，还拓展到虚拟空间，如数字藏品。从消费端来看，消费者的消费行为和消费理念在逐渐发生改变⑦，相较于产品

---

① Demertzis M., Merler S., Wolff G. B., "Capital Markets Union and the Fintech Opportunity," *Journal of Financial Regulation*, 1, 2018.

② 张梁、相广平、马永凡：《数字金融对区域创新差距的影响机理分析》，《改革》2021年第5期。

③ 聂秀华、吴青：《数字金融对中小企业技术创新的驱动效应研究》，《华东经济管理》2021年第3期。

④ 刘佳鑫、李莎：《"双循环"背景下数字金融发展与区域创新水平提升》，《经济问题》2021年第6期。

⑤ Acemoglu D., "Directed Technological Change," *Review of Economic Studies*, 4, 2002.

⑥ 蒲艳萍、顾冉：《劳动力工资扭曲如何影响企业创新》，《中国工业经济》2019年第7期。

⑦ 马香品：《数字经济时代的居民消费变革：趋势、特征、机理与模式》，《财经科学》2020年第1期。

本身的物质作用，消费者更为看重从消费品中获取的精神满足，多元化的消费需求要求企业及时捕获新的产品增长点。从消费模式来看，随着网络直播带货模式成为潮流，网络消费规模增速明显，传统行业的营销模式亟须创新变革，其需要布局电商领域。其次，数字经济带来的消费扩张能够增加行业的市场容量，大数据技术能够为消费者带来更为直观的产品比对信息，使消费者的选择更加不确定，导致市场竞争加剧。在大数据技术的作用下，企业能够通过建模预测消费者的需求量，有效避免了由于供需不平衡带来的潜在亏损。企业基于可预见的扩张性市场规模以及竞争性动机增加创新投入①，加大研发力度，在产品性能和设计环节增加产品差异化，在企业生产制造环节，通过流程创新降低生产成本。最后，数字经济携带的海量数据彻底创新了人类行为分析工具，企业的客户群资源蓬勃发展、信息处理能力也前所未有地增强，企业运用大数据挖掘、大数据分析等新技术收集消费者行为数据，挖掘消费者潜在需求，并且敏锐地发现消费者偏好，通过创新改造产品、服务等以满足消费者的个性化需求②。

基于以上分析，本书提出以下假设。

假设4：数字经济通过拉动消费需求促进传统产业创新发展。

六　数字基础设施对全要素生产率影响的理论分析与研究假设

（一）数字基础设施建设对全要素生产率的影响效应分析

全要素生产率（TFP）一直是经济发展等相关文献的重点研究对象，其定义是资本、劳动力等要素投入不变时经济增长的速度。与GDP等经济增

---

① 吕铁、黄娅娜：《消费需求引致的企业创新——来自中国家电行业的证据》，《经济管理》2021年第7期。

② 杜丹清：《大数据时代的零售市场结构变迁——基于电商企业规模扩张的思考》，《商业经济与管理》2015年第2期。

长数量指标相比，全要素生产率能够更好地反映人力资本质量、企业技术水平以及地方产业结构等经济增长情况，因而是国家政策评估的重要标准①。根据新古典增长理论，数字基础设施作为生产性投资，不仅提高了资源配置效率②，而且提升了创新水平，为地区带来的资本、劳动、能源等投入对全要素生产率产生直接的影响作用。一方面，数字基础设施构建了智能化的信息技术平台，显著加快了大容量信息传送、前沿知识技术外溢以及研究成果共享的速度，降低了信息在传递过程中的成本以及内容缺损，提高了经济信息以及知识技术在不同群体之间的流转频率，从而打破了市场信息不对称的壁垒，使劳动、资本和技术等生产要素能够在短时间内得到有效配置，缓解了由资源错配导致的经济运行效率低下的问题。另一方面，根据梅特卡夫法则和网络边际成本递减规律，数字基础设施建设中硬件投入的成本随着用户规模的扩大而呈现边际递减的趋势，而收益则呈现边际递增的趋势，即会产生较为明显的规模经济效应，促进地区技术进步，从而进一步提升地区全要素生产率。

数字经济时代下最为明显的特征就是高速有效的信息传递缩短了时空距离，产业部门间的经济边界越发模糊，信息的获取成本大幅下降，这种现象的出现会鼓励越来越多的经济主体一起参与到推进经济高质量发展中，这也意味着经济主体将在更大区域范围内享受经济高质量发展带来的红利③。数字基础设施建设对于市场经济的影响体现在资源配置、要素流转、区位联动的正外部性方面，呈现政府在动态规划以及高度架构层面的调节效应。发展经济学家罗森斯坦·罗丹的大推进理论认为因基础设施的建设周期较长，且具有明显的空间不可分、时间不可逆的基本特征，其建设必须优先于生产性活动，并且政府对于基础设施建设的投资起着至关重要的推动作用。因而随着数

---

① Solow R. M., "Technical Change and the Aggregate Production Function," *The Review of Economics and Statistics*, 39 (3), 1957: 312-320.

② 何大安、任晓：《互联网时代资源配置机制演变及展望》，《经济学家》2018 年第 10 期，第 63~71 页。

③ 冯伟、李嘉佳：《企业家精神与产业升级：基于经济增长原动力的视角》，《外国经济与管理》2019 年第 6 期，第 29~42 页。

字经济的蓬勃发展，数字基础设施建设将使各部门之间联动的边际成本持续降低，深层次驱动经济高质量发展，且这种效果会受到政府规划的影响。

此外，基础设施建设具有较强的规模效应和网络效应，会对"本地—邻地"经济活动产生显著的空间溢出效应。那么，作为一项战略性公共基础设施建设工程，基于信息外部性，数字基础设施建设能够有效打破信息交流的时空约束，促进知识资本等要素在不同区域及产业间转移与流动，加强地区间的研发合作和技术交流，延展区际经济发展的"扩散效应"，产生"示范效应"，最终通过正向溢出提升整体全要素生产率。同时，在网络边际成本递减和技术报酬递增规律的双重驱使下，数据、知识等创新要素会加速向数字基础设施发达的区域集聚，产生驱动全要素生产率的网络叠加效应，加剧数字基础设施较为发达地区与其他地区之间的"数字鸿沟"，致使地区间经济发展不平衡的问题愈发突出。基于上述分析，本书提出以下假设①。

假设1：数字基础设施建设可助推全要素生产率提升。

假设2：数字基础设施建设对全要素生产率的影响存在政府财政支持的单门槛效应。

假设3：数字基础设施建设对全要素生产率存在空间溢出效应。

（二）"宽带中国"战略试点对全要素生产率的影响分析

以"宽带中国"战略为标志的网络基础设施建设旨在通过发挥宽带网络的作用推进发展方式转变，进而实现经济高质量发展。

首先，整体来说，在成功入选"宽带中国"战略试点地区后，申报城市需要经过3年的创建期，加快自身的宽带网络基础设施建设，以完成创建目标任务，进入全国领先水平之列。同时，申报城市在创建过程中，会优先得到工业和信息化部、国家发展和改革委员会在信息通信新技术新业务试点、示范项目等方面的政策支持。因而可以预期，在创建目标任务驱使和相关部门政策倾斜的双重驱动下，"宽带中国"战略试点地区会通过增加宽带

---

① 这是本章的第六个研究，第十一章是对这个研究的继续与深化。

网络基础设施投资等方式，加快本地区宽带网络基础设施的建设进程。以上分析表明，相比非战略试点地区，"宽带中国"战略试点地区在宽带网络基础设施建设方面的发展将更加迅速。宽带网络基础设施作为数字经济发展的重要载体，是我国建设"信息高速公路"的重要依托，因而加入"宽带中国"战略试点的地区的全要素生产率的增长会更显著。

其次，立足不同市场主体进行分析。"宽带中国"战略通过扩大宽带用户规模、提升宽带普及水平以及提高宽带信息应用能力建设并不断改善试点地区的宽带网络基础设施。在这一过程中，数据会将消费者多样化的需求精准传送至供给方，推动企业形成数字化改造的新发展模式，产生引导企业进行数字化转型的"棘轮效应"。除了企业之外，由于宽带网络基础设施的逐步完善，无论是老年消费者还是偏远地区的消费者都可获得低成本对接市场的能力，从而获得前所未有的对丰富的商品的选择权[①]，这进一步激发了他们对数字经济的需求和贡献。

最后，"宽带中国"战略坚持建立以企业为主体、以市场为导向、产学研紧密结合的体系，促进国内外优势资源整合配置。宽带网络基础设施的外部性及外溢性特征显著改善了传统知识的获取方式，让市场主体以更加便捷的途径进行学习交流，提高了前沿知识的传播效率，节约了市场主体的学习成本，加速了人力资本的"干中学"，同时进一步激发个体在知识获取、传递以及共享方面的主观能动性。由以上分析可知，"宽带中国"这一战略能够赋予经济发展新活力、新动能，明显推动全要素生产率提升。据此，本书提出以下假设。

假设4：对于已进行"宽带中国"战略试点的地区，数字基础设施建设对全要素生产率的正向作用力更显著。

假设5：对于已进行"宽带中国"战略试点的地区，数字基础设施建设

---

① 汪向东、王昕天：《电子商务与信息扶贫：互联网时代扶贫工作的新特点》，《西北农林科技大学学报》（社会科学版）2015年第4期，第98～104页。Liu T., Pan B., Yin Z., "Pandemic, Mobile Payment, and Household Consumption：Micro - Evidence from China," *Emerging Markets Finance and Trade*, 56（10），2020：2378-2389.

对全要素生产率的影响存在边际效应递增的非线性特征。

假设 6：对于已进行"宽带中国"战略试点的地区，数字基础设施建设对全要素生产率存在空间溢出效应，且贡献较大。

（三）大数据综合试验区建设对全要素生产率的影响分析

数字经济发展的主要特征就是力求革新的大数据技术显著提高信息生产与流转频率，推动我国进入信息化时代。经过多年的发展，我国在大数据发展与应用方面已拥有一定优势，具备广袤的市场发展前景，但数据开放共享程度较低、产业基础薄弱等现实问题亟待解决。为了进一步加快大数据部署和深化大数据应用，加快数字发展、绿色发展、创新发展，我国明确提出开展大数据综合试验区建设，力求在试点地区总结出在全国范围内适用的大数据产业发展经验。深度挖掘数据要素价值，才能充分释放数字经济促进经济社会发展的不竭动能。设立大数据综合试验区的主要目标是要有效打破数据资源壁垒，强化基础设施统筹，打造一批大数据先进产品，培育一批大数据骨干企业，建设一批大数据众创空间，培养一批大数据产业人才，以期有效推动相关制度创新和技术创新，发掘数据资源价值。

一方面，从试验区的发展目标可以看出，设立大数据综合试验区的深层次目的是要深入挖掘和利用数据要素，进一步推进数字经济与实体经济深度融合。数字经济以数字化的知识与信息为关键生产要素、以信息网络为载体、以信息通信技术的有效使用为促进经济效率提升的方式。数字经济的发展主要取决于数据要素与当代通信技术的发展，而要发挥数据要素的效率倍增作用，必然离不开信息基础设施的逐步完善。大数据综合试验区包括"信息基础设施提升工程"，因而大数据综合试验区的设立能深化对数据的挖掘与应用，同时新型基础设施建设会促进现代信息通信技术发展，这必将推动数字经济快速发展。

另一方面，试验区的重要任务是实现数据信息的共享开放。对大数据技术的应用打破了市场上信息不对称的壁垒，企业或个体在信息传递过程中进一步提升人力资本，企业利用大数据降低交易成本，催化企业的内部革新和自动化进程，经济效率得到提升。随着自动化水平上升且成本下降，对于同一工作，培训劳动力的成本远高于机器。此前，越来越多具有人工不可替代性的工作逐步实现自动化，使单位劳动生产率大幅度提升。同时，企业可以利用大数据技术降低管理决策成本，发现营销机会，精准对接客户，提供有针对性的服务，使生产由需求拉动，防止出现产能过剩，做出更准确的生产和销售决策。而且，政府可在大数据平台上提升政务服务水平，促进信息公开，提升治理效率，增进人民福利。试验区内的企业信息化改革将催生出新业态，产品服务将以一种技术水平更高、管理模式更先进、产品质量更好、产业链定位更精准、社会效益更高的形态出现，促进地区产业结构优化升级，且进一步辐射带动周边地区，促进我国全域经济高质量发展。据此，本书提出以下假设。

假设 7：对于已进行大数据综合试验区建设的地区，数字基础设施建设对全要素生产率存在更强的促进作用。

假设 8：对于已进行大数据综合试验区建设的地区，数字基础设施建设对全要素生产率的影响呈现边际效应递增的非线性特征。

假设 9：对于已进行大数据综合试验区建设的地区，数字基础设施建设对全要素生产率存在空间溢出效应，且贡献较大。

七 数字化重构下人工智能对制造业影响的理论分析与研究假设

（一）基于知识创造的人工智能促进制造业技术创新的非线性效应

1. 数字化重构下人工智能的知识创造对制造业技术创新的内在机理

在数字化重构下，制造业横向关联的企业资源、生产进度、原材料和产品物流状态等信息通过 IT 管理系统数据化，纵向关联的研发、设计、生产、营销等环节的知识、技术工艺、生产过程参数通过数据工程、传感器等手段数据化，这些富含生产过程的知识框架、技术模式、工艺流程参数以及产业链协同的知识性、非结构化的数据，丰富了制造业技术创新的知识库。除此以外，数据的可封装性使隐含知识在不同环节扩散与交互，创新理论认为，隐含知识的流动、扩散与应用创新会突破已有系统创新的惯例与路径依赖[1]，形成引发技术轨迹改变等非线性效应的"高阶知识库"。

人工智能技术是一个获得并应用知识的概念框架[2]，通过搜索（知识获取）和发现（结合现有知识生成新知识），对于现有知识进行重组与创造[3]。其中，依据 Romer 对于思想和人力资本的区分，一般认为，人工智能思想是对生产更有价值的关键投入，但是掌握人工智能的人力资本是产生新思想最重要的投入。[4] 从 Jones 构建的知识生产函数出发[5]，假设数字化重构下的制造业的非结构化数据为初始知识库 A，人工智能研究人员在获取途径的影响下的知识量为 A^{φ}，$0<\varphi<1$，并且以此为起点搜索发现新的知识组合。知识创造可以认为是现有知识库内 a 个想法的组合，并存在一个潜在组合的总数。那么，在以渐近不变弹性发现函数的搜索下，知识发现的效率 θ 是发现函数搜索到的有价值新知识对于潜在组合数量的弹性。从长期来讲，知识增长的速度随着 θ 的增加而增加，且 θ 与 φ 存在正向关联。所以，人工智能的搜索技术提升了对于制造业生产流程知识库的"非结构化数据"的搜索效率，增强了人工智能研究人员获取知识的能力，即 φ 的增加会促进稳态的知识增长。另外，人工智能的深度学习技术可以提高搜索复杂非线性潜在组合空间的能力，提升了知识发现效率 θ，有利于提升人工智能研究人员对于制造业"高阶知识库"的发现能力，同样也会促进稳态知识增长率提高。

---

① 〔美〕布朗温·H. 霍尔，内森·罗森伯格主编《创新经济学手册（第一卷）》，上海市科学学研究所译，上海交通大学出版社，2017，第 61~67 页。

② 李德毅主编《人工智能导论》，中国科学技术出版社，2018，第 58~62 页。

③ 〔加拿大〕阿贾伊·阿格拉瓦尔、〔加拿大〕乔舒亚·甘斯、〔加拿大〕阿维·戈德法布等：《人工智能经济学》，王义申、曾涛译，中国财政经济出版社，2021，第 36~45 页。

④ Romer Paul，"Endogenous Technical Change," *Journal of Political Economy*，94，1990：S71-S102.

⑤ Jones Charles，"R&D-Based Models of Economic Growth," *Journal of Political Economy*，103（4），1995：759-784.

2. 人工智能的知识创造促进制造业技术创新的路径与非线性效应

第一，人工智能搜索技术促进制造业知识宽度增加的非线性效应。人工智能搜索技术作为支持其他思想产生和传播的元思想[①]，是一种获得并应用知识的开放框架。一方面，搜索技术算法通过对于多样化、海量的制造业知识的获取、学习，不断提升自身搜索技术框架的有效性。另一方面，搜索技术算法对于已有制造业数字化知识库的"非结构化"数据进行获取并分类，发现有价值的知识组合并丰富现有的知识库；制造业企业知识宽度反映企业知识库的水平维度，包含多个领域[②]，企业知识库的宽度越宽，企业的知识异质性越强[③]。异质性的知识一方面有利于企业整合各种资源，为组织提供多种选择；另一方面，企业通过整合不同知识，进行资源重组的机会就越大[④]。所以，企业知识的多样性使企业能够有更多的机会对已知知识和新知识进行重组，技术创新能力也就越高。

从人工智能演进的规律分析入手，在数字化重构背景下，制造业不同生产环节的技术信息形成了多样化的数字知识库，人工智能的搜索框架算法从获取某个制造环节的流程参数的知识到获取制造业的知识框架、技术模式、产业链协同等各个环节知识的过程，是一个网络化的过程。由于知识生产与利用具有收益递增的鲜明特征[⑤]，在网络效应的作用下获取多种类型或者一定数量的制造业知识，搜索框架算法的能力会呈现非线性增长的趋势。与此同时，人工智能的搜索能力会通过发现已有制造业知识库的新的有价值的知识组合，拓展制造业知识库的宽度。在算力非线性提升的作用下，知识库

① 〔加拿大〕阿贾伊·阿格拉瓦尔、〔加拿大〕乔舒亚·甘斯、〔加拿大〕阿维·戈德法布等：《人工智能经济学》，王义申、曾涛译，中国财政经济出版社，2021，第36~45页。

② Bierly P., Chakrabarti A., "Generic Knowledge Strategies in the U. S. Pharmaceutical Industry," *Strategic Management Journal*, Winter Special Issue 17, 1996：123-135.

③ Henderson R., Cockeburn I., "Scale, Scope, and Spillovers：The Determinants of Research Productivity in Drug Discovery," *The Rand Journal of Economics*, 27（1），1996：32-59.

④ Fleming L., Sorenson O., "Science as a Map in Technological Search," *Strategic Management Journal*, 25（8-9），2004：909-928.

⑤ 江小涓、孟丽君：《内循环为主、外循环赋能与更高水平双循环——国际经验与中国实践》，《管理世界》2021年第1期，第1~18页。

拓宽的过程具有非线性效应。

第二，人工智能深度学习技术促进制造业知识深度深化的非线性效应。人工智能深度学习技术提高了搜索知识库中潜在组合空间的能力[①]，对于发现制造业知识库中的"高阶知识"具有重要的作用，Katila 和 Ahuja 提出了"知识深度"的概念[②]，考察企业利用内部知识的重复程度，反映企业对于专业知识的深化与增量创新情况。那么，从企业知识深度深化角度分析，人工智能深度学习技术通过对于影响制造业技术创新轨迹的隐含知识、关键数据的获取、学习与搜索，发现具有复杂特征的组合空间内的有价值知识，拓展企业在专业化知识深度上的极限，促进制造业技术创新。

人工智能深度学习技术的演化涉及对于已有知识库的学习、算法框架的选取与应用[③]，从演化经济学视角分析，在规模效应、学习效应、协同效应、适应性预期的作用下，人工智能深度学习技术具有路径上的依赖，构建了对于既有知识、惯例和数据的积累的动态收益递增和自我提高机制[④]，在既有路径上对于知识创造的增长具有"非线性效应"。所以，人工智能深度学习技术在技术研发先机、应用范围与程度较广的路径上形成依赖，并对于制造业知识深度深化呈现"非线性效应"。基于以上分析，本书提出以下假设。[⑤]

假设 1：人工智能搜索技术、深度学习技术通过对于制造业的知识宽度和知识深度的拓展与挖掘，在网络效应、知识创新路径依赖和动态收益递增效应作用下，对于制造业技术创新呈现"非线性"促进作用。

---

① 〔加拿大〕阿贾伊·阿格拉瓦尔、〔加拿大〕乔舒亚·甘斯、〔加拿大〕阿维·戈德法布等：《人工智能经济学》，王义申、曾涛译，中国财政经济出版社，2021，第 36~45 页。

② Katila Ahuja, "Something Old, Something New: A Longitudinal Study of Search Behavior and New Product Introduction," *Academy of Management Journal*, 45（6），2002：1183-1194.

③ 李德毅主编《人工智能导论》，中国科学技术出版社，2018，第 58~62 页。

④ 杨虎涛：《演化经济学讲义——方法论与思想史》，科学出版社，2011，第 192~197 页。

⑤ 这是本章的第七个研究，第十二章是对这个研究的继续与深化。

（二）基于知识地理溢出的人工智能促进制造业技术创新的非线性
效应

1. 区域层面人工智能对制造业技术创新的知识地理溢出机制

人工智能技术及产业的技术创新类型属于 STI（Science, Technology and
Innovation）模式①，其生产区域具有显著的地理根植性与集中性②，多分布
在具有较强科研能力的大学及邻近区域③或者分布在具有多元化科创企业、
生产要素的大城市④；与此同时，制造业技术创新类型属于 DUI（Doing,
Using and Interacting）模式⑤，其生产区域多分布在具有由一项或几项产业
活动强大的专业模式支配并配套设置适应地区有限产业的知识组织的区域，
呈现以区域创新网络、创新生态为尺度的演化特征⑥。在数字化重构背景
下，知识性、可封装性的数据实现了在区域范围的流动与扩散，解构了知识
创新的本地化的地理分布特征。在此作用下，从区域创新系统视角分析，邻
近的人工智能生产区、制造业产业区之间形成了不同类型的创新知识的跨区
域流动、关联并产生了知识的地理溢出。

人工智能技术是数字化的高阶形态，核心是对于知识的重组与创造⑦。
这个过程包括获得知识，知识建模，运用搜索、遗传和机器学习算法框架发

---

① Jensen M. B., Johnson B., Lorenz E., "Forms of Knowledge and Modes of Innovation,"
Research Policy, 36 (5), 2007：680-693.

② Heimeriksy G., Boschma R., "The Path-and Place-dependent Nature of Scientific Knowledge
Production in Biotech 1986-2008," *Journal of Economic Geography*, 14 (2), 2013：339-364.

③ Patton D., Kenney M., *Emerging Clusters Theoretical*, *Empirical and Political Perspectives on the
Initial Stage of Cluster Evolution* (USA：Edward Elgar Publishing, 2010)：214-238.

④ Duranton G., Puga D., *Industrial Location Economics* (USA：Edward Elgar Publishing, 2002)：
151-186.

⑤ 〔美〕布朗温·H. 霍尔，内森·罗森伯格主编《创新经济学手册（第一卷）》，上海市科
学学研究所译，上海交通大学出版社，2017，第61~67页。

⑥ Tödtling F., Lehner P., Trippl M., "Innovation in Knowledge Intensive Industries：The Nature
and Geography of Knowledge Links," *European Planning Studies*, 14 (8), 2006：1035-1058.

⑦ 〔加拿大〕阿贾伊·阿格拉瓦尔、〔加拿大〕乔舒亚·甘斯、〔加拿大〕阿维·戈德法布等：
《人工智能经济学》，王义申、曾涛译，中国财政经济出版社，2021，第36~45页。

现新知识①；与此同时，制造业技术创新注重"干中学""默会知识"②。所以，前者对于后者在虚拟—实体网络上的知识地理溢出体现在两个路径上。①知识的流动。依托在虚拟网络终端的知识库、算法框架的远端支持、实体系统终端的生产环节的关键数据的实时互传，人工智能技术的知识发送主体通过与制造业知识接收主体进行面对面交流、"干中学"，进行知识的扩散、吸收与应用创新。②知识的溢出。人工智能的知识创造可以看作知识生产部门的生产活动，罗默（Romer）认为知识生产部门具有规模收益递增的特征③。人工智能技术的知识重组与创造增加了整个区域的知识库存量，其利用虚拟网络向制造业生产部门进行扩散，通过增加制造业部门产品种类、提升生产技术水平等途径，从时间跨期溢出的角度形成对于区域内制造业生产部门的知识库的外部性。本书将借鉴新经济地理学理论，进一步对知识流动机制和知识溢出机制中的"非线性"特征进行阐述。

2. 人工智能促进区域制造业技术创新的知识地理溢出路径及非线性效应

第一，以知识流动的路径促进区域制造业技术创新的非线性效应。人工智能技术发展与应用的关键在于拥有该领域前沿知识的高技术人才④。从知识流动的路径分析来看，人工智能技术人才通过面对面、"干中学"实现对于制造业技术人员的知识扩散、吸收与应用创新。从新经济地理学理论出发，这被称为"知识关联"（K-Linkage），TP 模型（Two Person Model）描述了这种知识关联机制并解释了动态知识创新和扩散过程。⑤

如果把人工智能生产区与制造业产业区看作南北两个区域，那么区域包含制造业和知识创新两个部门。知识创新部门使用人工智能技术人才，并且可以在区际进行成本的流动，而制造业低技能工人在区域间不能流

---

① 李德毅主编《人工智能导论》，中国科学技术出版社，2018，第 58~62 页。

② 黄群慧：《厚植中国式现代化的实体经济根基》，《光明日报》2022 年 10 月 25 日 第 11 版。

③ Romer P. , "Endogenous Technological Change," *Journal of Political Economy*, 98, 1990, Part II：S71-S102.

④ 黄群慧：《厚植中国式现代化的实体经济根基》，《光明日报》2022 年 10 月 25 日 第 11 版。

⑤ Fujita M. , "Towards the New Economic Geography in the Brain Power Society," *Regional Science and Urban Economics*, 37, 2007：482-490.

动。知识创新部门的产出为人工智能的新知识，其异质性会导致制造业部门的产品存在差异，制造业部门通过购买人工智能的新知识并将其作为中间投入品，生产更多差异化产品。在共同知识基础上的合作创新能力大于个人创新能力的吸引下，人工智能技术人才向制造业产业区流动，人工智能人才的新知识增加了制造业部门的产品种类并扩充了人工智能算法框架的知识库存量。在累积循环因果的作用下，人工智能知识库存量不断增加，制造业部门的产品种类日益增长，知识流动的路径促进制造业技术创新效率提升，共同创新知识增长率的自我加强呈现非线性效应特征。

第二，以知识溢出的路径促进区域制造业技术创新的非线性效应。从长期来看，人工智能的知识创造对于制造业技术创新的作用，可以看作规模收益递增的知识创新部门对于规模收益递减的制造业部门的知识外部性，这种外部性以跨时间周期的知识溢出形式产生。从新经济地理学理论出发，可以利用知识溢出双增长模型（KSDIM）[1]剖析这种知识创新部门对制造业部门的长期知识溢出过程。

人工智能以技术创新地理溢出的形式促进制造业技术创新的非线性效应机制见图 4-2。

如果存在南北两个区域，那么每个区域都包含人工智能生产部门和制造业生产部门，且具有人工智能知识资本和劳动力两种投入要素。从不同类型技术创新模式的地理分布特征出发[2]，人工智能生产与制造业生产存在于一个区域的假设是成立的，例如大城市等多元化的区域。人工智能知识资本包括私人知识与公共知识，私人知识可作为本区域制造业部门的固定投入，公共知识不直接用于制造业生产，但可在区际扩散并有利于南北区域人工智能知识总量增加。

---

[1] 安虎森等编著《新经济地理学原理（第二版）》，经济科学出版社，2009，第239~253页。

[2] Heimeriksy G., Boschma R., "The Path-and Place-dependent Nature of Scientific Knowledge Production in Biotech 1986-2008," *Journal of Economic Geography*, 14（2），2013：339-364. Patton D., Kenney M., *Emerging Clusters Theoretical, Empirical and Political Perspectives on the Initial Stage of Cluster Evolution*（USA：Edward Elgar Publishing, 2010）：214-238.

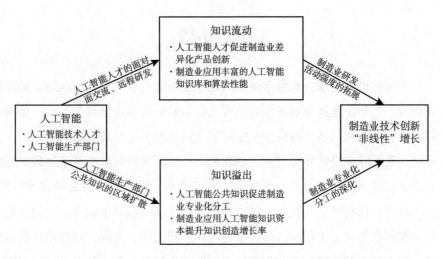

图 4-2　人工智能以技术创新地理溢出的形式促进制造业技术创新的非线性效应机制

首先，在南北区域，人工智能分别利用私有知识的存量进行收益递增性的生产，同时，制造业利用人工智能知识资本投入提升产品的技术创新效率。短期内，在市场支出份额、人工智能知识资本的作用下，区域制造业出现了数量稳定的生产差异化产品的企业和技术创新效率稳定增长。其次，在交易成本降低的作用下，公共知识在南北区域的扩散强度增大，在知识资本收益率的吸引下，人工智能知识资本产生了南北区域之间的移动。南部区域制造业在人工智能公共知识溢出的作用下进行了更高水平的差异化产品生产，产生了技术创新的收益递增，并将成本型工艺环节向北部区域转移，同时，南部区域制造业技术创新丰富了人工智能的算法框架和性能。在累积循环作用下，南部区域人工智能生产部门的知识资本会形成非线性的知识创造增长率，并进一步促进南部区域——北部区域制造业专业化分工的深化，推动区域制造业技术创新效率非线性增长。基于以上分析，本书提出以下假设。

假设2：在数字化重构的驱动下，人工智能对于知识的重组创造以知识流动、知识溢出两种形式对制造业区域形成技术创新地理溢出，在促进制造业研发活动强度拓展和制造业专业化分工深化的过程中，推动制造业技术创新产生"非线性"增长。

八　小结

本章从理论角度分析数字经济对制造业高质量发展的影响机制，提出研究假设，为制造业的质量效益和核心竞争力的提高奠定学理基础。一是构建固定效应模型和门槛面板模型，探究数字经济对企业创新的影响效应以及在环境约束下数字经济发展对企业创新的非线性影响特征。二是论述数字经济对中国制造业的创新效率影响机制，数字技术是数字经济发展的技术基础，人工智能、物联网、大数据、区块链等信息技术一旦突破临界点，创新就会从单点创新转向交叉创新，形成多技术群互相支撑、共同发展的链式创新模式，产生巨大的发展动力，创新能力的提升为制造业企业带来自动化和智能化的生产设备，有效地降低了生产过程中的资源损耗和相关成本，进而提高了制造业企业的生产效率、资本产出比以及盈利能力，数字经济促进了制造业企业创新效率的提升。三是以人力资本、创业活动和产业升级为中介，分析数字经济对制造业高质量发展的影响机制。人力资本、创业活动和产业升级对于数字经济影响制造业高质量发展具有显著的正向强化效应，即数字经济通过人力资本、创业活动和产业升级驱动制造业高质量发展。四是分析数字经济对制造业的耦合效应，阐述数字技术作为产业共性技术、短周期技术对于制造业静态、动态技术创新提升存在的耦合效应，剖析数字技术的知识性、可封装性通过推动技术创新集聚和技术创新链的专业化分工，提升邻近地区制造业技术创新效率的空间效应。五是从企业创新圈、创新资源配置、创新组织变革和经济、社会压力视角探究数字经济驱动传统产业创新发展的情况，以产业升级、金融发展及消费需求分析数字经济对传统产业创新发展的影响效应。六是论述数字基础设施建设、"宽带中国"战略试点、大数据综合试验区建设对全要素生产率的影响效应，提出数字基础设施建设能够有效打破信息交流的时空约束，促进知识资本等要素在不同区域及产业间转移与流动，加强地区间的研发合作和技术交流，延展区际经济发展的"扩散效应"，产生"示范效应"，最终通过正向溢出提升整体全要素生产率。同时，在网络边际成本递减和技术报酬递增规律的双重驱使下，数据、知识等创新要素会加速向数字基础设施发达的区域集聚，产生驱动全要素生产率的网络叠加效应，加剧数字基础设施较为发达地区与其余地区之间的"数字鸿沟"，致使地区间经济发展不平衡的问题越发突出。七是从知识创造与知识地理溢出的微观视角出发，剖析人工智能在知识搜索"网络效应"和知识创新路径的动态收益递增效应作用下对于制造业技术创新的非线性效应，阐述人工智能通过知识流动、知识溢出的形式，推动邻近地区制造业研发强度拓展、制造业专业化分工深化，形成知识创新地理溢出的非线性效应。

第五章 数字经济与中国制造业高质量发展水平的测度

本书构建数字经济与中国制造业高质量发展水平测度评价指标体系，运用全局主成分分析法、基于时序加权平均（TOWA）算子的动态评价法、耦合协调度模型、CRITIC-熵权法组合权重的 TOPSIS 评价模型等，评价中国数字经济发展水平、数字产业化和产业数字化耦合水平、制造业高质量发展水平，并且运用聚类分析及空间相关性分析方法对中国制造业高质量发展的空间分布特征及其演变趋势进行研究。

一 构建数字经济与制造业发展水平测度评价指标体系

（一）数字经济测度指标体系的构建

数字经济的本质是数据拉动的生产、制造、销售、服务构建的新消费经济，数据是数字经济发展最关键的生产资料。国内外许多机构和学者已开展了对数字经济的测度，为数字经济的研究和相关政策的制定提供了支撑，但由于目前数字经济的定义、统计口径、指标体系和度量方法等相差较大，因此测算结果有较大的差异。

在国外研究中，美国商务部经济分析局在 2018 年 3 月的工作文件《定义和衡量数字经济》中将数字经济定义为那些"主要是数据"的商品和服务，排除"部分是数据"的商品和服务。美国商务部数字经济咨询委员会则认为数字经济应包含四个部分的框架，即"不同领域的数字化程度、数字化效果或产出、经济指标的综合影响、新出现的数字化领域"。2020 年 6 月 11 日，欧盟委员会发布的《数字经济与社会指数报告2020》（Digital Economy and Society Index 2020）主要从连通性、人力资本、互联网使用、数字技术融合、数字公共服务五个方面衡量数字经济发展程度。在国内研究中，中国信息通信研究院将数字经济分为"数字产业化部分"和"产业数字化部分"[①]，前者指信息产业增加值方面，具体指数字技术创新和数字产品生产，主要涉及电子信息制造业、基础电信业、互联网行业和软件服务业等；后者指数字技术与其他产业融合应用，具体指国民经济其他非数字产业部门使用数字技术和数字产品带来的产出增加和效率提升。上海社会科学院自2017年起构建的全球数字经济竞争力指标体系重点关注各国的数字产业、数字创新、数字设施、数字治理四个维度。新华三集团数字经济研究院自2017年开始从数据及信息化基础设施、城市服务、城市治理、产业融合四个维度对中国各城市数字经济升级进行评估，其构建的评估体系是国内第一个面向各城市发布的完整的数字经济评估体系。其他机构包括阿里巴巴、毕马威等从数字基础设施、数字消费者、数字产业生态、数字公共服务、数字科研五大维度研究了数字经济的水平、结构与发展路径。

1. 数字经济发展水平测度指标体系

梳理现有文献可知，学界对于数字经济发展测算的方法概括为以下三种：一是直接用数字经济增加值占数字经济规模的比重进行估算；二是用数字经济规模占 GDP 的比重进行粗略估算；三是从不同维度构建综合指标体系进行测度。前两种方法虽然简洁、可比性强，但不能反映数字经济全貌，综合现有文献有关数字经济指标选取与测度过程中存在的不足以及可借鉴之处，考虑到数据的可获得性及我国数字经济发展实际，本书从数字化基础、数字化应用和数字化创新三个维度出发构建数字经济发展水平测度指标体系（见表5-1）。

---

① 吴晓怡、张雅静：《中国数字经济发展现状及国际竞争力》，《科研管理》2020 年第 5 期，第 250~258 页。

表 5-1　数字经济发展水平测度指标体系

一级指标	指标说明	单位
数字化基础	互联网宽带接入端口数（对数）	万个
	移动电话交换机容量（对数）	万户
	长途光缆线路长度	万公里
	每百人移动电话拥有量（对数）	部
数字化应用	电信业务总量（对数）	亿元
	软件业务收入（对数）	亿元
	软件和信息技术服务业企业数（对数）	家
	软件和信息技术服务业年末从业人员数（对数）	万人
	计算机、通信和其他电子设备制造业主营业务收入（对数）	亿元
	ICT 产业固定资产投资占全社会固定资产投资比重	%
数字化创新	R&D 经费支出占 GDP 比重	%
	每万人 R&D 人员数量（对数）	人
	财政科技支出占比	%
	高技术产业 R&D 机构数（对数）	所

2. 数字经济耦合水平指标体系

耦合是物理领域的概念，指两个或两个以上不同的系统或运动方式之间由于存在相互影响的互动关系而使彼此相联合的一种物理现象。这两个系统可以分别由若干个子系统构成，各子系统之间的良性互动对大系统之间相互促进、协调的动态关系起着决定性作用①。除综合发展指数外，数字产业化和产业数字化的内部耦合程度也是决定数字经济发展水平的关键变量。数字经济耦合协调发展是指现代信息技术是数字产业化的推动力量和产业数字化的载体，外部环境的技术、人才和产品等不断向数字经济内部输入，促进了数字产业化和产业数字化的协同与竞争。同时，在数字经济发展过程中产生的技术、人才和产品等会不断向外部输出，两者的协调发展程度越高，系统效率就越高，使系统由无序走向有序，不稳定结构转化为稳定

---

① 岳良文、李孟刚、武春友：《城市化、信息化和绿色化互动评价模型：基于耦合理论的实证分析》，《经济问题探索》2017 年第 6 期，第 71~80 页。

结构,形成了一个动态发展模式。本书以数字产业化发展水平和产业数字化发展水平为数字经济发展水平的两大子系统,分别从规模水平、创新水平、效益水平维度构建指标体系以度量数字产业化和产业数字化的耦合程度(见表5-2)。

表5-2 数字产业化与产业数字化发展水平指标体系

子系统	一级指标	二级指标
数字产业化发展水平(A)	规模水平(A_1)	数字产业化规模(X_1)
		ICT 产业从业人数(X_2)
		ICT 产业固定资产投资额(X_3)
		电信业务总量(X_4)
	创新水平(A_2)	ICT 产业 R&D 人员折合全时当量(X_5)
		ICT 产业 R&D 经费内部支出(X_6)
		ICT 产业有效发明专利数(X_7)
	效益水平(A_3)	ICT 产业利润(X_8)
		ICT 产业出口情况(X_9)
		移动电话普及率(X_{10})
产业数字化发展水平(B)	规模水平(B_1)	产业数字化规模(Y_1)
		网络零售交易额(Y_2)
		第三方移动支付交易额(Y_3)
		工业、农业互联网服务平台个数(Y_4)
	创新水平(B_2)	农业农村信息化示范基地数量(Y_5)
		大数据和人工智能相关专利数量(Y_6)
		规模以上工业企业 R&D 经费支出(Y_7)
	效益水平(B_3)	产业数字化规模占 GDP 比重(Y_8)
		在线支付普及率(Y_9)
		工业增加值平均能耗水平(Y_{10})

(二)制造业发展水平测度指标体系的构建

实体经济是一国立身的根本,是财富创造的根本源泉,制造业则是实体经济的中坚力量。改革开放 40 余年以来,中国制造业发展成效显著,在世界 500 余种主要工业品中,中国有 220 余种工业品的产量位居世界第一,是全球范围内唯一具备全部工业品类的国家，中国制造业已经具备了质量型发展的基础。然而，在实践中，我国制造业发展长期依赖资源型增长路径，以"高投入、高能耗、低效益、低产出"为主要特征。制造业对 GDP 的贡献只占 30%，但能耗占全社会的约 70%，其是我国能源消耗和温室气体排放的主要来源，雾霾、水污染、土壤重金属化等问题的治理成本逐年提高，因而这种发展模式已经难以持续。同时，制造业关键核心技术受制于人，存在明显的"卡脖子"短板，整体依然处于全球价值链中低端。实现由制造大国向制造强国的战略转型迫切需要制造业将发展思路从"数量型"调整为"质量型"。

学者构建制造业高质量发展的评价指标体系的侧重点各有不同。江小国等从经济效益、技术创新、绿色发展、质量品牌、两化融合、高端发展六个方面构建制造业高质量发展的评价体系①。段国蕊和于靓从产业结构、产业组织、速度效益、产业创新、对外开放、贸易竞争力、生态效益、社会贡献八个维度构建综合评价指标体系，对山东制造业高质量发展水平进行测算②。刘国新等从经济效益、创新发展力、产业结构、开放程度、生态环境五个方面对制造业高质量发展进行评价③。苏永伟从经济效益、技术创新、绿色发展、质量品牌、信息化水平五个方面对中部地区制造业高质量发展进行评价分析④。本书认为，在当前新一代科技革命和产业变革的大背景下，制造业要实现高质量发展必须严格突出"创新、协调、绿色、开放、共享"的新发展理念，突出创新关键动能，树立人才是根本资源的意识，贯彻绿色可持续的发展理念，坚持以提高质量效益和优化产业结构为抓手推动制造业实现质量

① 江小国、何建波、方蕾：《制造业高质量发展水平测度、区域差异与提升路径》，《上海经济研究》2019 年第 7 期，第 70~78 页。
② 段国蕊、于靓：《制造业高质量发展评价体系构建与测度：以山东省为例》，《统计与决策》2021 年第 18 期，第 99~102 页。
③ 刘国新、王静、江露薇：《我国制造业高质量发展的理论机制及评价分析》，《管理现代化》2020 年第 3 期，第 20~24 页。
④ 苏永伟：《中部地区制造业高质量发展评价研究——基于 2007-2018 年的数据分析》，《经济问题》2020 年第 9 期，第 85~91 页。

变革、效率变革和动力变革。因此，基于科学性、全面性、可比性、可获得性等原则，本书借鉴傅为忠和储刘平的做法，从创新能力、人才集聚、绿色发展、质量效益、产业结构高端化五个维度构建制造业高质量发展评价体系①。具体到每个维度：一是创新能力，包括经费投入、发明专利和销售收入三个指标；二是人才集聚，包括人才投入、研究投入和智力水平三个指标；三是绿色发展，包括能源消耗、固体污染、废水污染和大气污染四个指标；四是质量效益，包括投入产出比、高技术产品贸易竞争力、劳动生产率三个指标；五是产业结构高端化，包括高端产业营收和高技术产业体量两个指标（见表5-3）。

表5-3 制造业高质量发展评价指标体系

一级指标	二级指标	指标解释	指标属性
创新能力	经费投入	规上工业企业 R&D 经费内部支出(万元)	+
	发明专利	规上工业企业有效发明专利数量(件)	+
	销售收入	规上工业企业新产品销售收入(万元)	+
人才集聚	人才投入	规上工业企业 R&D 人员折合全时当量(人·年)	+
	研究投入	规上工业企业研究人员数量(人·年)	+
	智力水平	规上工业企业研发机构博士和硕士人数(人)	+
绿色发展	能源消耗	工业用煤/工业产值(吨标准煤/万元)	−
	固体污染	固体废物产生量/工业增加值(吨/万元)	−
	废水污染	废水排放量/工业增加值(吨/万元)	−
	大气污染	废气排放量/工业增加值(立方米/万元)	−
质量效益	投入产出比	制造业主营业务收入/固定资产投资(%)	+
	高技术产品贸易竞争力	高技术产品出口额/货物出口总额(%)	+
	劳动生产率	制造业总产值/制造业就业人数(万元/人)	+
产业结构高端化	高端产业营收	高技术产业主营业务收入/制造业主营业务收入(%)	+
	高技术产业体量	高技术产业企业数/规上工业企业数(%)	+

注："+"表示正向，"−"表示负向。

---

① 傅为忠、储刘平：《长三角一体化视角下制造业高质量发展评价研究——基于改进的CRITIC-熵权法组合权重的TOPSIS评价模型》，《工业技术经济》2020年第9期，第145~152页。

二 数字经济与制造业发展水平测度的方法选择

（一）全局主成分分析法

由于本书使用的是面板数据，传统的主成分分析法已不太适用，因此，本书在数字经济发展水平测度指标体系的基础上，采用全局主成分分析法进行测算。本书选取的是省级面板数据，考虑到信息的完整性，首先要根据不同时点的平面数据表构造统一的立体时序数据表，立体时序数据表可表示为 $K=\{X_t=R_n\times p,\ t=1,\ 2,\ L,\ T\}$，它实际上是按照时间顺序对一系列平面数据表序列进行的重新排列组合，立体时序数据表中所有的数据表具有完全相同的变量指标和完全一致的样本点。与平面数据表相比，立体时序数据表有 T 张按时间顺序排列的数据表。接着，需要通过寻求一个所有数据表适用的简化子空间，得出统一的主成分公共因子，进一步提取有关数字经济测度的立体时序数据表的重要信息，从而对面板数据样本进行估算，最终构建相应的数字经济发展水平指数。

（二）基于时序加权平均（TOWA）算子的动态评价法

在面板数据的多指标动态评价中，数据是由指标、评价对象和时间构成的三维立体数据，因此赋以 TOWA 时间权重后可以得到短期内的动态发展指数。此方法由郭亚军等提出[①]，方法的本质是在评价中引入 s 个时刻的时间权向量 $\omega=(\omega_{t1},\ \omega_{t2},\ \cdots,\ \omega_{ts})^T$，$\omega_{t1}$ 表示第一个时刻的时间权重，以此类推。权重的大小表示对该时刻的重视程度。TOWA 时间权向量的计算过程如下。

首先计算某个时期所含的信息熵。时间向量熵 I 表示指标所含信息量，

[①] 郭亚军、姚远、易平涛：《一种动态综合评价方法及应用》，《系统工程理论与实践》2007 年第 10 期，第 154~158 页。

熵值越大则其所含的信息量越少，$I = -\sum_{k=1}^{s} \omega_{tk}\ln\omega_{tk}$。在此基础上引入时间度 λ，其表示不同时期在算子集结中的重要程度。其值越接近于 0，表明评价者越重视与现在较近期的信息，$\lambda = \sum_{k=1}^{s} \frac{s-k}{s-1}\omega_{tk}$。求解时间权向量即为在满足时间度约束下尽可能挖掘指标中所含信息的如下非线性规划问题：

$$\max\left(-\sum_{k=1}^{s} \omega_{tk}\ln\omega_{tk}\right) \tag{1}$$

$$\text{s.t.} \ \lambda = \sum_{k=1}^{s} \frac{s-k}{s-1}\omega_{tk} \tag{2}$$

$$\sum_{k=1}^{s} \omega_{tk} = 1 \ \text{且} \ \omega_{tk} \in [0,1], k = 1,2,\cdots,s \tag{3}$$

（三）耦合协调度模型

当系统或系统内部要素间配合较好、协调发展时，称为良性耦合；反之，则称为恶性耦合。耦合协调度描述了两个或两个以上系统相互作用影响的程度，包括耦合度和协调度两个方面的内容[①]，耦合度反映了系统间的相互关联程度，耦合度越高，说明系统间相关性越强；协调性则表示子系统间相互促进的作用程度，协调度越高，说明系统间正向促进作用越强。耦合度衡量的是系统或要素间彼此相互作用影响的强弱程度，而协调度衡量的是系统或要素间协调配合、良性循环的关系。耦合协调度的计算步骤如下。

1. 指标数据标准化

k_{xi} 和 k_{yi} 分别为数字经济系统和高质量发展系统第 i 个指标的原始数值，$i=1, 2, \cdots, n$。由于指标数据具有不同的单位量纲，为增强指标数据的可比性，应进行标准化处理，处理方式如下：

[①] 郭芸、范柏乃、龙剑：《中国区域高质量发展的实际测度与时空演变特征研究》，《数量经济技术经济研究》2020 年第 10 期，第 118~132 页。

$$k'_{xi} = \frac{k_{xi} - \min(k_{xi})}{\max(k_{xi}) - \min(k_{xi})}, 当 k_{xi} 为正向指标时$$

$$k'_{xi} = \frac{\max(k_{xi}) - k_{xi}}{\max(k_{xi}) - \min(k_{xi})}, 当 k_{xi} 为负向指标时$$

(4)

其中，k'_{xi} 为标准化后的指标数据。

2. 计算子系统综合发展水平

设 w_{xi} 和 w_{yi} 分别为数字经济系统和高质量发展系统第 i 个指标的权重，借鉴唐晓华等[①]的研究方法，采用信息熵进行权重的确定，进而得到数字经济系统和高质量发展系统的综合发展水平：

$$U_x = \sum_{i=1}^{n} k'_{xi} \times w_{xi}$$

$$U_y = \sum_{i=1}^{n} k'_{yi} \times w_{yi}$$

(5)

3. 计算耦合度和耦合协调度

多个系统间的耦合度模型为：

$$C = n[U_1 U_2 \cdots U_L / (U_1 + U_2 + \cdots + U_L)^L]^{1/L}$$

(6)

其中，C 表示子系统间的耦合度，其取值范围为 $[0, 1]$，L 表示子系统个数，当 $L=2$ 时，有：

$$C_{xy} = 2 \times [U_x U_y / (U_x + U_y)^2]^{1/2}$$

(7)

C_{xy} 表示数字经济系统和高质量发展系统间的耦合值。耦合度只能反映数字经济内部间相互作用的大小，但不能表征二者在高水平上相互促进还是在低水平上相互制约，因此引入耦合协调度模型，以准确评价数字经济系统与高质量发展系统的互动协调关系。耦合协调度模型为：

$$D_{xy} = (C_{xy} \times T_{xy})^{1/2}$$

$$T_{xy} = \alpha U_x + \beta U_y$$

(8)

---

① 唐晓华、张欣钰、李阳：《中国制造业与生产性服务业动态协调发展实证研究》，《经济研究》2018 年第 3 期，第 79~93 页。

其中，D_{xy} 表示数字经济和高质量发展的耦合协调度值，取值范围为 [0，1]，U_x 和 U_y 分别为数字经济和高质量发展的综合得分，α 和 β 为待定系数且 $\alpha+\beta=1$，借鉴陈竞飞和田刚的做法[1]，本书认为数字产业化和产业数字化在数字经济与制造业高质量发展融合中同等重要，因此 $\alpha=\beta=0.5$。

耦合协调度评判标准与类型划分。一般而言，耦合协调度值 D 的取值范围为 [0，1]，D 越接近于 1，则系统间的耦合协调度越高，各系统越处于相互促进、协同发展的耦合水平上。参照已有文献的分类标准，本书将耦合协调度划分为 10 个区间，若 D 小于 0.5，则各系统的耦合存在失调问题；若 D 大于 0.5，则各系统的发展相对协调。耦合协调度的划分及耦合协调类型如表 5-4 所示。[2]

表 5-4 耦合协调度的划分及耦合协调类型

耦合协调度	耦合协调类型	耦合协调度	耦合协调类型
0~0.09	极度失调衰退型	0.50~0.59	勉强协调发展型
0.10~0.19	严重失调衰退型	0.60~0.69	初级协调发展型
0.20~0.29	中度失调衰退型	0.70~0.79	中级协调发展型
0.30~0.39	轻度失调衰退型	0.80~0.89	良好协调发展型
0.40~0.49	濒临失调衰退型	0.90~1	优质协调发展型

（四）CRITIC-熵权法组合权重的 TOPSIS 评价模型

CRITIC 法是 Diakoulaki 等于 1995 年提出的一种客观赋权方法，通过评价指标的对比强度和冲突性来衡量指标的客观权重。对比强度用标准差表示，冲突性用相关系数表示。学者在研究过程中发现标准差带有量纲；相关系数可能出现负值，但实质上冲突性只与相关系数的绝对大小有关，而与正

---

[1] 陈竞飞、田刚：《家具产业运营效率与国民经济产业结构耦合协调研究》，《经济地理》2022 年第 7 期，第 159~166 页。

[2] 逯进、周惠民：《中国省域人力资本与经济增长耦合关系的实证分析》，《数量经济技术经济研究》2013 年第 9 期，第 3~19、36 页。

负号无关。因此，本书对 CRITIC 法进行改进：一是用标准差系数代替标准差，消除量纲影响；二是对相关系数取绝对值，消除正负号影响。另外，学者在研究中发现 CRITIC 法能综合衡量指标间的对比强度和冲突性，但是不能衡量指标间的离散程度，而熵权法正是根据指标间的离散程度来确定指标权重，综合使用 CRITIC 法和熵权法能够更加客观地反映指标的权重。因此，本书选择使用 CRITIC-熵权法计算制造业高质量发展指标的权重。Hwang 和 Yoon 于 1981 年首次提出 TOPSIS 方法，根据有限评价对象与理想化目标的接近程度进行排序，通过衡量评价对象与最优解、最劣解的距离进行排序[1]。综合运用改进的 CRITIC-熵权法、TOPSIS 方法，可有效地克服传统 TOPSIS 方法无法反映变量之间相关性和重要程度的缺点，通过无量纲化处理也可以有效避免逆序问题。

（五）空间自相关检验

为检验我国制造业高质量发展的空间相关性，本书采用莫兰指数（Moran's I）来衡量各地制造业高质量发展水平的空间依存关系[2]。Moran's I 指数包括全局 Moran's I 和局部 Moran's I 两种。

全局 Moran's I 取值范围为 [-1, 1]，大于 0 表示空间对象之间正相关，具有相似属性的空间对象聚集在一起；小于 0 则表示空间对象之间负相关，具有相异属性的空间对象聚集在一起，接近于 0 说明属性随机分布，不存在显著的空间相关性。其绝对值反映了空间的相关程度，绝对值越大表明空间相关性越强，反之则越弱。全局 Moran's I 的公式如下：

$$I = \frac{\sum_{i=1}^{n} \sum_{j=1}^{n} W_{ij}(x_i - \bar{x})(x_j - \bar{x})}{S^2 \sum_{i=1}^{n} \sum_{j=1}^{n} W_{ij}} \tag{9}$$

---

[1] Hwang C. L., Yoon K., *Multiple Attribute Decision Making Methods and Applications* (Boston, MA: Springer, 1981): 12-23.

[2] Anselin L., "Local Indicators of Spatial Association-LISA," *Geographical Analysis*, 27 (2), 1995: 93-115.

其中，$S^2 = \left(\dfrac{1}{n}\right) \sum (x_i - \bar{x})^2$，$\bar{x} = \dfrac{1}{n} \sum x_i$，$x_i$ 和 x_j 表示空间对象 i 和 j 的观测值；n 为空间对象总数；W_{ij} 为空间权重矩阵。

局部 Moran's I 用来衡量区域内各个空间对象与其邻域对象的空间相关程度，即是否存在高值或低值的局域空间集聚，反映局部区域内的空间异质性以及空间分布格局。局部 Moran's I 的公式如下：

$$I_i = \frac{z_i}{S^2} \sum_{j \neq i}^{n} w_{ij} z_j \tag{10}$$

其中，$z_i = y_i - \bar{y}$，$z_j = y_j - \bar{y}$，$S^2 = \left(\dfrac{1}{n}\right) \sum (y_i - \bar{y})^2$，$w_{ij}$ 为空间权重，n 为空间单元总个数，I_i 代表第 i 个地区的局部 Moran's I 指数。

三　数字经济与制造业发展水平现实评价和空间演进分析

（一）数据来源

数字经济与制造业相关原始数据包含中国 30 个省区市（不包含港澳台地区；由于西藏地区数据不完整，因此予以剔除）的数据，数据时间跨度为 2011~2020 年。各变量及衡量指标的原始数据来源于国家统计局网站、各省区市统计局网站、《中国统计年鉴》、《中国科技统计年鉴》、《中国环境统计年鉴》、《中国能源统计年鉴》、《中国第三产业统计年鉴》、《中国工业经济统计年鉴》、《中国循环经济年鉴》、《中国电子信息产业统计年鉴》、《中国生态环境统计公报》、《中国互联网络发展状况统计报告》、国泰安数据库（CSMAR）、中国研究数据服务平台（CNRDS）、中经网统计数据库以及全球统计数据分析平台（EPS）等。本书对指标缺失值做插值处理。

（二）数字经济发展评价

1. 数字经济发展水平评价

使用全局主成分分析法前，先对数字经济发展水平测度指标体系进行KMO 和 Bartlett 球形度检验以确定模型的适用性。KMO 检验值为 0.900，Bartlett 球形度检验 P 值为 0，表明本书所构建的数字经济发展水平测度指标体系非常适宜用全局主成分分析法进行测度，进而，本书根据此方法计算得到数字经济发展指数。由于研究覆盖了 30 个省区市 10 年期的数据，为了对各省区市的数字经济发展动态水平进行度量，本书采用时序加权算子对各时期的数字经济指数进行赋权。借鉴曲常胜等的做法[1]，取时间度 $\lambda = 0.25$，借助 Matlab 软件求解式（1）的数学规划模型，求得时间权向量 ω，即 $\omega =$（0.02，0.02，0.03，0.04，0.06，0.08，0.11，0.15，0.21，0.28）^{T}，进而求得 2011~2020 年中国 30 个省区市的数字经济动态评价指数及排名（见表 5-5）。

表 5-5　2011~2020 年中国 30 个省区市的数字经济动态评价指数及排名

	2011 年	2012 年	2013 年	2014 年	2015 年	2016 年	2017 年	2018 年	2019 年	2020 年	2011~2020 年动态评价指数	动态评价指数排名
北京	0.47	0.49	0.50	0.52	0.52	0.52	0.54	0.56	0.60	0.61	0.54	4
天津	0.28	0.31	0.32	0.33	0.34	0.35	0.34	0.34	0.33	0.34	0.32	14
河北	0.25	0.27	0.27	0.29	0.30	0.31	0.32	0.31	0.33	0.34	0.30	17
山西	0.19	0.21	0.21	0.21	0.21	0.21	0.22	0.23	0.24	0.25	0.22	23
内蒙古	0.15	0.17	0.17	0.17	0.17	0.17	0.17	0.17	0.16	0.18	0.16	27
辽宁	0.31	0.34	0.35	0.35	0.33	0.33	0.33	0.33	0.34	0.35	0.32	13
吉林	0.22	0.24	0.23	0.24	0.24	0.25	0.26	0.25	0.25	0.25	0.24	20
黑龙江	0.21	0.23	0.22	0.23	0.23	0.23	0.23	0.20	0.21	0.21	0.20	24

---

[1] 曲常胜、毕军、黄蕾、李凤英、杨洁：《我国区域环境风险动态综合评价研究》，《北京大学学报》（自然科学版）2010 年第 3 期，第 477~482 页。

续表

	2011年	2012年	2013年	2014年	2015年	2016年	2017年	2018年	2019年	2020年	2011~2020年动态评价指数	动态评价指数排名
上海	0.39	0.41	0.43	0.43	0.43	0.43	0.44	0.45	0.47	0.49	0.44	6
江苏	0.54	0.61	0.66	0.69	0.71	0.74	0.74	0.76	0.83	0.84	0.74	2
浙江	0.45	0.48	0.51	0.53	0.56	0.58	0.61	0.66	0.71	0.75	0.63	3
安徽	0.26	0.29	0.31	0.33	0.35	0.36	0.38	0.39	0.42	0.43	0.38	10
福建	0.31	0.34	0.34	0.36	0.36	0.37	0.39	0.42	0.43	0.43	0.39	9
江西	0.20	0.21	0.22	0.23	0.24	0.25	0.27	0.29	0.32	0.34	0.28	18
山东	0.44	0.48	0.50	0.52	0.53	0.55	0.57	0.58	0.54	0.59	0.53	5
河南	0.29	0.32	0.33	0.35	0.36	0.36	0.38	0.38	0.41	0.42	0.37	11
湖北	0.30	0.34	0.35	0.37	0.38	0.38	0.40	0.42	0.45	0.45	0.40	7
湖南	0.27	0.30	0.30	0.31	0.32	0.33	0.34	0.37	0.39	0.42	0.36	12
广东	0.59	0.66	0.68	0.69	0.70	0.74	0.83	0.90	0.96	0.98	0.84	1
广西	0.19	0.22	0.22	0.22	0.23	0.23	0.24	0.27	0.26	0.26	0.24	19
海南	0.10	0.13	0.12	0.13	0.15	0.15	0.17	0.17	0.18	0.17	0.16	28
重庆	0.23	0.26	0.27	0.28	0.29	0.31	0.32	0.33	0.35	0.36	0.32	15
四川	0.30	0.33	0.34	0.36	0.37	0.35	0.40	0.41	0.42	0.44	0.39	8
贵州	0.16	0.17	0.18	0.19	0.20	0.20	0.23	0.25	0.25	0.26	0.22	21
云南	0.16	0.18	0.18	0.18	0.20	0.22	0.22	0.24	0.25	0.25	0.22	22
陕西	0.26	0.29	0.29	0.30	0.31	0.32	0.33	0.33	0.35	0.35	0.32	16
甘肃	0.14	0.16	0.16	0.16	0.17	0.17	0.18	0.19	0.20	0.20	0.18	25
青海	0.00	0.04	0.05	0.06	0.07	0.07	0.09	0.09	0.09	0.10	0.08	30
宁夏	0.09	0.11	0.11	0.11	0.13	0.14	0.15	0.16	0.17	0.17	0.15	29
新疆	0.14	0.15	0.15	0.15	0.16	0.16	0.17	0.18	0.17	0.16	0.16	26
全国均值	0.26	0.29	0.30	0.31	0.32	0.33	0.34	0.35	0.37	0.38	0.34	—
东部地区均值	0.38	0.41	0.43	0.44	0.45	0.46	0.48	0.50	0.52	0.53	0.47	—
中部地区均值	0.24	0.27	0.27	0.28	0.29	0.30	0.31	0.32	0.33	0.35	0.31	—
西部地区均值	0.17	0.19	0.19	0.20	0.21	0.21	0.23	0.24	0.24	0.25	0.22	—

从时序特征来看，2011~2020年中国30个省区市的数字经济水平均值在波动上升，从2011年的0.26上升到了2020年的0.38，增长了46.2%，表明各省区市对数字经济的重视程度不断加深，促进数字经济健康发展的政策取得了不俗的成效。2012~2020年的增幅分别为11.5%、3.4%、3.3%、3.2%、3.1%、3.0%、2.9%、5.7%、2.7%，表明在2011~2012年数字经济有过迅猛发展的时期，2012~2018年则开始稳定地低速扩张，直至2019年开始又有较大的增长。从区域层面看，中国的数字经济发展水平呈显著的自东部地区向西部地区梯度递减格局。东、中、西部地区10年间动态评价指数分别为0.47、0.31和0.22，呈现东部地区领先，中、西部地区跟随态势。以2020年为例，东部地区的动态评价指数均值为西部地区的2.12倍，区域差异明显。省域数字经济发展格局基本保持稳定，10年间，中国数字经济排名前6的省区市分别为广东、江苏、浙江、北京、山东和上海。可见排名靠前的均为东部地区，这得益于其区域位置的优越性、经济发达、基础设施较为完善等。排名较为靠后的地区，如青海、宁夏、新疆、甘肃等均为中西部省区市，其落后的原因恰恰与排名较为靠前的省区市相反。

2. 数字经济耦合水平评价

基于前文构建的耦合协调模型，采用2011~2020年中国30个省区市的面板数据，测算数字产业化系统的发展水平与产业数字化系统的发展水平的耦合协调度（见表5-6）。其中，U_x表示数字产业化系统的发展水平，U_y表示产业数字化系统的发展水平。U_x/U_y表示数字经济内部发展系统得分的比值，用来度量数字产业化系统发展相对于产业数字化系统发展的领先或滞后程度，如果比值大于1，则表示数字产业化系统发展领先于产业数字化系统发展；如果比值小于1，则表示数字产业化系统发展滞后于产业数字化系统发展；如果比值等于1，则表示二者同步发展。C_{xy}表示数字经济内部发展系统的耦合度，用来度量数字经济内部之间的相关性。D_{xy}表示数字产业化系统和产业数字化系统间的耦合协调度，其值越大表示二者的耦合协调水平越高。

表 5-6 2010~2020 年数字产业化系统的发展水平与产业数字化系统的
发展水平耦合协调情况及耦合协调类型

年份	U_x	U_y	C_{xy}	D_{xy}	耦合协调类型
2010	0.217	0.127	0.8687	0.4783	濒临失调衰退型
2011	0.322	0.178	0.8732	0.5894	勉强协调发展型
2012	0.411	0.214	0.8812	0.5989	勉强协调发展型
2013	0.489	0.412	0.8944	0.6019	初级协调发展型
2014	0.571	0.512	0.9012	0.7126	中极协调发展型
2015	0.647	0.627	0.9081	0.8255	良好协调发展型
2016	0.718	0.787	0.9236	0.8410	良好协调发展型
2017	0.827	0.853	0.9480	0.8706	良好协调发展型
2018	0.886	0.896	0.9606	0.9124	优质协调发展型
2019	0.915	0.932	0.9713	0.9821	优质协调发展型
2020	0.927	0.941	0.9999	0.9966	优质协调发展型

由表 5-6 可知，中国数字经济内部发展系统的耦合度逐年增强。这说明数字经济内部之间具有高度的相关性，且相关性逐年增强。从数字产业化系统的发展水平和产业数字化系统的发展水平可以看出，数字产业化系统的发展水平和产业数字化系统的发展水平稳步上升。2016 年，产业数字化系统的发展水平开始超过数字产业化系统的发展水平，这是由于产业数字化应用推广加速和准入门槛低促使产业数字化的规模迅速扩大，但其融合深度和创新水平还远远不够。另外，中国数字产业化系统和产业数字化系统间的耦合协调度呈现上升趋势。数字经济的耦合协调类型从 2010 年的濒临失调衰退型变为 2020 年的优质协调发展型，耦合协调度在报告期内逐年上升，说明二者间相互促进、相互支撑的作用逐渐增强。同时，数字产业化系统的发展水平与产业数字化系统的发展水平的差距正逐渐缩小，这也是数字产业化系统和产业数字化系统间的耦合协调度不断提升的主要原因。

表 5-7 展示了 2011～2020 年中国六大区域①数字经济内部耦合协调度，六大区域的耦合协调类型从 2015 年开始均已进入协调发展型。总体上，华北和华东地区数字经济内部耦合协调度较高，属于中国区域层面的第一阶梯水平，耦合协调度分别由 2011 年的 0.3057 和 0.3019 上升到 2020 年的 0.9633 和 0.9509，2020 年的耦合协调类型均属于优质协调发展型。中南和东北地区数字经济内部耦合协调性属于中国区域层面的第二阶梯水平，耦合协调度分别由 2011 年的 0.2757 和 0.2938 上升到 2020 年的 0.9395 和 0.9497，2020 年的耦合协调类型属于优质协调发展型。西北和西南地区数字经济内部耦合协调性则属于中国区域层面的第三阶梯水平，耦合协调度分别由 2011 年的 0.2853 和 0.2463 上升到 2020 年的 0.9117 和 0.8910，西北地区 2020 年的耦合协调类型属于优质协调发展型，西南地区 2020 年的耦合协调类型属于良好协调发展型。特别地，整体上，数字经济的耦合协调类型在报告期内从中度失调衰退型上升为优质协调发展型。未来一段时间，促进产业数字化和数字产业化协调发展仍是西部地区的施策重点。

表 5-7　2011～2020 年中国六大区域数字经济内部耦合协调度

年份	东北地区	华北地区	中南地区	华东地区	西南地区	西北地区
2011	0.2938	0.3057	0.2757	0.3019	0.2463	0.2853
2012	0.4023	0.4117	0.3861	0.4095	0.3548	0.3918
2013	0.4111	0.4151	0.3966	0.4139	0.3658	0.4073
2014	0.4150	0.4258	0.4110	0.4227	0.3814	0.4201
2015	0.5226	0.5387	0.5267	0.5353	0.5023	0.5339
2016	0.6413	0.6546	0.6383	0.6523	0.6171	0.6429
2017	0.7514	0.763	0.7507	0.7631	0.7318	0.7592
2018	0.8639	0.8753	0.8688	0.8763	0.85	0.8833
2019	0.9292	0.9581	0.9369	0.9416	0.872	0.9018
2020	0.9497	0.9633	0.9395	0.9509	0.8910	0.9117

① 在六大区域中，东北地区包括辽宁、吉林、黑龙江；华北地区包括北京、天津、河北、山西、内蒙古；中南地区包括河南、湖北、湖南、广东、广西、海南；华东地区包括上海、江苏、浙江、山东、江西、福建、安徽；西南地区包括重庆、四川、云南、贵州；西北地区包括陕西、甘肃、宁夏、青海、新疆。

（三）制造业高质量发展水平评价

假定 CRITIC 法和熵权法在指标评价中同等重要，因此组合权重系数为 0.5，2011~2020 年我国 30 个省区市制造业高质量发展的各项指标权重矩阵为：

$$\omega = (5.53, 3.88, 3.49, 5.15, 4.77, 4.63, 5.54, 3.57, 3.39, 3.81,$$
$$7.39, 22.68, 6.88, 10.14, 9.40)^T$$

本书根据权重计算得出 2011~2020 年中国 30 个省区市制造业高质量发展水平指数（见表 5-8），并进一步借助 TOPSIS 方法对报告期内 30 个省区市制造业高质量发展水平指数进行排序（见图 5-1），详细分析 30 个省区市指数的分布特征。

表 5-8　2011~2020 年中国 30 个省区市及全国制造业高质量发展水平指数

	2011 年	2012 年	2013 年	2014 年	2015 年	2016 年	2017 年	2018 年	2019 年	2020 年
北　京	0.46	0.52	0.53	0.54	0.54	0.54	0.55	0.57	0.60	0.64
天　津	0.43	0.50	0.53	0.54	0.54	0.53	0.51	0.50	0.48	0.49
河　北	0.37	0.39	0.39	0.40	0.41	0.43	0.43	0.43	0.44	0.46
山　西	0.29	0.31	0.31	0.30	0.28	0.30	0.36	0.37	0.40	0.41
内蒙古	0.24	0.26	0.28	0.27	0.30	0.31	0.34	0.33	0.32	0.34
辽　宁	0.39	0.41	0.41	0.41	0.40	0.41	0.43	0.44	0.45	0.46
吉　林	0.34	0.37	0.37	0.38	0.38	0.39	0.39	0.35	0.38	0.40
黑龙江	0.30	0.31	0.32	0.32	0.31	0.33	0.30	0.29	0.31	0.32
上　海	0.48	0.51	0.51	0.52	0.53	0.54	0.54	0.55	0.55	0.59
江　苏	0.53	0.59	0.59	0.59	0.60	0.61	0.59	0.59	0.60	0.63
浙　江	0.46	0.47	0.48	0.49	0.49	0.50	0.51	0.52	0.53	0.56
安　徽	0.40	0.43	0.43	0.44	0.47	0.48	0.51	0.53	0.50	0.54
福　建	0.40	0.43	0.44	0.44	0.46	0.47	0.48	0.49	0.50	0.51
江　西	0.37	0.37	0.40	0.42	0.42	0.44	0.46	0.48	0.51	0.53
山　东	0.47	0.50	0.50	0.51	0.52	0.53	0.53	0.49	0.49	0.51
河　南	0.40	0.42	0.61	0.64	0.64	0.66	0.67	0.65	0.57	0.54

续表

	2011 年	2012 年	2013 年	2014 年	2015 年	2016 年	2017 年	2018 年	2019 年	2020 年
湖 北	0.41	0.42	0.44	0.44	0.45	0.47	0.44	0.48	0.50	0.51
湖 南	0.40	0.42	0.46	0.48	0.51	0.50	0.50	0.50	0.50	0.52
广 东	0.55	0.61	0.59	0.60	0.61	0.63	0.64	0.66	0.66	0.68
广 西	0.33	0.35	0.36	0.37	0.41	0.39	0.39	0.39	0.39	0.40
海 南	0.26	0.28	0.28	0.28	0.29	0.29	0.29	0.32	0.31	0.31
重 庆	0.37	0.39	0.41	0.44	0.50	0.51	0.56	0.51	0.53	0.55
四 川	0.39	0.42	0.42	0.44	0.44	0.46	0.47	0.48	0.50	0.51
贵 州	0.22	0.24	0.27	0.29	0.31	0.34	0.35	0.36	0.37	0.37
云 南	0.26	0.28	0.29	0.29	0.30	0.31	0.33	0.34	0.37	0.38
陕 西	0.34	0.38	0.38	0.40	0.40	0.40	0.41	0.42	0.43	0.44
甘 肃	0.28	0.31	0.32	0.32	0.31	0.33	0.41	0.41	0.39	0.42
青 海	0.10	0.12	0.12	0.12	0.14	0.18	0.20	0.20	0.22	0.22
宁 夏	0.17	0.20	0.20	0.21	0.21	0.25	0.27	0.29	0.30	0.32
新 疆	0.24	0.23	0.23	0.24	0.23	0.25	0.26	0.28	0.28	0.28
全 国	0.35	0.38	0.39	0.40	0.41	0.43	0.44	0.44	0.45	0.46

第一，总体来看，全国制造业高质量发展水平指数呈现上升趋势，从 2011 年的 0.35 上升到 2020 年的 0.46，增速为 31.4%，表明我国出台的一系列制造业政策发挥了积极作用。为保证经济平稳发展与社会稳定，中国在 2010 年底出台 4 万亿元经济刺激计划；2012 年，国家提出统筹推进"经济建设、政治建设、文化建设、社会建设和生态文明建设"的"五位一体"总体布局，制造业高质量发展水平稳步提升；2017 年，党的十九大报告提出中国经济进入高质量发展阶段。

第二，从区域来看，中国制造业高质量发展水平具有区域差异性，呈现东部、中部、西部依次递减的特点。2020 年，制造业高质量发展水平指数前五名的省区市分别为广东（0.68）、北京（0.64）、江苏（0.63）、上海（0.59）和浙江（0.56），指数最低的省区市是青海（0.22），其指数仅为广东的 32%。凭借区位优势、体制优势、市场优势以及产业外向度高，东部

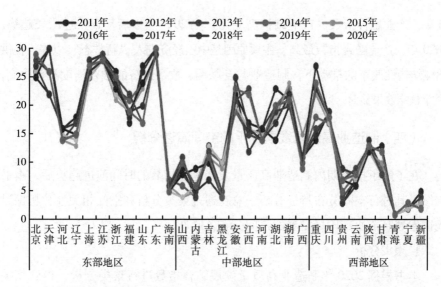

图 5-1 2011~2020 年 30 个省区市制造业高质量发展水平指数

地区的制造业高质量发展水平始终领先,与东部地区相比,中、西部地区的制造业发展方式较为粗放,创新水平相对较低,制造业升级速度慢,资源环境代价大,并且中、西部地区还承接了东部地区的落后产业转移,这在一定程度上加重了产业发展的负担。

第三,从分维度指数来看,五大维度指数总体上呈上升趋势。其中,创新驱动维度指数(创新能力)由 1.111 增长至 1.727,增长速度最快,这说明在样本期内中国制造业的创新能力有了明显的提升。2020 年,效率变革维度指数(人才集聚)在五大维度指数中最低,且在样本期内增速最慢,因此效率是制造业高质量发展的短板,表现为制造业资源配置效率、劳动生产率和企业经营效率等相对低下,因此需要将促进效率变革作为提升制造业高质量发展的突破口。从绿色发展角度来看,制造业的绿色发展指数(绿色发展)逐年上升。我国的"碳达峰""碳中和"战略对制造业绿色发展提出了新目标和新要求,这对绿色发展指数产生一定影响。质量提升维度指数(质量效益)的上升说明中国制造业质量变革成效显著,作为推进制造业高质量发展的两大抓手之一,质量提升是制造业高质量发展的基石,要继续推动制造业质量变革。产业融合指数（产业结构高端化）在 2017 年以后呈现快速增长趋势，2020 年，产业融合指数最高，主要原因是中国经济进入"新常态"以来，在供给侧结构性改革的推动下，制造业与互联网、数字经济的融合程度日益提高，产业赋能效果显著。

（四）制造业高质量发展水平的空间演进分析

在了解了报告期内制造业高质量发展综合指数的时间演进趋势后，本书继续对其进行空间分布特征分析，意在通过聚类分析和空间相关性分析探讨我国省域制造业高质量发展的空间分布关联性。

1. 聚类分析

本书根据 2020 年制造业高质量发展综合指数进行聚类分析，得到相关聚类树状图，将制造业发展质量水平按等级分为四类，依次为高质量、中高质量、中等质量、低质量，中国制造业发展质量水平空间分布见表 5-9。

表 5-9　中国制造业发展质量水平空间分布

类别	省区市
高质量	北京、上海、江苏、广东、重庆
中高质量	天津、河北、辽宁、浙江、安徽、福建、江西、山东、河南、湖北、湖南、四川
中等质量	山西、吉林、广西、贵州、陕西、甘肃
低质量	内蒙古、黑龙江、海南、云南、青海、宁夏、新疆

第一种类型为高质量地区，包括北京、上海、江苏、广东和重庆五个省区市，其中 2020 年广东的制造业高质量发展水平指数为 0.68，排名第 1。近年来，广东的传统制造业转移进程加快，先进制造业发展良好，制造业智能化、绿色化发展水平高。其他高质量地区的制造业转型升级较快，产业链较完整，技术创新能力较强，制造业与互联网和数字经济的融合程度较高。

第二种类型为中高质量地区，包括天津、河北、辽宁、浙江、安徽、福建、江西、山东、河南、湖北、湖南和四川，大部分地区属东、中部地区，西部地区仅有四川。西部地区的四川和重庆的制造业基础雄厚，装备制造业尤其是电子计算机与通信设备制造业发展良好，而且科教资源比较丰富，创新能力较强，因此制造业发展质量水平较高，重庆甚至进入制造业高质量发展的第一梯队。中部地区有雄厚的经济基础，"十三五"时期，中部地区的经济年均增长率达到8.6%，增速位居四大区域之首，同时具有区位优势、强劲的发展动力和巨大的发展潜能，武汉、长沙、郑州、合肥等都是GDP过万亿元的城市，近年来，这些城市的先进制造业发展迅速，促进制造业高质量发展。

第三种类型为中等质量地区，包括山西、吉林、广西、贵州、陕西和甘肃。东北地区的吉林的产业结构仍以重化工业为主，产业短板明显，转型升级任务较重，影响了制造业质量的提升。西部地区的优势产业主要集中在能源化工产业，能源利用率低导致能耗高、污染重，其陷入了"路径依赖"、"低端锁定"和"资源诅咒"的状态，制造业转型速度较慢，制造业质量提升任务艰巨。

第四种类型为低质量地区，包括内蒙古、黑龙江、海南、云南、青海、宁夏和新疆，这些省区市的产业基础较弱，制造业发展方式粗放，以原料资源加工为主，产业链条短且深加工不足，其面临环境、资源双重约束，加上区位劣势，制造业发展质量低。此外，海南的主导产业是服务业，制造业发展规模较小，发展质量低。

2. 空间相关性分析

空间相关性分析用于研究各区域的相关属性在空间上是否相互独立，即是否存在空间相关关系，常用指标为全局 Moran's I 和局部 Moran's I。本书基于空间是否相邻构造邻接权重矩阵并计算得到 2011~2020 年中国制造业高质量发展的全局 Moran's I（见表 5-10），从中可以看出，在报告期内，我国制造业高质量发展的全局 Moran's I 均为正值，这说明中国各省区市的制造业高质量发展并非处于随机分布状态，而是呈现显著的空间正相关性，即相邻省区市的制造业高质量发展的正相关性较强。各年份的 Z 值均大于 1.96，这表明这些年份的制造业高质量发展呈现较为显著的空间集聚效应。

表 5-10　2011~2020 年中国制造业高质量发展的全局 Moran's I

年份	全局 Moran's I	Z 值	p-value
2011	0.369	3.299	0.000
2012	0.351	3.144	0.001
2013	0.354	3.149	0.001
2014	0.333	2.986	0.001
2015	0.350	3.114	0.001
2016	0.345	3.067	0.001
2017	0.259	2.378	0.009
2018	0.307	2.764	0.003
2019	0.331	2.957	0.002
2020	0.326	2.918	0.002

全局空间自相关分析虽然说明制造业高质量发展水平整体上存在明显的空间正相关性，但是无法说明各省区市制造业高质量发展的空间异质性。为衡量区域内各个空间对象与其邻域对象的空间相关程度，即是否存在高值或低值的局域空间集聚，以及反映局部区域内的空间异质性与空间分布格局，本书采用式（10）分别计算 2011 年、2015 年和 2020 年我国 30 个省区市制造业高质量发展的局部 Moran's I 并绘制了局部莫兰散点图（见图 5-2）。

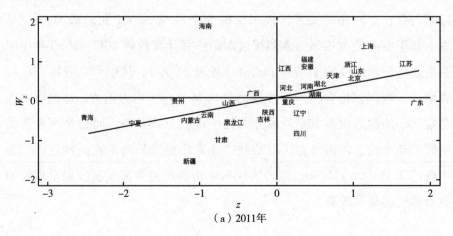

（a）2011年

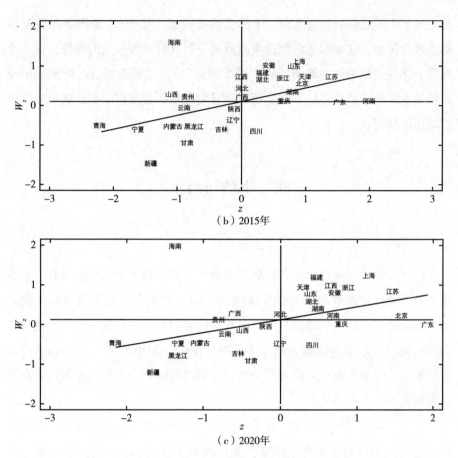

图 5-2　2011 年、2015 年和 2020 年中国制造业高质量发展的局部莫兰散点图

从图 5-2 可以看出，中国 30 个省区市制造业高质量发展大多分布在第一和第三象限，即 HH 象限和 LL 象限，体现了中国制造业高质量发展的空间异质性。对比图 5-2（a）和图 5-2（b）可知，2011~2015 年，各省区市的制造业发展的莫兰散点分布状态基本保持一致，除海南、新疆、青海等之外，各省区市分布较为集中，说明各省区市之间联系较强。剔除海南、新疆等的地理位置因素后，基本可以推定我国各地区制造业高质量发展水平的关联性较强。图 5-2（c）显示，2020 年，新疆和青海制造业高质量发展水平的分布开始向其他地区集中，我国制造业空间关联局面基本形成。从分布情况

看，处于 HH 象限的主要是东、中部发达省区市，处于 LL 象限的主要是西部地区省区市，这表明中国制造业高质量发展具有两极集聚的现象，在一定程度上体现了制造业发展质量的"马太效应"。从发展趋势看，中国制造业高质量发展整体势头良好，制造业高质量发展水平逐步向中部地区扩散，但扩展速度较慢。

四　小结与启示

（一）小结

数字经济发展速度之快、辐射范围之广、影响程度之深前所未有，正在成为重组全球要素资源、重塑全球经济结构、改变全球竞争格局的关键力量，推动数字经济与实体经济融合是我国应对当前全球科技革命和产业变革的战略选择。本书构建相关指标体系测度 2011～2020 年我国省域数字经济发展水平、数字产业化系统和产业数字化系统间的耦合水平以及制造业高质量发展水平，主要结论如下。

第一，从时序特征来看，在报告期内，我国数字经济发展水平呈现波动提升态势，2020 年全国均值相较于 2011 年增长了 46.2%。数字化基础、数字化应用和数字化创新三项分维度指数均明显上升，数字经济综合实力跃升显著；在空间上呈现自东向西梯级递减规律，东部地区在报告期内的发展水平领先中、西部地区；在时空动态格局上，10 年间，我国数字经济发展的格局基本保持稳定："排头兵"主要包括广东、江苏、浙江、北京、山东和上海六地，青海、宁夏、新疆、甘肃等地则始终排名靠后。

第二，就数字产业化系统和产业数字化系统间的耦合水平而言，在报告期内，我国数字经济内部耦合程度逐年提升，耦合协调类型从 2010 年的濒临失调衰退型升级为 2020 年的优质协调发展型，表明产业数字化和数字产业化子系统已经形成了相互支撑、相互促进的合理格局。六大区域的数字经济的耦合协调类型均已升级为优质协调发展型，华北和华东地区的数字经济内部耦合协调度位列第一梯队，中南和东北地区次之，西北和西南地区相对较低，西南地区是目前唯一的耦合协调类型为良好协调发展型的地区。

第三，我国制造业高质量发展水平指数在报告期内总体呈现上升趋势，2011~2020年增长了31.4%。创新能力、人才集聚、绿色发展、质量效益和产业结构高端化五大维度指数均在上升，产业发展满足了高质量的基本要求。从区域差异来看，制造业高质量发展呈现东、中、西部地区依次递减的规律，发展水平较高的广东、北京、江苏、上海和浙江等均属于东部地区，排名末位的青海的制造业高质量发展水平指数仅为广东的32%。从空间格局上看，制造业高质量发展水平有明显的空间正向关联性，制造业高质量发展的高值地区主要集中在东、中部地区，低值地区主要集中在西部地区，呈现"高高""低低"集聚的"马太效应"特征。

（二）启示

第一，加快数字经济创新，推动形成完善的数字经济体系。一是持续推进前沿数字技术创新，蓄力攻克5G、量子计算、人工智能、数字孪生等新一代数字技术的基础研究难关，打造我国数字技术非对称优势。二是拓展和深化数字基建应用场景，加大5G基站、大数据中心、云计算中心、超算中心等新型基础设施建设力度，提升数字软硬件与传统基础设施建设融合服务能力。三是继续探索创新数据关键要素参与分配的体制机制，形成完整的数据要素产业链，促进数据要素在流通、交易中实现价值倍增。四是增强数字经济治理体系和治理能力，实现数字经济在创新中的自由、发展和安全的平衡，避免数字经济过快发展对各行业规则与生态产生无序扰乱。

第二，提升数字产业化服务能力，加快制造业数字化转型进程。一是拓展数字经济与制造业的融合平台，尤其是深化对工业互联网这一低成本、易部署、轻量化的工业服务平台的应用，使更多制造业企业和平台关联入网，提升不确定性外部环境下中小制造业企业的提质增效与避险能力。二是培育数字服务供应商，针对制造业数字化转型，基于从诊断咨询到运行维护的全生命周期的服务能力，既要鼓励数字服务商针对行业共性难题开发可多场景应用、规模化、可重复性调用的解决方案，也要引导数字服务商敏锐感知和回应制造业企业转型的个性化需求，增强其提供定制化服务的能力。三是建立健全数字技能型人才培养体系，鼓励产学研机构联手培育集数字化生产、管理和运营等于一体的综合素养人才，以服务制造业企业数字化转型。

第三，夯实产业基础能力，塑造制造业区域协同发展新格局。一是鼓励制造业企业围绕产业发展的关键"四基"——核心基础零部件、先进基础工艺、关键基础材料、产业基础技术等自力更生，破解当前高端制造业回流和中低端制造业转移的双重困境。二是充分释放制造业高质量发展的空间关联效应，完善制造业区域联盟顶层设计，规划开放的合作生态和高效的协作分工网络，搭建区域性的共性技术、关键技术的研发平台，培育制造业高质量发展集群。三是因地制宜，激发各地区积极融入制造业区域协同格局。引导东部地区率先开展制造业区域一体化合作的新实践，探索"碳达峰""碳中和"目标下制造业的绿色能源资源体系、绿色技术创新体系和绿色制造体系新样本；因地施策，根据自身产业发展基础、定位、资源能源负载力等有序、差异化地承接产业转移。

第六章　数字经济对中国企业创新的
影响效应研究

根据第四章数字经济对中国企业创新影响的理论分析与研究假设，本书选取 2011~2020 年中国 30 个省区市的面板数据，构建固定效应模型和门槛面板模型，探究数字经济对企业创新的影响效应以及在环境约束下数字经济发展对企业创新的非线性影响特征。本书发现：（1）数字经济不仅能够促进企业发展，而且能够缩小区域之间企业创新能力的差距；（2）由门槛效应检验发现，数字经济与企业创新之间呈现正向且边际效率递增的非线性关系，随着数字经济发展水平的提升，其对企业创新的促进作用逐渐增强；（3）数字经济发展对企业创新能力的非线性影响受到外界环境的约束，在政府科技投入和人力资本投入的环境约束下，两者之间呈现"N"形、边际效率递增的非线性关系[①]。

一　计量模型、变量设定与数据说明

（一）模型构建

为了考察数字经济对企业创新的影响，本书将构建如下基准模型和非线性面板门槛模型进行检验。考虑到其他因素对企业创新的影响会对回归结果产生影响，借鉴已有的研究成果[②]，选取企业规模、企业资产负债率、企业

[①] 本章对应第四章中的第一个研究——数字经济对企业创新影响的理论分析与研究假设。有关第四章中的数字经济对企业创新影响的研究假设和本章结合在一起的核心观点已在学术期刊上发表，详细内容参见王丹、王正、惠宁《数字金融有助于工业企业创新效率提升吗？——基于我国 2011—2020 年 30 个省份数据的分析》，《陕西师范大学学报》（哲学社会科学版）2023 年第 3 期，第 107~121 页。

[②] 周宇、惠宁、高卓远：《减税对企业技术创新的影响研究——基于价值链的中国工业企业的非线性分析》，《宏观经济研究》2022 年第 7 期，第 65~78、128 页。

外商投资程度、企业技术模仿程度、贸易自由化水平、财政支持力度作为控制变量纳入模型，同时为了减弱异方差带来的负面影响，对所有的变量取对数，具体模型如下：

$$\ln qycx_{it} = \alpha_0 + \alpha_1 \ln szjj_{it} + \alpha_2 \ln size_{it} + \alpha_3 \ln debt_{it} + \alpha_4 \ln fdi_{it} + \alpha_5 \ln tech_{it} + \\ \alpha_6 \ln trade_{it} + \alpha_7 \ln fis_{it} + \mu_i + \varepsilon_{it} \tag{1}$$

其中，i 表示省区市，t 表示时间；$qycx$ 表示企业创新能力，$szjj$ 表示数字经济发展水平；$size$、$debt$、fdi、$tech$、$trade$、fis 分别代表企业规模、企业资产负债率、企业外商投资程度、企业技术模仿程度、贸易自由化水平、财政支持力度；μ_i 是 i 省区市不可观测的个体固定效应；ε_{it} 是随机扰动项；α_0 是反映各地区差异的截距项，α_1 至 α_7 是解释变量的系数，代表各解释变量对企业创新发展影响的弹性系数。

也可写为：

$$\ln qycx_{it} = \beta_0 + \beta_1 \ln szjj_{it} \times I(\ln szjj_{it} \leqslant \gamma_1) + \beta_2 \ln szjj_{it} \times I(\gamma_1 < \ln szjj_{it} \leqslant \gamma_2) + \cdots \\ + \beta_n \ln szjj_{it} \times I(\ln szjj_{it} \leqslant \gamma_n) + \beta_{n+1} \ln size_{it} + \beta_{n+2} \ln debt_{it} + \\ \beta_{n+3} \ln fdi_{it} + \beta_{n+4} \ln tech_{it} + \beta_{n+5} \ln trade_{it} + \beta_{n+6} \ln fis_{it} + \mu_i + \varepsilon_{it} \tag{2}$$

其中，γ_1 至 γ_n 是待估门槛值；$I(\cdot)$ 是指示函数，当括号内条件满足时，取值为 1，否则为 0；在这里 $szjj$ 既是核心解释变量，也是门槛变量；其余变量与式（1）相同。

考虑到数字经济对企业创新能力的非线性效应会受到外界环境的约束，选取政府科技支持力度、人力资本水平两个变量考察在外界环境约束下数字经济对企业创新的非线性影响，具体模型如下：

$$\ln qycx_{it} = \beta_0 + \beta_1 \ln szjj_{it} \times I(\ln gkt_{it} \leqslant \gamma_1) + \beta_2 \ln szjj_{it} \times I(\gamma_1 < \ln gkt_{it} \leqslant \gamma_2) + \\ L + \beta_n \ln szjj_{it} \times I(\ln gkt_{it} \leqslant \gamma_n) + \beta_{n+1} \ln size_{it} + \beta_{n+2} \ln debt_{it} + \\ \beta_{n+3} \ln fdi_{it} + \beta_{n+4} \ln tech_{it} + \beta_{n+5} \ln trade_{it} + \beta_{n+6} \ln fis_{it} + \mu_i + \varepsilon_{it} \tag{3}$$

$$\ln qycx_{it} = \beta_0 + \beta_1 \ln szjj_{it} \times I(\ln edu_{it} \leqslant \gamma_1) + \beta_2 \ln szjj_{it} \times I(\gamma_1 < \ln edu_{it} \leqslant \gamma_2) + \\ L + \beta_n \ln szjj_{it} \times I(\ln edu_{it} \leqslant \gamma_n) + \beta_{n+1} \ln size_{it} + \beta_{n+2} \ln debt_{it} + \\ \beta_{n+3} \ln fdi_{it} + \beta_{n+4} \ln tech_{it} + \beta_{n+5} \ln trade_{it} + \beta_{n+6} \ln fis_{it} + \mu_i + \varepsilon_{it} \tag{4}$$

其中，*gkt*、*edu* 是门槛变量，分别代表政府科技支持力度、人力资本水平；其余变量的含义与式（2）相同。

（二）变量设定

1. 被解释变量：企业创新能力（*qycx*）的测度

由于目前对于构建企业创新能力综合评价体系相关的研究文献较少见，学术界对此达成一定的共识。比较有代表性的指标构建方法包括：胡恩华从管理能力、投入能力、研发能力、制造能力、销售能力、实现能力六个方面构建企业技术创新能力的指标体系[①]；马胜杰将企业技术创新能力分为创新投入、创新管理、创新实施、创新实现、创新产出和创新核心六大类[②]；祝爱民等采用神经网络 BP 分析方法，设计了创新能力、效益能力、发展能力三个一级指标下的共计 34 个三级指标以对企业的创新活动进行评价[③]；徐立平等在创新理论的基础上，从创新投入、创新产出、创新生产、创新研发、创新管理及创新营销六个层次多个维度设计企业创新评价指标[④]。但在目前各位学者对于企业创新能力的评估框架中，大部分只关注企业创新能力的内部因素，缺少对企业创新整体绩效的综合考量，忽视了企业创新与创新环境的联系，未考虑到企业创新的外部环境评价问题。

本书借鉴《中国区域创新能力评价报告》中对区域创新能力综合评价体系的构建方法，考虑到一方面，企业全要素生产率与企业创新能力息息相关，直接关乎企业创新成果转化效率的提高、企业长期可持续发展和实现效益最大化；另一方面，地区宏观经济发展状况不仅可以反映一个地区为创新

[①] 胡恩华：《企业技术创新能力指标体系的构建及综合评价》，《科研管理》2001 年第 4 期，第 79~84 页。

[②] 马胜杰：《企业技术创新能力及其评价指标体系》，《数量经济技术经济研究》2002 年第 12 期，第 5~8 页。

[③] 祝爱民、刘盈君、徐英杰：《创新型企业评价体系研究》，《科学学研究》2008 年第 S2 期，第 578~582 页。

[④] 徐立平、姜向荣、尹翊：《企业创新能力评价指标体系研究》，《科研管理》2015 年第 S1 期，第 122~126 页。

要素的产生、流动和应用提供相应环境的能力，也可以用来衡量企业创新对一个地区经济社会发展效益的贡献，在综合考虑企业内部创新活动以及外部创新环境建设情况的基础上，本书从企业创新投入、创新产出和创新绩效三个维度构建企业创新能力综合评价指标（见表6-1）。创新投入即企业拥有和投入的创新资源，包括R&D人员投入和R&D经费投入两个方面；创新产出从企业创新成果即产出质量和产出贡献两个方面进行衡量，创新绩效结合区域经济高质量发展现状，从"经济效益""结构优化""绿色发展""民生和谐"四个方面综合考察企业的创新发展效率与潜力，共计14个具体指标。其中，本书采用了DEA中适合面板数据的Malmquist指数法分析规模以上工业企业全要素生产率的动态变化特征。根据研究的需要、数据的可得性以及在参考相关文献的基础上，本书将工业增加值作为产出指标，将规模以上工业企业从业人员与规模以上工业企业总资产作为投入指标。另外，由于Malmquist指数法测算得到的指标并非历年的企业全要素生产率，而是相比上一年的变化率，因此本书参照程惠芳和陆嘉俊的做法[①]，将2010年的基期TFP设为1，进一步利用Malmquist指数法计算得到具有可比性的企业全要素生产率。借鉴已有做法，本书选择熵值法测度企业创新能力，即首先对各指标进行标准化处理；其次利用各指标的信息熵值计算得到各指标的客观权重；最后通过赋权法合成企业创新能力指数。

表 6-1　企业创新能力综合评价体系

一级维度	二级维度	具体指标	功效
创新投入	R&D 人员投入	规模以上工业企业 R&D 人员全时当量	正向
	R&D 经费投入	规模以上工业企业 R&D 内部经费支出	正向
		规模以上工业企业开发新产品经费	正向
创新产出	产出质量	规模以上工业企业专利申请数	正向
	产出贡献	规模以上工业企业新产品销售收入	正向
		规模以上工业企业利润总额	正向

---

① 程惠芳、陆嘉俊：《知识资本对工业企业全要素生产率影响的实证分析》，《经济研究》2014年第5期，第174~187页。

续表

一级维度	二级维度	具体指标	功效
创新绩效	经济效益	规模以上工业企业全要素生产率	正向
		规模以上工业企业劳动生产率	正向
	结构优化	第三产业增加值/第二产业增加值	正向
		泰尔指数	负向
	绿色发展	工业中二氧化硫排放量/工业增加值	负向
		工业固体废物利用量/工业固体废物产生量	正向
	民生和谐	人均 GDP	正向
		城镇登记失业率	负向

2. 核心解释变量和门槛变量

数字经济发展水平（*szjj*）的测度。此处，数字经济发展水平既是核心解释变量，也是门槛变量。目前，学术界对数字经济发展水平指数的测度未达成共识，比较有代表性的有赵涛等从互联网发展和数字普惠金融两个方面来衡量数字经济发展水平[①]；刘军等基于信息化、互联网、数字交易等对数字经济进行分解，侧重于分析网络信息化发展和数字贸易[②]；王军等从经济发展载体、数字产业化、产业数字化和数字经济发展环境等维度构建指标体系，注重数字化基础设施建设和数字环境[③]。各套指标体系的侧重点不同，所计算的数字经济发展指数存在显著差异，因而构建一套被学术界广泛认可、具备科学性和合理性的数字经济发展水平指标体系是现阶段亟须解决的重大课题。

为了更科学、更准确、更客观地刻画我国数字经济的发展现状，本书借

---

① 赵涛、张智、梁上坤：《数字经济、创业活跃度与高质量发展——来自中国城市的经验证据》，《管理世界》2020 年第 10 期，第 65~76 页。

② 刘军、杨渊鋆、张三峰：《中国数字经济测度与驱动因素研究》，《上海经济研究》2020 年第 6 期，第 81~96 页。

③ 王军、朱杰、罗茜：《中国数字经济发展水平及演变测度》，《数量经济技术经济研究》2021 年第 7 期，第 26~42 页。

鉴郭峰等的研究[①]，结合数字经济发展新情况、新形势与数据的可得性和可靠性，从数字化基础、数字化应用和数字化创新三个维度构建数字经济发展水平指标体系，以充分体现数字经济的广覆盖、强渗透、强创新等特性。具体而言，本书所构建的指数包含上述三个维度，共计 20 个具体指标（见表 6-2）。同样，为了保持指数编制前后口径的一致性，此处选择熵值法来测度各省区市数字经济发展水平。

表 6-2　数字经济发展水平指标体系

一级维度	二级维度	具体指标	功效
数字化基础	基础设施建设	互联网宽带接入端口数	正向
		长途光缆线路长度	正向
		移动电话交换机容量	正向
	用户人数	互联网普及率	正向
		移动电话普及率	正向
数字化应用	两化融合	每百家企业拥有网站数	正向
		企业每百人使用计算机台数	正向
		有电子商务交易活动的企业数	正向
	数字媒体	数字电视用户数	正向
	数字金融	数字普惠金融指数	正向
	数字贸易	电子商务销售额	正向
	智慧物流	邮政业务总量	正向
		快递量	正向
数字化创新	规模化	软件业务收入/GDP	正向
		电信业务总量/GDP	正向
	便利化	网上移动支付水平	正向
		网络零售总额/社会消费品零售总额	正向
	信息化	信息技术服务收入	正向
		信息传输和计算机服务业、软件业从业人员占城镇就业人员比重	正向
		信息通信技术产业固定投资占全社会总投资比例	正向

① 郭峰、王靖一、王芳、孔涛、张勋、程志云：《测度中国数字普惠金融发展：指数编制与空间特征》，《经济学》（季刊）2020 年第 4 期，第 1401~1418 页。

政府科技支持力度（*gkt*）是门槛变量。政府科技支持在数字经济发展与企业创新活动中具有不可或缺的作用，其影响数字经济与企业创新的融合，所以本书选择政府科技支持力度作为门槛变量，分析在政府科技支持下数字经济的创新溢出作用。本书用政府对工业企业的研发减免税与 GDP 的比值衡量。

人力资本水平（*edu*）是门槛变量。随着数字经济的发展，其对劳动力市场提出了越来越高的要求。许多知识技能密集型的任务需要高素质、专业化的人才予以推动和支撑。因此加强对数字化人才的培养、提升人力资本水平，能够促进创新要素的数字化渗透，推进科技创新资源合理配置，有利于企业科技创新能力进一步提升。本书用平均受教育年限衡量，即 $edu = 6 \times a_1 + 9 \times a_2 + 12 \times a_3 + 16 \times a_4$，其中 a_1、a_2、a_3、a_4 分别表示各省区市拥有小学、初中、高中、大专及以上文化程度的人数占 6 岁及以上人口数量的比重。

3. 控制变量

为控制其他变量对企业创新的影响，选取企业特征和区域经济特征作为控制变量，具体如下。

企业规模（*size*）：本书采用规模以上工业企业主营业务收入与企业单位数的比值来衡量。

企业资产负债率（*debt*）：本书使用企业负债总额与资本总额的比重衡量。

企业外商投资程度（*fdi*）：由于对外商直接投资是否能够促进东道国的自主创新仍存在较大争议，本书选取外资企业主营业务收入占工业企业主营业务收入的比重来衡量。

企业技术模仿程度（*tech*）：本书选取工业企业技术改造经费占新产品销售收入的比重来衡量。

贸易自由化水平（*trade*）：本书选取进出口贸易额与 GDP 的比值来衡量。

财政支持力度（*fis*）：本书选取财政支出占 GDP 的比重来衡量。

（三）数据选取和来源

本书以 2011~2020 年我国 30 个省区市（由于数据的缺失及获取数据的

困难，剔除了西藏、香港、澳门、台湾样本）的面板数据为样本。原始数据来自国家统计局网站、《中国科技统计年鉴》、《中国工业经济统计年鉴》、《工业企业科技活动统计年鉴》、"数字普惠金融指数"（由北京大学发布）、《中国区域创新能力评价报告》以及各省区市统计年鉴等资料。

二 数字经济发展对企业创新水平的一般影响效应分析

相关变量会造成模型具有多重共线性，故在构建门槛回归模型之前应该首先进行多重共线性检验。检验结果表明，所有模型的方差膨胀因子均小于10，说明模型不存在严重的多重共线性，为全面探讨数字经济与企业创新的线性和非线性关系奠定了基础。

（一）基准回归

由于本书基于面板数据构建模型，因此需对随机效应和固定效应进行判断。Hausman 检验结果拒绝了原假设，因此选取固定效应模型进行回归分析更为合适。模型 1 到模型 4 分别报告了在全国与东、中、西部地区数字经济对企业创新能力的影响结果（见表 6-3）。结果显示，不论处于什么区域，数字经济的影响系数均显著为正，说明数字经济确实是推动企业创新发展的新引擎。从全国层面来看，数字经济变量影响系数在 5% 置信水平上显著为正，数字经济水平每提高 1%，企业创新水平就会提高 0.133%，可见数字经济能够显著促进企业创新能力的提升，从而验证了假设 1 的成立[1]。但通过影响强度比较分析，三个地区数字经济发展对企业创新的影响具有明显的差异性，表现为"西部地区>中部地区>东部地区"。可见在西部地区，数字经济对企业创新的溢出效应最强，中部地区次之，东部地区最低，说明数字经济的发展不仅能推动企业创新能力的快速提升，还能明显缩小东、中、西部地区之间企业创新能力的差距。

---

[1] 本章的研究与第四章中的第一个研究——数字经济对企业创新影响的理论分析与研究假设是一致的。

表 6-3　数字经济对企业创新发展影响的回归结果

	模型 1	模型 2	模型 3	模型 4
szjj	0.133 **	0.190 **	0.199 *	0.242 ***
	(2.527)	(2.935)	(2.094)	(8.276)
size	0.037	0.195 ***	0.069	0.319 ***
	(0.583)	(5.834)	(0.412)	(12.824)
debt	−0.700 **	−0.539 ***	−1.207 **	−0.641 ***
	(−2.842)	(−3.788)	(−2.700)	(−7.443)
fdi	−0.071 ***	−0.096 **	−0.126 **	0.070 ***
	(−4.917)	(−2.445)	(−2.899)	(9.125)
tech	0.058 ***	0.068 ***	0.060 *	0.069 ***
	(3.979)	(8.158)	(2.134)	(5.979)
trade	0.098 ***	0.465 ***	0.098	0.033 ***
	(4.556)	(12.589)	(1.766)	(2.961)
fis	−0.407 ***	0.308 ***	−0.851 ***	−0.261 ***
	(−3.406)	(5.723)	(−5.013)	(−6.713)
常数	−2.270 ***	−0.429 *	−3.176 ***	−2.388 ***
	(−14.368)	(−2.005)	(−8.216)	(−26.218)
R^2	0.252	0.438	0.636	0.466
N	300	110	80	110
F	109.357	837.342	186.979	133.411

注：* $p<0.1$，** $p<0.05$，*** $p<0.01$；估计系数下方括号中的数据为经 Robust 修正后的 t 统计量。

对控制变量做简单分析，可以发现回归结果符合大多数先前研究所得出的结论[1]，模型回归结果可信。企业规模变量的影响系数在东部、西部地区显著为正，但在全国、中部地区的影响效应不显著，说明在东部、西部地区，企业

---

[1] 石大千、杨咏文：《FDI 与企业创新：溢出还是挤出?》，《世界经济研究》2018 年第 9 期，第 120~134、137 页。安同良、周绍东、皮建才：《R&D 补贴对中国企业自主创新的激励效应》，《经济研究》2009 年第 10 期，第 87~98、120 页。蒋殿春、夏良科：《外商直接投资对中国高技术产业技术创新作用的经验分析》，《世界经济》2005 年第 8 期，第 5~12、82 页。

规模越大，越能促进企业创新能力的提升和创新绩效的改善，其是企业实现创新成果的重要驱动力；企业资产负债率的影响系数显著为负，且在东、中、西部地区，这种抑制效应都显著；企业外商投资程度在全国与东、中、西部地区的影响系数都显著，但在全国与东、中部地区都表现为抑制效应，只在西部地区表现为正向的促进作用，说明外商资金、技术的引进能够显著提高西部地区企业的创新水平；企业技术模仿程度影响系数都为正，且在东、中、西部地区的影响效应均显著，说明企业进行技术模仿可以显著促进企业创新水平的提升；贸易自由化水平在全国的影响系数显著为正，说明进一步提升贸易自由化水平，有利于商品、资本、技术的充分流动，进而改善企业的经营环境和创新激励，但是其在中部地区影响系数并不显著，说明中部地区的对外贸易发展尚未发挥作用；财政支持力度在全国与东、中、西部地区的影响系数都显著，但在中、西部地区都表现为抑制效应，仅在东部地区表现为积极的促进作用。

（二）内生性处理和稳健性检验

本书的结果可能存在内生性问题，一方面，虽然模型中已经加入了一系列控制变量，但实际情况中仍然还有许多影响企业创新能力的因素，我们难以全面控制，导致模型存在遗漏变量的问题；另一方面，数字经济和企业创新能力提升之间可能存在双向因果关系，这会导致模型存在内生性问题，数字经济能够通过质量变革、效率变革和动力变革推动企业创新能力提升，同时随着企业创新能力不断提升，其会主动融入数字经济，不断完善数字基础设施和前沿数字技术。为此，本书将采用工具变量法来处理内生性问题。一方面，考虑到数字经济发展的影响可能在时间上存在一定的滞后性，故对所有的自变量做滞后一期的处理，然后重新回归，实证结果如表 6-4 中模型 5 所示。另一方面，本书借鉴黄群慧等的研究思路[1]，把各省区市 1984 年每百人固定电话数量和每百万人邮局的数量（与个体有关）分别与上一年全

---

[1] 黄群慧、余泳泽、张松林：《互联网发展与制造业生产率提升：内在机制与中国经验》，《中国工业经济》2019 年第 8 期，第 5~23 页。

国互联网用户数（与时间有关）的交互项，作为地区数字经济发展指数的工具变量。过去邮电基础设施建设可能影响后续的互联网布局，进而影响当地数字经济发展，即满足工具变量的相关性要求；同时，邮电基础设施对属地企业创新的影响较为微弱，而在1984年邮电基础设施的影响微乎其微，即满足排他性要求，实证结果如表6-4中模型6所示。

为了确保本书结论的正确性，本书进一步从以下三个方面进行稳健性检验。第一，改变样本量。考虑到样本选择带来的主观误差，删除2011年和2020年两个年度的样本数据，对2012~2019年的研究样本重新估计（实证结果见表6-4中模型7）。第二，消除异常值。为了避免异常值给本书结论带来误差，产生负面影响，对所有变量进行1%的双边缩尾处理，然后进行重新回归（实证结果见表6-4中模型8）。第三，替换核心解释变量。为了消除变量选取的主观性，本书借鉴多数学者的做法，采取赵涛等构建的数字经济发展水平指标体系进行重新回归①（实证结果见表6-4中模型9）。结果显示，所有稳健性检验得出的结果与本书结论保持高度一致（可见表6-4中模型7、模型8和模型9），说明本书核心结论具有较好的稳健性。

表6-4　数字经济对企业创新发展影响的稳健性检验结果

	模型5	模型6	模型7	模型8	模型9
szjj	0.285 *** (3.800)	0.470 *** (4.721)	0.178 ** (2.284)	0.165 *** (3.624)	0.377 *** (4.097)
size	0.168 *** (6.414)	0.026 (0.450)	0.127 ** (2.837)	0.060 (0.910)	0.137 *** (5.268)
debt	−0.803 *** (−3.462)	−0.298 * (−1.735)	−0.718 ** (−2.703)	−0.689 ** (−2.907)	−0.968 *** (−4.390)
fdi	−0.093 *** (−4.089)	−0.049 ** (−2.112)	−0.060 *** (−5.662)	−0.072 *** (−4.443)	−0.097 *** (−3.683)
tech	−0.027 ** (−2.546)	−0.159 *** (−6.747)	0.065 *** (3.682)	0.060 *** (4.029)	−0.015 (−1.253)

---

① 赵涛、张智、梁上坤：《数字经济、创业活跃度与高质量发展——来自中国城市的经验证据》，《管理世界》2020年第10期，第65~76页。

续表

	模型 5	模型 6	模型 7	模型 8	模型 9
trade	0.041 (1.626)	0.068 (1.501)	0.112 *** (3.779)	0.116 *** (4.314)	0.033 (1.088)
fis	−0.208 * (−2.180)	−0.485 *** (−5.063)	−0.350 ** (−2.304)	−0.396 *** (−3.379)	−0.187 ** (−2.742)
常数	−2.436 *** (−12.172)	−2.114 *** (−8.241)	−2.150 *** (−7.652)	−2.185 *** (−12.502)	−1.902 *** (−4.630)
R^2	0.496	0.861	0.245	0.268	0.520
N	270	300	240	300	300
F	284.100	96.112	2137.731	50.895	432.065

注：$*p<0.1$，$**p<0.05$，$***p<0.01$；估计系数下方括号中的数据为经 Robust 修正后的 t 统计量。

三 数字经济发展对企业创新水平的非线性影响效应

（一）门槛存在性检验

在估计门槛回归模型之前，首先采用 Hansen 自抽样法对面板模型进行门槛存在性检验，以便确定门槛个数和模型形式，检验结果如表 6-5 所示。由表 6-5 可以看出，所有模型均显著通过第一门槛、第二门槛和第三门槛检验，说明数字经济与企业创新水平之间存在显著的三门槛效应。当以数字经济发展水平为门槛变量时，门槛值分别为 −2.615、−2.055 和 −1.569；当以政府科技支持力度为门槛变量时，门槛值分别为 −5.448、−3.884 和 −3.738，即说明在不同的政府科技投入强度下，数字经济对企业创新的溢出效应存在明显的差异；当以人力资本水平为门槛变量时，门槛值分别为 2.126、2.243 和 2.402，说明人力资本水平会制约数字经济对企业创新的溢出效应。

表6-5　门槛存在性检验结果

门槛变量	门槛	F 值	P 值	门槛值	临界值		
					1%	5%	10%
数字经济发展水平	第一门槛	18.788***	0.001	−2.615	6.638	3.589	2.529
	第二门槛	9.393***	0.002	−2.055	7.529	4.114	2.886
	第三门槛	13.480***	0.001	−1.569	6.514	3.746	2.648
政府科技支持力度	第一门槛	13.271***	0.000	−5.448	5.932	3.670	2.661
	第二门槛	11.655***	0.001	−3.884	6.142	1.571	−0.065
	第三门槛	9.762***	0.000	−3.738	1.577	−1.962	−3.791
人力资本水平	第一门槛	50.232***	0.000	2.126	6.568	3.975	2.717
	第二门槛	42.643***	0.000	2.243	6.935	4.469	3.112
	第三门槛	14.278***	0.000	2.402	6.762	4.153	2.789

注：*** $p < 0.01$。

（二）门槛回归模型

由上述门槛存在性检验结果可知，数字经济发展对企业创新水平具有显著的三门槛效应，故构建三门槛回归模型进行估计，回归结果如表6-6所示。模型10以数字经济发展水平为门槛变量，探讨数字经济发展与企业创新能力的非线性关系。可以看出，当数字经济发展水平低于−2.615时，数字经济发展对企业创新能力的回归系数为0.351，且通过1%的显著性水平检验。这说明当数字经济发展水平低于−2.615时，数字经济具有明显的创新溢出效应，数字经济发展水平每提高1%，企业创新能力就会提升0.351%。当数字经济发展水平为−2.615～−2.055时，数字经济影响系数仍显著为正，且略高于第一门槛的数字经济影响系数，说明在此门槛下数字经济发展对企业创新能力的促进作用有所增强。当数字经济发展水平提高到［−2.055，−1.569］时，数字经济对企业创新的影响作用仍是积极的，且影响强度增加了0.065。当数字经济发展水平突破−1.569时，数字经济影响系数为0.627，分别高于第一、第二、第三门槛区间的影响系数，也通过了1%的显著性水平检验。这说明高水平的数字经济发展对企业的创新溢出效应显著，促进作用达到最大。可以看出，数字经济发展水平与企业创新能力之间呈现复杂的正向非线性关系，即随着数字经济发展水平提高，其对企业创新的促进作用不断增强。因此未来应不断完善数字基础设施，推动数字经济稳步发展，以使数字经济的网络效应得到充分发挥。在帮助数字技术赋能传统产业的同时，推动前沿信息技术在企业创新中的运用与融合，从而形成一种正反馈机制，打造相对于竞争对手的网络价值优势，加快企业创新成果产生与转化。

模型 11、模型 12 是在环境约束条件下考察数字经济发展与企业创新能力的非线性关系。从模型 11 来看，当政府科技支持力度处于较低水平时，数字经济对企业创新的影响显著为正，影响系数为 0.116。随着政府进一步加强科技投入，数字经济对企业创新能力的影响仍为正，影响系数为 0.212，影响强度有所增强且数字经济的创新溢出效应达到最大。当政府科技支持力度进入第三门槛区间，数字经济对企业创新产生负向影响，但这种负向影响并不显著。在突破第三门槛后，数字经济对企业创新再次表现为正向影响，且影响系数显著。因此，当政府科技支持力度为门槛变量时，数字经济发展对企业创新呈现"N"形的非线性影响效应，且在第一个拐点处，数字经济对企业创新的影响作用达到最大。因此要避免政府科技投入强度落入第三门槛区间，激励数字经济对企业创新发挥溢出影响效应。从模型 12 来看，当人力资本水平不高时，数字经济对企业创新能力的影响为正向，但这种正向影响并不显著。随着人力资本水平提高到第二门槛区间，数字经济对企业创新开始产生显著的正向影响，且影响系数有所增大。当人力资本水平进入第三门槛区间时，数字经济仍能促进企业创新发展，且影响强度进一步增强。在人力资本水平突破第三门槛后，数字经济对企业创新的促进作用最为明显。可以看出，在人力资本水平门槛条件下，数字经济对企业创新能力呈现正向且边际效率递增的非线性规律，当人力资本水平超过 2.402 后，数字经济对企业创新的正向影响达到最大。因此必须持续加大教育投入力度，加强对数字化人才的培养，促进人力资本水平提升，从而充分发挥数字经济的创新溢出效应，推动企业创新。

表 6-6 数字经济对企业创新水平的门槛回归结果

变量	模型 10($szjj$)		模型 11(gkt)		模型 12(edu)	
	系数	t 值	系数	t 值	系数	t 值
$szjj$-1	0.351***	5.120	0.116*	1.727	0.067	1.066
$szjj$-2	0.437***	6.030	0.212***	3.348	0.126**	1.993
$szjj$-3	0.502***	6.217	-0.041	-0.601	0.200***	3.086
$szjj$-4	0.627***	6.039	0.200***	2.723	0.495***	6.835
$size$	0.029	0.401	0.054	0.735	-0.030	-0.536
$debt$	-0.591***	-2.973	-0.696***	-3.454	-1.009***	-6.159
fdi	-0.065***	-2.958	-0.035	-1.471	-0.073***	-3.654
$tech$	0.064***	4.259	0.057***	4.121	0.036***	2.890
$trade$	0.065**	2.147	0.067**	1.977	0.070**	2.444
fis	-0.463***	-4.789	-0.458***	-4.930	-0.349***	-4.536

注：$* p<0.1$，$** p<0.05$，$*** p<0.01$。

四　基于不同地区的进一步分析

本书基于不同地区的视角，分析数字经济发展对各地区企业创新能力影响的门槛效应，以揭示目前各地区数字经济发展对企业创新能力影响的差异性。

（一）门槛存在性检验

首先进行门槛存在性检验，检验数字经济发展对东、中、西部三大地区是否存在门槛效应以及存在几个门槛值，以便确定门槛回归模型，检验结果如表 6-7 所示。可以看出，所有模型均通过第一门槛、第二门槛、第三门槛检验，这说明数字经济与东、中、西部各地区企业创新能力间均存在复杂的非线性关系，都表现为明显的三门槛效应。从门槛值来看，东部地区的门槛值分别为 -2.023、-1.993 和 -0.447，中部地区的门槛值分别为 -2.199、-2.055 和 -2.003，西部地区的门槛值分别为 -2.615、-2.262 和 -1.683，即东部地区的门槛值最大，中部地区次之，西部地区最低，这说明在东部地区，数字经济的网络效应的门槛最高。

表 6-7　门槛存在性检验结果

地区	门槛数量	F 值	P 值	门槛值	1%	5%	10%
东部地区	第一门槛	5.408**	0.026	-2.023	7.414	3.971	2.776
	第二门槛	6.165**	0.016	-1.993	7.322	4.027	2.773
	第三门槛	6.802**	0.011	-0.447	7.012	3.894	2.729
中部地区	第一门槛	9.442***	0.003	-2.199	7.543	4.148	2.701
	第二门槛	4.298**	0.037	-2.055	7.347	3.844	2.574
	第三门槛	3.030*	0.071	-2.003	6.331	3.806	2.485
西部地区	第一门槛	15.990***	0.000	-2.615	6.427	3.683	2.439
	第二门槛	8.009***	0.006	-2.262	6.660	4.186	2.788
	第三门槛	6.198***	0.010	-1.683	6.111	3.751	2.742

注：* $p<0.1$，** $p<0.05$，*** $p<0.01$。

（二）门槛回归模型

本书构建三门槛回归模型，进行实证分析，结果如表 6-8 所示。

表 6-8　基于不同地区的门槛回归模型结果

变量	东部地区		中部地区		西部地区	
	系数	t 值	系数	t 值	系数	t 值
$szjj-1$	0.169*	1.953	0.354***	2.701	0.285**	2.701
$szjj-2$	0.295***	3.104	0.263*	1.954	0.372***	1.954
$szjj-3$	0.108	1.104	0.334**	2.368	0.427***	2.368
$szjj-4$	-0.331**	-2.076	0.280*	1.928	0.547***	1.928
$size$	0.229***	3.161	0.031	0.286	0.022	0.199
$debt$	-0.805**	-2.494	-1.092***	-3.614	-0.219	-0.670
fdi	-0.209***	-5.223	-0.025	-0.582	0.012	0.324
$tech$	0.061***	3.270	0.096***	3.533	0.075***	3.536
$trade$	0.563***	7.282	0.114**	2.039	-0.012	-0.443
fis	0.331***	3.134	-0.657***	-3.738	-1.030***	-5.285

注：* $p<0.1$，** $p<0.05$，*** $p<0.01$。

在东部地区，当数字经济发展水平低于-2.023时，数字经济影响系数显著为正，说明数字经济发展对企业创新能力具有正向促进作用。当数字经济发展水平为-2.023~-1.993时，数字经济通过1%的显著性水平检验，影响系数为0.295，高于第一门槛影响系数0.169，说明数字经济发展显著增强了企业的创新能力。当数字经济发展水平位于[-1.993，-0.447]时，数字经济发展对企业创新能力的影响系数依旧为正，但不显著。当数字经济发展水平突破-0.447，数字经济对企业创新产生显著的负向影响，影响系数为-0.331。由此可见，数字经济发展对企业创新能力总体上呈现先增后减的"倒U"形非线性影响效应，因此，在东部地区，数字经济的发展应保持在"倒U"形曲线的顶点水平，进而最大限度地发挥数字经济的创新溢出效应。

在中部地区，当数字经济发展水平低于-2.199时，数字经济影响系数显著为正，说明数字经济能够显著促进企业创新水平的提升。当数字经济发展水平位于[-2.199，-2.055]时，数字经济的影响系数仍为正，但此时数字经济对企业创新的促进作用有所减弱。当数字经济发展水平提高到[-2.055，-2.003]时，数字经济对企业创新仍然表现为积极影响，且促进作用有所增强。当数字经济发展水平突破-2.003时，数字经济对企业创新仍呈现正向促进作用，但影响强度再次减弱。因此，在中部地区，虽然在各个门槛区间内数字经济都表现出对企业创新的正向溢出，但影响强度各有不同，因此我们要促进数字经济的发展，使其保持在创新溢出效应最大化的区间。

在西部地区，当数字经济发展水平低于-2.615时，数字经济发展对企业创新能力的回归系数为0.285。这说明在数字经济发展水平低于-2.615时，数字经济具有明显的创新溢出效应，数字经济发展水平每提高1%，企业创新能力就会提升0.285%。当数字经济发展水平为-2.615~-2.262时，数字经济影响系数显著为正，且略高于第一门槛的数字经济影响系数，这说明在此门槛下数字经济发展对企业创新能力的促进作用有所增强。当数字经济发展水平提高到[-2.262，-1.683]时，数字经济对企业创新的影响作用仍是积极的，且影响强度增加了0.055。当数字经济发展水平突破-1.683

时，数字经济影响系数为 0.547，分别高于第一、第二、第三门槛区间的影响系数，且通过 1% 的显著性水平检验。这说明高水平的数字经济发展对企业的创新溢出效应显著，促进作用达到最大。可以看出，在西部地区，数字经济发展与企业创新能力之间呈现边际报酬递增的非线性关系，即随着数字经济发展水平提高，数字经济的边际效率持续提升。

（三）门槛分类分析

为了便于各省区市明晰自身数字经济发展水平、政府科技支持力度以及人力资本水平，本书分别将各门槛变量根据门槛值做分层次比较（见表6-9）。

从表6-9来看，数字经济促进企业创新能力提升的最优区间是第四门槛，目前仅有北京、天津、上海、江苏、浙江、福建、山东、广东、四川的数字经济发展水平达到了最优，3/5 的省区市的数字经济发展水平仍处于第二、第三门槛区间，且甘肃、青海、宁夏的数字经济发展水平较低，还处于第一门槛区间。因此，目前，我国应加强数字经济设施建设，更宽和更深地发展数字经济。鼓励和扶持相关产业，进一步深化数字产业化和产业数字化，提高数字经济发展水平，尽早推动各省区市达到最优区间。

另外，在不同的环境约束下，数字经济发展对企业创新能力的非线性溢出效应表现出差异化的特征。在政府科技支持力度的约束下，数字经济发展对企业创新能力的正向溢出效应最优区间为第二门槛区间。目前，河北、山西、黑龙江等接近 3/5 的省区市的政府科技支持力度达到了这一最优门槛，其余省区市在政府科技投入方面仍有较大的发展空间，后期应积极为数字经济与企业创新的深度融合做出更大努力、提供更多支持。在人力资本水平约束下，数字经济对企业创新的正向溢出效应最优区间是第四门槛区间。截至 2020 年，仅有北京、天津和上海达到了最优，剩余的省区市的人力资本水平还处于较低水平。这说明虽然人力资本水平在数字经济促进企业创新的过程中发挥正向影响，但目前各省区市产生的激励效应并未实现最优，仍有较大的发展空间。未来应加大人才培养力度，提升数字技术人才素质，破解企业创新人才不足的困境。

表 6-9　基于门槛变量的样本空间分布

门槛变量	第一门槛	第二门槛	第三门槛	第四门槛
数字经济发展水平	甘肃、青海、宁夏	山西、内蒙古、黑龙江、江西、海南、贵州、云南、新疆	河北、辽宁、吉林、安徽、河南、湖北、湖南、广西、重庆、陕西	北京、天津、上海、江苏、浙江、福建、山东、广东、四川
政府科技支持力度	内蒙古、新疆、青海	河北、山西、黑龙江、浙江、安徽、福建、江西、山东、河南、湖南、广西、海南、重庆、贵州、云南、甘肃、宁夏	吉林、江苏、辽宁、湖北	天津、广东、四川、北京、上海、陕西
人力资本水平	贵州、青海	河北、安徽、福建、江西、山东、河南、广西、四川、云南、甘肃、宁夏、新疆	山西、内蒙古、辽宁、吉林、黑龙江、江苏、浙江、湖北、湖南、广东、海南、重庆、陕西	北京、天津、上海

注：以 2020 年数据为准。

五　小结与启示

本书利用 2011~2020 年中国 30 个省区市的面板数据考察数字经济对企业创新的影响效应，通过构建固定效应模型验证数字经济对企业创新能力提升的促进作用，进一步突破既定的线性单向思维，采用门槛模型探究数字经济对企业创新的非线性影响和环境约束机制，并探讨这种非线性影响的地区异质性，得到如下结论。（1）数字经济发展能够显著促进企业创新能力提升，且对中、西部地区的正向溢出效应更为突出，有助于缩小东、中、西部地区之间企业创新能力的差距。（2）数字经济发展对企业创新能力的提升存在正向且边际效率递增的非线性影响，随着数字经济发展水平的不断提升，其促进作用逐渐增大，当数字经济发展水平超越-1.569 的门槛值时，数字经济对企业创新的溢出效应最优。（3）数字经济对企业创新的影响受到外界环境的约束。在政府科技支持力度约束下，数字经济对企业创新的非线性影响表现为"N"形特征，在第一个拐点处，数字经济对企业创新的促进作用达到最大；在人力资本水平约束下，数字经济对企业创新表现为边际效率递增的正向非线性影响，当人力资本水平突破第三门槛区间时，数字经济发展对企业创新的正向影响达到最大。（4）数字经济发展对东、中、西部地区间企业创新能力表现出异质化的正向、非线性关系。对于东部地区，随着数字经济发展，其对企业创新能力的溢出效应呈现先增强后逐渐减弱的趋势；对于中部地区，随着数字经济发展水平的不断提升，其对企业创新能力始终表现为正向的溢出效应，但影响强度有所不同；对于西部地区，随着数字经济发展，其对企业创新能力的正向溢出效应逐渐增强。据此，本书提出以下几点启示。

第一，充分发挥数字经济的溢出效应。不同于其他传统经济形态，数字经济对企业创新能力的促进作用存在网络效应，即数字经济发展程度越高，其创新溢出效应越显著。目前，我国数字经济发展水平仍然较低，关键核心技术不能自主可控，且发展不平衡、不充分的问题较突出，存在较严重的"数字鸿沟"。因此，各省区市要继续稳步发展数字经济，充分发挥数字经济的规模效应和网络经济效应。一方面，大力推动人工智能、量子信息、区块链等新一代信息技术飞速发展，促进其和实体经济深度融合，助推传统产业转型升级，并不断催生新产业、新业态、新模式；另一方面，扎实推进数字乡村战略实施，大力扶持数字经济在乡村的发展。在完善乡村互联网基础设施的同时，探索5G、人工智能、物联网等新型基础设施的建设和应用。强化乡村数字产业培育，遵循差异化、特色化的发展原则，加强数字产业培育及全产业链建设。挖掘潜在的数字经济发展需求，加快农村信息化、数字化普及，缩小城乡"数字鸿沟"。

第二，因地制宜，采取差异化策略。对于处于数字经济发展高水平的东部地区，要继续突破信息通信的关键技术，补齐核心数字技术短板，加强数字技术创新应用，打造数字产业集群，加快数字社会建设步伐。在制度保障上，要不断完善数字经济治理体系，强化协同治理和监管机制等，营造开放、公平、公正、非歧视的发展环境。充分发挥东部地区的示范、引领、带头作用，积极为周边地区或中、西部地区提供更多可复制、可推广的经验。在数字经济发展基础较弱的中、西部地区，要充分发挥政府引导作用，立足该地区低成本优势和资源禀赋条件，加大新型基础设施投入力度，积极实施"东数西算"工程，引导数据中心向西部资源丰富地区聚集，促进东部地区与西部地区协同联动，实现资源共享、技术互助、平台共建和产业共兴。

第三，注重政府科技投入、人力资本投资赋能企业创新能力提升。在政府科技投入方面，作为科技、产业、人才和资金等政策制度和基础设施的主要提供者，政府要深入实施创新驱动发展战略，通过政策倾斜积极引导数字技术应用于企业创新活动。加大财政资金支持力度，在企业数字化转型、智能化改造的过程中给予适当的财政补贴，扶持大型企业构建大规模一体化、网络化协同创新平台，利用制度机制减少创新活动交易成本，筑牢数字安全屏障并激发创新活动，加快数字经济与创新企业之间的深度融合。在人力资本投入方面，加强科技创新人才培养，激发人才创新活力。优化人才培养环境，加快完善以企业为主体、产学研相结合的创新人才培养体系，造就一批一流数字科技人才队伍。发挥数字经济的高端人才集聚效应，提高企业数字化人才的实用技能和劳动者素质，实现对数字化人才的充分利用和合理配置，帮助地方企业摆脱人才不足的困境，为企业创新提供强有力的智力支持和人才保证。

第七章 数字经济对中国制造业创新效率的影响效应研究

根据第四章数字经济驱动中国制造业创新效率影响的理论分析与研究假设，本书选取 2011~2020 年中国 30 个省区市的面板数据，构建计量模型，选取变量，实证检验数字经济发展对中国制造业创新效率影响的理论分析与研究假设，深化对数字经济与中国制造业创新效率关系的理解，为推进数字经济驱动中国制造业创新发展提供现实依据[①]。

一 计量模型、变量设定与数据说明

（一）模型构建

1. 基准回归模型

在理论分析的基础上，为研究数字经济对区域制造业创新效率的直接影响机制，构建普通面板计量模型：

$$\ln te_{it} = \alpha_0 + \alpha_1 \ln dig_{it} + \alpha_2 X_{it} + \delta_t + \lambda_i + \varepsilon_{it} \tag{1}$$

其中，i 表示省区市，t 表示时间；$\ln te_{it}$ 表示地区制造业创新效率；$\ln dig_{it}$ 表示地区数字经济发展水平；X_{it} 代表一系列控制变量；α_0 表示模型截距项，α_1、α_2 表示对应变量的回归系数；δ_t 表示时间固定效应，λ_i 表示个体固定效应，ε_{it} 表示随机干扰项。

[①] 本章对应第四章中的第二个研究——数字经济对制造业创新效率影响的理论分析与研究假设。有关第四章中的第二个研究与本章结合在一起的核心观点已在学术期刊上发表，详细内容参见 Hui N., Yu Q., Gu Y., "Does the Digital Economy Improve the Innovation Efficiency of the Manufacturing Industry? Evidence in Provincial Data from China," *Sustainability*, 15（13），2023：10615。

由于式（1）可能存在内生性问题，本书进一步采用 GMM 模型进行估计。GMM 模型能够解决滞后一期创新效率一次差分所带来的内生性问题，其包含系统广义矩阵估计（SYS-GMM）和一阶差分广义矩估计（DIF-GMM）两种方法，由于 SYS-GMM 采用差分变量滞后项作为差分变量的工具变量，相比采用水平值滞后项作为差分变量的工具变量的 DIF-GMM，其在估计过程中同时使用水平方程和差分方程，因此，本书最终选择相对更加稳健的 SYS-GMM，并通过 Hansen 检验和 AR（2）检验判断模型设定的合理性，具体模型为：

$$\ln te_{it} = \alpha_0 + \alpha_1 \ln te_{it-1} + \alpha_2 \ln dig_{it} + \alpha_3 X_{it} + \varepsilon_{it} \tag{2}$$

2. 多重中介效应模型

为检验产业结构、技术溢出传导渠道的存在性，采用 SYS-GMM 模型逐步回归法进行检验，具体模型为：

$$\ln te_{it} = \alpha_0 + \alpha_1 \ln te_{it-1} + \alpha_2 \ln dig_{it} + \alpha_3 X_{it} + \varepsilon_{it} \tag{3}$$

$$\ln Med_{it} = \beta_0 + \beta_1 \ln Med_{it-1} + \beta_2 \ln dig_{it} + \beta_3 X_{it} + \varepsilon_{it} \tag{4}$$

$$\ln te_{it} = \gamma_0 + \gamma_1 \ln te_{it-1} + \gamma_2 \ln dig_{it} + \gamma_3 \ln Med_{it} + \gamma_4 X_{it} + \varepsilon_{it} \tag{5}$$

其中，$\ln Med_{it}$ 表示中介变量；α_0、β_0 和 γ_0 表示模型截距项，α_1、α_2、α_3、β_1、β_2、β_3、γ_1、γ_2、γ_3 和 γ_4 表示对应变量的回归系数，其中 α_2 表示数字经济对制造业创新效率的总效应，β_2 表示数字经济对中介变量的影响效应，γ_2 表示考虑了中介效应后数字经济对制造业创新效率的直接效应，γ_3 表示中介变量对制造业创新效率的影响效应，其余指标含义同上文。中介效应是否存在主要通过 α_2、β_2 和 γ_3 的显著性进行判断，当三者均通过显著性检验时，说明中介效应存在。

（二）变量设定

1. 被解释变量

创新效率（te）。第一类研究是创新效率内涵界定。对于创新效率内涵的界定，学术界的说法不一。有的国内学者认为创新效率是一个绝对概念，其内涵外化为基于创新资源配置环境下，每一单位创新成果花费的创新投入，或单位技术创新投入所获得的创新成果[①]。有的国外学者认为，创新效率是相对概念，集中表现为创新要素投入与产出之间达到的一种最优配置状态。第二类研究是区域创新效率测算。测算方法大致分为参数估计方法与非参数估计方法。非参数估计方法以数据包络分析法[②]、因子分析法[③]等方法为代表；参数估计方法如随机前沿方法[④]。第三类研究是区域创新分类研究。基于对"创新能力"和"创新效率"的区分，有的学者实证检验了数字经济发展与创新能力质量提升的空间溢出效应[⑤]，有的学者注意到不同创新阶段获得的产出存在差别，进而将区域创新效率划分为商业创新效率和技术创新效率[⑥]。本书所说的效率为技术效率，即在一定的投入下最大化产出的能力或在一定的产出下最小化投入的能力[⑦]，创新效率是指创新的技术效率[⑧]。

本书采用超效率 SBM-DEA 模型测算各省区市制造业创新效率。在投入端，研发创新活动投入通常包括人员和资金两个方面的投入。选取 R&D 人员全时当量衡量人员投入，即全时工作人员和非全时工作人员将工作量按全

---

① 史修松、赵曙东、吴福象：《中国区域创新效率及其空间差异研究》，《数量经济技术经济研究》2009 年第 3 期，第 45~55 页。
② 王嘉丽、宋林、张夏恒：《数字经济、产业集聚与区域电子商务创新效率》，《经济问题探索》2021 年第 9 期，第 156~165 页。
③ 赵琳、范德成：《我国高技术产业技术创新效率的测度及动态演化分析——基于因子分析定权法的分析》，《科技进步与对策》2011 年第 11 期，第 111~115 页。
④ 白俊红、江可申、李婧：《应用随机前沿模型评测中国区域研发创新效率》，《管理世界》2009 年第 10 期，第 51~61 页。
⑤ 梁琦、肖素萍、李梦欣：《数字经济发展、空间外溢与区域创新质量提升——兼论市场化的门槛效应》，《上海经济研究》2021 年第 9 期，第 44~56 页。
⑥ 程慧平、万莉、黄炜、张冀新：《中国省际 R&D 创新与转化效率实证研究》，《管理评论》2015 年第 4 期，第 29~37 页。
⑦ Farrel M. J., "The Measurement of Productive Efficiency," *Journal of the Royal Statistical Society*, 120 (3), 1957: 253-290.
⑧ 白俊红：《中国的政府 R&D 资助有效吗？来自大中型工业企业的经验证据》，《经济学》（季刊）2011 年第 3 期，第 1375~1400 页。

时进行折算后加总；用 R&D 经费内部支出衡量研发活动资金投入，R&D 经费内部支出包括科研项目直接费用以及管理和服务等间接费用。资金投入的创新产出通常具有时滞性，不仅局限于当期，故本书选取 R&D 经费内部支出存量衡量资金投入，参考谢子远和王佳的做法，利用永续盘存法将 R&D 经费内部支出转化为资本存量①，具体为：

$$k_{it} = \theta_i(t-1) + (1-\delta)k_i(t-1) \tag{6}$$

其中，δ 代表经费折旧率，借鉴多数学者的做法，设为 15%；$\theta_i(t-1)$ 代表 $t-1$ 年折现后的经费投入；$k_i(t-1)$ 代表 $t-1$ 年的研发经费内部支出存量；研发经费内部支出存量初期值为 $K_{i0}=\theta_{i0}/(g+\delta)$，其中，$g$ 代表 R&D 经费内部支出的年均增长率，研发经费指数采用李作志等构建的方法②：研发经费指数=固定资产投资指数×46%+居民价格消费指数×54%。

在产出端，高技术产业产出过程分为两个阶段，第一阶段是知识和技术的产出，专利是该阶段的研究成果的通用指标，本书采用申请专利数表征创新产出水平；第二阶段为将知识和技术转换为新产品或赋予市场价值，通常用新产品销售收入衡量研发成果的产业化效益。

2. 解释变量

数字经济发展水平（dig）。数字经济的出现引起国际组织、政府统计机构及有关学者对数字经济规模统计与测度的关注。相关研究可划分为四大类③：一是国民经济核算相关方法论研究④；二是增加值测算研究⑤；三是相

---

① 谢子远、王佳：《开放式创新对企业研发效率的影响——基于高技术产业面板数据的实证研究》，《科研管理》2020 年第 9 期，第 22~32 页。

② 李作志、苏敬勤、刘小燕：《中国高技术产业技术创新效率研究》，《科研管理》2019 年第 12 期，第 31~41 页。

③ 许宪春、张美慧：《中国数字经济规模测算研究——基于国际比较的视角》，《中国工业经济》2020 年第 5 期，第 23~41 页。

④ 陈梦根、张鑫：《数字经济的统计挑战与核算思路探讨》，《改革》2020 年第 9 期，第 52~67 页。

⑤ 康铁祥：《中国数字经济规模测算研究》，《当代财经》2008 年第 3 期，第 118~121 页。

关指数编制研究①；四是构建卫星账户研究②。其中相关指数编制方法的应用最为广泛，OECD 选取 38 个指标对数字经济发展水平进行测度，涵盖投资智能基础设施、赋权社会、释放创新、实现增长和就业四个方面③。刘军等从数字基础和数字应用两个维度进行测度④。杨慧梅和江璐从数字产业的角度构建数字经济发展水平指标体系⑤。焦帅涛和孙秋碧整合以往研究，加入数字创新相关指标，丰富指数维度⑥。然而，一个突出的问题是，各种测算结果的差异巨大，这使人们对数字经济规模的认识不但不清晰，反而更加迷惑，不利于对数字经济进行准确的把握。

本书从数字化基础设施、数字化产业发展、产业数字化发展、数字化发展环境、数字普惠金融五个维度构建数字经济发展水平指标体系（见表 7-1）。其中，数字化基础设施直接反映数字经济硬件条件的现有水平；数字化产业发展反映相关产业数字化的发展程度；产业数字化发展反映数字技术对现有产业的渗透程度；数字化发展环境反映现有社会对数字经济发展的支持程度；数字普惠金融是数字经济发展的一个重要体现。数字普惠金融的测度采用由北京大学数字金融研究中心和蚂蚁金服集团共同编制的中国数字普惠金融指数，该指数主要从数字金融覆盖广度、使用深度以及数字化程度三个方面进行测度。为消除量纲影响，本书对数据进行标准化处理，并运用全局主成分分析法计算 2011~2020 年中国各省区市数字经济发展水平。

① 杨慧梅、江璐：《数字经济、空间效应与全要素生产率》，《统计研究》2021 年第 4 期，第 3~15 页。王军、朱杰、罗茜：《中国数字经济发展水平及演变测度》，《数量经济技术经济研究》2021 年第 7 期，第 26~42 页。

② 罗良清、平卫英、张雨露：《基于融合视角的中国数字经济卫星账户编制研究》，《统计研究》2021 年第 1 期，第 27~37 页。

③ OECD, *Measuring the Digital Economy*: *A New Perspective*（Paris：OECD Publishing, 2014）.

④ 刘军、杨渊鋆、张三峰：《中国数字经济测度与驱动因素研究》，《上海经济研究》2020 年第 6 期，第 81~96 页。

⑤ 杨慧梅、江璐：《数字经济、空间效应与全要素生产率》，《统计研究》2021 年第 4 期，第 3~15 页。

⑥ 焦帅涛、孙秋碧：《我国数字经济发展对产业结构升级的影响研究》，《工业技术经济》2021 年第 5 期，第 146~154 页。

表 7-1　数字经济发展水平指标体系

一级指标	二级指标
数字化基础设施	人均电信业务总量
	互联网普及率
	移动电话普及率
数字化产业发展	ICT 产业产值占 GDP 比重
	ICT 产业固定资产投资占固定资产总投资比重
	ICT 行业就业人数占总就业人数比重
产业数字化发展	工业增加值
	规模以上工业企业技术改造经费支出
数字化发展环境	人均 GDP
	R&D 投入占 GDP 比重
	大专以上学历人员比重
数字普惠金融	中国数字普惠金融指数

3. 中介变量

产业结构升级水平（*upg*）。产业结构升级是指产业结构由低级形式转向高级形式，由第一产业占主导向第二、三产业占主导演进。2020 年，中国第一、二、三产业规模占 GDP 的比重分别为 8%、38%、54%，第三产业规模已占国民经济总量的一半[①]。本书借鉴柯军的方法[②]，用产业结构层次系数测算各省区市的产业结构升级水平，公式如下：

$$TN = \sum_{i=1}^{3} q_i \times i \tag{7}$$

其中，q_i 为第 i 产业的产值比重。产业结构层次系数越大，表明产业结构升级水平越高。同时，产业结构层次系数注重对不同时间、不同省区市产

[①] 《中华人民共和国 2020 年国民经济和社会发展统计公报》，中华人民共和国国家统计局网站，http：//www.stats.gov.cn/sj/zxfb/202302/t20230203_ 1901004.html。

[②] 柯军：《产业结构升级与经济增长的关系》，《统计与决策》2008 年第 11 期，第 83~84 页。

业结构发展水平进行比较，而不是反映其绝对水平。

技术溢出（sp）。区域间知识存量差距和空间距离是影响一个区域获得技术溢出的重要因素，本书借鉴 Caniëls 和 Verspagen 的做法，采用知识溢出模型测算区域接受的技术溢出来衡量区域间的技术溢出水平[①]。

4. 创新环境

行业人员素质（lq）。在创新的内部环境方面，确保创新活动的顺利开展以及创新效率的高低主要取决于研发人员的素质，本书用科技机构人员数/平均从业人员数表示。

创新氛围（ia）。在创新的外部环境方面，越来越多的科技机构产生，并且由此引起竞争与合作，进而营造浓厚的创新氛围，本书用科技机构数/企业数表示。

政策支持力度（gii）。政府的行为在一定程度上体现政府的投资偏好，财政科学技术支出也会从不同程度上对创新效率产生影响。

市场结构（ms）。熊彼特理论提出市场集中度高的行业有助于激励企业进行研发活动，市场结构可以反映市场的竞争程度，本书用规模以上工业企业数表示。

（三）数据来源

本书选取的 2011~2020 年中国 30 个省区市的数据主要来源于《中国统计年鉴》、《中国科技统计年鉴》、《中国工业经济统计年鉴》、《中国电子信息产业统计年鉴》、《中国互联网络发展状况统计报告》、各省区市统计年鉴、中经网统计数据库和 Wind 数据库，考虑到西藏和港澳台数据缺失较多，本书将其剔除，并对指标缺失值做线性插补处理。所有变量的描述性统计结果见表 7-2。

---

① Caniëls M., Verspagen B., "Barriers to Knowledge Spillovers and Regional Convergence in an Evolutionary Model," *Journal of Evolutionary Economics*, 11, 2001: 307-329.

表 7-2 描述性统计结果

指标类型	变量	变量符号	样本量	平均值	标准差	最小值	最大值
被解释变量	创新效率	te	300	0.503	0.332	0.078	3.212
解释变量	数字经济发展水平	dig	300	0.606	0.042	0.556	0.739
中介变量	产业结构升级水平	upg	300	0.012	0.011	0.001	0.091
	技术溢出	ts	300	0.012	0.024	0.001	0.161
创新环境	行业人员素质	lq	300	0.534	0.529	0.000	2.585
	创新氛围	ia	300	0.523	0.042	0.312	0.973
	政策支持力度	gii	300	0.102	0.112	0.271	0.539
	市场结构	ms	300	1.222	1.367	0.056	6.436

二 基准回归结果分析

表 7-3 报告了 OLS、FE 和 SYS-GMM 三种模型不包含和包含控制变量的估计结果，在所有模型中包含和不包含控制变量的情况下，数字经济对制造业创新效率的影响系数均在 1% 水平下显著为正值，表明数字经济对制造业创新效率具有显著的促进作用。而 SYS-GMM 具有解决滞后一期制造业创新效率一次差分所带来的内生性问题优势，同时，结果表明，SYS-GMM 模型回归系数标准误相较于 OLS、FE 模型的回归系数标准误更小，表明 SYS-GMM 回归结果表现出更为优良的统计特征。Hansen 检验和 AR（2）检验结果均通过工具变量的有效性检验，表明 SYS-GMM 差分后的残差项不存在二阶自相关，因此，本书最终选择考虑到内生性问题、回归结果更稳健的 SYS-GMM 模型。根据 SYS-GMM 模型回归结果，数字经济发展水平对制造业创新效率的回归系数为 0.443，在 1% 水平上显著，表明数字经济的跨时空传播以及数据创造等功能显著促进了区域制造业创新效率的提升。因此，假设 1 得到验证[①]。

---

① 假设 1 对应第四章中的第二个研究的假设 1。

表 7-3　基准回归结果

	OLS		FE		SYS-GMM	
	（1）	（2）	（3）	（4）	（5）	（6）
L. ln*te*					0.052 ***	0.062 ***
					（0.049）	（0.004）
ln*dig*	0.282 ***	0.276 ***	0.253 ***	0.183 ***	0.419 ***	0.443 ***
	（0.026）	（0.022）	（0.021）	（0.031）	（0.012）	（0.020）
ln*lq*		0.022		-0.091 ***		0.142 ***
		（0.037）		（0.024）		（0.005）
ln*ia*		0.003		-0.042 *		-0.076 ***
		（0.041）		（0.024）		（0.007）
ln*gii*		-0.092 ***		0.022 *		-0.015 ***
		（0.011）		（0.013）		（0.004）
ln*ms*		0.064 ***		0.031 **		-0.052 ***
		（0.016）		（0.015）		（0.007）
常量	-0.296 ***	-0.356 ***	-0.358 ***	-0.240 ***		
	（0.052）	（0.080）	（0.092）	（0.073）		
AR（1）					-0.91	-1.08
					［0.351］	［0.276］
AR（2）					-1.56	-1.04
					［0.115］	［0.292］
Hansen					29.62	28.43
					［0.582］	［0.438］
Hausman			0.17	42.52		
			［0.669］	［0.000］		
R^2	0.256	0.403	0.256	0.195		
N	300	300	300	300	240	240

注：L. ln*te* 表示被解释变量制造业创新效率的一阶滞后项，*、** 和 *** 分别表示在 10%、5% 和 1% 水平下显著，小括号中的数据为标准误，方括号中的数据为 p 值。

控制变量方面，行业人员素质回归系数在 1% 水平下显著为正，表明对制造业创新效率具有显著的促进作用。创新氛围回归系数在 1% 水平上显著为负，一方面可能是当前我国的基础设施建设水平相对滞后而无法有效地提高创新效率[1]；另一方面可能是因为基础设施较完善的省区市的制造业创新效

---

[1]　白俊红、卞元超：《要素市场扭曲与中国创新生产的效率损失》，《中国工业经济》2016 年第 11 期，第 39~55 页。

率增长速度低于基础设施较差的省区市①。政策支持力度回归系数在 1% 水平上显著为负，可能原因是样本期间内我国制造业创新效率较低，政府环境管理仅处于排污治理层面，产生的相关费用挤占了对制造业技术研发资本的投入，从而抑制制造业创新效率提高。市场结构回归系数在 1% 水平上显著为负，可能是因为国内市场流入制造业的资金原本不足，而对外直接投资使国内制造业投入资金短缺的局面进一步恶化，抑制了制造业的创新效率。

三　数字经济对制造业创新效率影响的传导机制分析

上文检验了数字经济对制造业创新效率的直接影响效应，进一步构建基于 SYS-GMM 模型的多重中介效应模型，从促进产业结构升级水平、技术溢出渠道考察数字经济对制造业创新效率影响的传导机制。表 7-4 的第二列（产业结构升级水平下的 lnte）、第四列（技术溢出下的 lnte）分别报告了数字经济对产业结构升级水平、技术溢出的回归结果，其回归系数均至少在 5% 水平上显著，表明数字经济显著促进了产业结构升级，影响技术溢出。表 7-4 的第三列（产业结构升级水平下的 lnupg）、第五列（技出溢出下的 lnsp）报告了数字经济和中介变量对制造业创新效率的共同影响，从两个中介变量的回归系数看，均至少在 10% 水平上显著，表明数字经济通过产业结构升级水平、技术溢出等渠道能显著提升区域制造业创新效率水平。同时，从数字经济的影响系数看，数字经济对制造业创新效率的影响系数在加入中介变量后依次为 0.158 和 0.422，相较于总效应的 0.444 明显降低，说明数字经济通过产业结构升级水平、技术溢出变量产生的中介效应为部分中介效应。因此，假设 2 得到验证②。

---

① 吕岩威、谢雁翔、楼贤骏：《中国区域绿色创新效率时空跃迁及收敛趋势研究》，《数量经济技术经济研究》2020 年第 5 期，第 78~97 页。

② 假设 2 对应第四章中的第二个研究的假设 2。

表 7-4　数字经济对制造业创新效率传导机制的估计结果

	总效应	产业结构升级水平		技术溢出	
	lnte	lnupg	lnte	lnsp	lnte
$L.$lnte	0.063 *** (0.006)		0.214 *** (0.040)		0.005 (0.016)
$L.$lnupg		0.016 (0.032)			
$L.$lnsp				−0.135 *** (0.012)	
lndig	0.444 *** (0.025)	0.964 *** (0.074)	0.158 *** (0.019)	−0.482 *** (0.064)	0.422 *** (0.020)
lnupg			0.072 *** (0.020)		
lnsp					−0.042 *** (0.002)
lnlq	0.144 *** (0.008)	0.180 *** (0.031)	−0.168 *** (0.012)	−0.995 *** (0.121)	0.176 *** (0.011)
lnia	−0.071 *** (0.005)	0.080 *** (0.014)	−0.042 *** (0.013)	−0.303 *** (0.034)	−0.088 *** (0.006)
lngii	−0.014 ** (0.004)	−0.028 *** (0.007)	0.115 *** (0.032)	0.137 *** (0.044)	0.021 ** (0.010)
lnms	−0.002 (0.007)	−0.022 (0.040)	0.022 *** (0.005)	−0.651 *** (0.052)	0.007 (0.008)
AR(1)	−1.08 [0.277]	−2.63 [0.009]	−2.97 [0.003]	−4.42 [0.000]	−0.93 [0.356]
AR(2)	−1.04 [0.298]	0.65 [0.508]	−1.28 [0.196]	1.52 [0.131]	−0.43 [0.660]
Hansen	28.46 [0.439]	27.04 [0.513]	27.14 [0.512]	29.54 [0.129]	26.92 [0.939]
N	240	240	240	240	240

注：$L.$lnte、$L.$lnupg、$L.$lnsp 分别表示制造业创新效率、产业结构升级水平、技术溢出自然对数的一阶滞后项；** 、*** 分别表示在 5%、1% 水平下显著。

在中介效应存在的基础上，进一步借鉴温忠麟和叶宝娟的做法[1]，通过公式"解释变量对中介变量回归系数×中介变量对被解释变量回归系数/解释变量对被解释变量总回归系数"计算出数字经济通过产业结构升级水平、技术溢出变量影响制造业创新效率的中介效应比例，结果如表7-5所示。数字经济通过产业结构升级水平、技术溢出变量影响制造业创新效率的中介效应量分别为0.069和0.020，从间接效应的影响程度来看，在数字经济对制造业创新效率的总影响效应中，促进产业结构升级的相对贡献份额为15.632%，抑制技术溢出解释了数字经济与制造业创新效率因果链中的4.559%。这表明提升产业结构升级水平是数字经济促进制造业创新效率提升的重要渠道，但不应忽视技术溢出的中介效应。

表7-5　数字经济对制造业创新效率传导机制的贡献分解

中介变量	数字经济→中介变量	中介变量→制造业创新效率	中介效应量	占总效应的比重(%)
lnupg	0.964	0.072	0.069	15.632
lnsp	−0.482	−0.042	0.020	4.559

四　空间溢出效应分析

考虑到数字经济与制造业创新效率可能具有的空间效应，本书采用Moran's I 对数字经济与制造业创新效率的样本进行空间特征分析，结果如表7-6所示。由表7-6可知，数字经济与制造业创新效率均表现出显著的空间聚集特征。首先，制造业创新效率指数存在强烈的空间聚集性，在1%的水平上显著，且随着时间的增长该聚集效应基本上增强。区域间的经济、社会联结日益密切，正是基于此，地区间日趋紧密的物质资本、人力资本、社会

---

① 温忠麟、叶宝娟：《中介效应分析：方法和模型发展》，《心理科学进展》2014年第5期，第731~745页。

资本往来，使制造业创新效率的空间溢出效应逐步释放，且呈现边际效应递增的特征。其次，数字经济指数同样存在显著的空间聚集性，但随时间推移基本上呈现衰减的特征，说明数字经济的溢出效应具有边际效应递减特征。在地区间发展程度差异较大时，欠发达地区在数字经济的作用下可能展现出较强的追赶效应，这是对发展不平衡的快速弥合，表现为前期发展速度迅猛，而随着地区间差异逐渐缩小，数字经济的发展更多回归到其内源的技术性增长动力上，空间溢出效应逐渐减弱。上述分析皆证明在我们构建的模型中存在空间交互效应。

表7-6 数字经济和制造业创新效率的空间特征

年份	te		dig	
	Moran's I	Z 值	Moran's I	Z 值
2011	0.3542 ***	3.3819	0.2732 ***	2.6543
2012	0.3558 ***	3.4268	0.3058 ***	3.2963
2013	0.3676 ***	3.5642	0.3264 ***	3.0475
2014	0.3613 ***	3.5442	0.2527 ***	2.4336
2015	0.3823 ***	3.7473	0.3153 ***	2.9054
2016	0.3865 ***	3.7625	0.2924 ***	2.7843
2017	0.4023 ***	3.8635	0.2448 ***	2.3664
2018	0.4176 ***	3.9937	0.2567 ***	2.4523
2019	0.4351 ***	4.1158	0.2353 **	2.2675
2020	0.4533 ***	4.2313	0.2152 *	2.1446

注：*、**和***分别表示在10%、5%和1%水平下显著。

五 小结与启示

本书利用2011~2020年省级面板数据，分别测算数字经济发展水平和制造业创新效率，对数字经济促进制造业创新效率的总体作用、间接机制进行实证检验，主要结论如下。（1）数字经济促进了中国制造业创新效率的提升，在考虑到稳健性和内生性后，结果仍然显著。这表明，数字经济成为推动中国制造业创新发展的强劲引擎。（2）数字经济能够通过促进产业结构升级、技术溢出等中介效应间接提升制造业创新效率，表明数字经济对区域制造业创新效率的正向影响并非孤立存在，而依靠促进产业结构升级、技术溢出等多种渠道实现。（3）创新效率还受到创新环境的影响。从内部环境来看，行业人员素质对制造业创新效率产生正向促进作用，外部环境中政策支持力度、创新氛围、市场结构同样会产生正向影响。（4）数字经济发展对制造业创新效率提升具有空间溢出效应，大力发展数字经济不仅有利于本地区制造业创新效率的实现，也可以对邻近地区的制造业创新效率提升产生积极的影响。据此，本书提出以下几点启示。

第一，推动数字经济发展，加快其与实体经济融合。数字经济已成为推动我国制造业创新效率提升的强大动力，数字经济建设是提升我国制造业创新效率水平的重要途径，应充分考虑我国不同地区数字经济和实体经济发展的水平差异，中西部地区和一些发展中城市应充分把握数字经济带来的红利，主动加强与一线发达城市的交流合作，进一步强化数字经济对当地实体经济的提振作用。

第二，保持制造业规模，优化产业结构。数字经济通过促进产业结构升级影响制造业创新效率，要鼓励"研发制造联动"型产业发展，发挥中国制造业"大而全"优势以形成对研发的带动，实现联动研发、创新突破。政府应鼓励建设网状化数字平台，依靠实体经济释放数字经济的巨大潜能和效率，对产业链、供应链进行整体性把握，实现对价值链的全流程管理，提升应对突发事件的能力，促进产业结构转型升级。

第三，构建创新环境，全面提高制造业创新水平。建立合理的市场竞争制度环境，打造数字技术良好制度生态。加大对数字化应用人才的培养力度，构建产学研数字技术创新平台，推动数字经济关键技术联合攻关，有效提高创新效率。坚持企业数字创新主体地位，以企业为主导，构建相关数字技术创新体系，通过数字经济与制造业的聚合裂变，产生制造业发展的乘数效应，实现制造业数字化、智能化升级转型，实现由制造大国向制造强国迈进，推动经济社会高质量发展。

第四，打破制造业创新发展的区域性壁垒，促进地区和行业的合理分工及优势互补。构建东部地区与中部和西部地区的综合合作机制，加强劳动、资本与技术的交流，避免同质化竞争和恶性竞争，东部地区充分发挥示范辐射作用，中西部地区重点弥补制造业发展的短板，借鉴和学习东部地区制造业发展的成功经验，积极与国家、区域协调发展战略或政策相互融合，实现内外联动和空间互动，形成强大合力，为制造业高质量发展提供强劲动力。

第八章 数字经济对中国制造业高质量发展的中介效应

本书构建数字经济对制造业高质量发展的理论分析框架（第四章），实证研究数字经济对制造业高质量发展的影响机制，可能的贡献在于：一方面，将数字经济对高质量发展的影响延伸至制造业层面，构建面板数据模型实证检验数字经济与制造业高质量发展之间的关系；另一方面，鉴于数据要素具有区别于劳动力、资本等传统生产要素的非实体性特征，其对制造业高质量发展的影响往往是通过作用于人力资本、创业活动以及产业升级等中间变量实现的，因此，本书进一步基于理论认识构建中介效应模型，以期揭示数字经济对制造业高质量发展的影响机制，从而为深化认识数字经济与制造业高质量发展的关系以及制定相关产业政策提供参考。①

一 变量设定与数据说明

（一）变量设定

1. 被解释变量

制造业绿色全要素生产率（$GTFP$）。全要素生产率是剔除了劳动力和资本投入的要素贡献后，由于技术进步和能力攀升所引致的产出增量，按照《中国制造 2025》中提升制造业竞争力、创新力与质量优先的发展理念，以

---

① 本章对应第四章中的第三个研究——数字经济对制造业中介效应的理论分析与研究假设。有关第四章中的第三个研究和本章结合在一起的核心观点已在学术期刊上发表，详细内容参见惠宁、杨昕《数字经济驱动与中国制造业高质量发展》，《陕西师范大学学报》（哲学社会科学版）2022 年第 1 期，第 108~122 页。

技术进步为核心的全要素生产率的提高无疑是实现制造业高质量发展的关键，且进一步考虑能源投入影响的绿色全要素生产率能够更好地反映制造业的发展绩效，因此，本书用制造业绿色全要素生产率表征制造业高质量发展水平。对于制造业绿色全要素生产率的测度，学界一般采用索洛残差法和数据包络分析法（DEA 方法），而鉴于经济决策单元在现实中的生产率变化难以满足 100% 技术效率水平的前提假设①，同时，基于产出视角的 DEA 方法不仅无须设定具体的生产函数，而且在测算多投入和多产出方面具有优势，因此，本书选择采用 DEA 方法计算反映制造业绿色全要素生产率变化的Malmquist 指数。

计算制造业绿色全要素生产率的基本变量包括：总产出、劳动力投入、资本投入、能源投入。其中，鉴于 2012 年后关于制造业规模以上工业企业的统计指标发生变化，且 2016 年后均不再统计总产值和销售产值，而营业收入与销售产值在概念上可以相互替换，因此，在研究时间内，本书统一把各地区规模以上工业企业中制造业各行业的主营业务收入作为表征总产出的代理变量。资本投入用资本存量表示，资本存量利用永续盘存法计算得到，其计算公式为 $K_{i,t}=K_{i,t-1}(1-\delta_{i,t})+I_{i,t}$，其中，$K_{i,t}$ 和 $K_{i,t-1}$ 分别为 i 地区第 t 年和第 $t-1$ 年的资本存量，$I_{i,t}$ 为 i 地区第 t 年的新增资本投入，$\delta_{i,t}$ 为 i 地区第 t 年的资本折旧率。实际计算中借鉴李媛恒等的做法②，把 2005 年各地区制造业各行业的固定资产净值作为基期资本存量，折旧率用制造业各行业当年折旧额的绝对值与其固定资产原价的比例表示，当年新增资本投入用当年制造业固定资产投资表示，当年制造业固定资产投资以 2005 年为基期，利用固定资产投资价格指数经过平减得到。劳动力投入用制造业各行业年平均用工人数表示。能源投入用各地区人均能源消费总量近似代替。对于绿色全要素生产率的测算，选择采用规模报酬可变、产出导向型的 DEA 模型。另外，

---

① 陈丰龙、徐康宁：《本土市场规模与中国制造业全要素生产率》，《中国工业经济》2012 年第 5 期，第 44~56 页。

② 李媛恒、石凌雁、李钰：《中国制造业全要素生产率增长的测度与比较》，《经济问题》2020 年第 3 期，第 83~91 页。

由于 Malmquist 指数法测算得到的指标并非历年的绿色全要素生产率，而是相比上一年的变化率，因此，本书参照程惠芳和陆嘉俊的做法[1]，将 2005 年的基期 *GTFP* 设为 1，进一步利用 Malmquist 指数法计算得到具有可比性的制造业绿色全要素生产率。

2. 核心解释变量

数字经济发展（*Dig*）。国内外对数字经济测度的研究尚处于探索阶段，按照研究内容和研究方法，目前主要分为国民经济核算研究、增加值测算研究、构建卫星账户研究、指数编制研究等[2]，其中，指数编制研究涉及基于多维度、多层面、多角度的统计指标，利用算术平均法、熵值法、主成分分析法等方法赋予各指标相应权重，进而合成一个用于反映数字经济发展状况的综合指数。由于指数编制研究具有核算办法简单、涵盖内容广泛、数据易于获取、结果易于比较等优势，故在数字经济研究中得到广泛应用。借鉴既有做法，本书选择基于主成分分析法的指数编制研究测度数字经济发展水平。首先，采用主成分分析法对各类指标进行降维；其次，利用各主成分的方差贡献率和各指标的因子得分系数计算得到各指标的客观权重；最后，通过赋权法合成数字经济发展指数。

由于信息技术的快速发展具有动态性，因此，对于数字经济内涵的准确界定比较困难，许多发达国家将其理解为基于互联网等现代信息技术进行的经济活动的总和。根据 2016 年 G20 峰会上发布的《二十国集团数字经济发展与合作倡议》，数字经济是以"数字化知识和信息作为核心要素，现代信息网络为载体，依托通信技术的高效使用，以提升效率和优化经济结构为目标的一系列经济活动"。中国信息通信研究院从数字产业化、产业数字化、数字化治理与数据价值化四个角度阐释了数字经济的内涵。数字经济本质上是传统经济与互联网深度融合的产物，是信息经济的高级形态。数字经济的快速发

---

[1]　程惠芳、陆嘉俊：《知识资本对工业企业全要素生产率影响的实证分析》，《经济研究》2014 年第 5 期，第 174~187 页。

[2]　许宪春、张美慧：《中国数字经济规模测算研究——基于国际比较的视角》，《中国工业经济》2020 年第 5 期，第 23~41 页。

展依赖数字基础设施的完善、数字生产应用的推广、数字技术创新的加强①。综合既有研究认识，本书从数字化基础、数字化应用、数字化创新三个维度构建数字经济发展水平指标体系（见表 8-1）。对于细分指标的选取，本书聚焦数字经济的代表性行业与领域，同时考虑研究时间内数据的可获得性，用互联网宽带接入端口数、移动电话年末用户数、技术市场成交额等 14 个细分指标表征不同维度的数字化水平。对以上指标进行主成分分析，结果显示，KMO 检验值为 0.861，这表明以上指标适合进行主成分分析。

表 8-1 数字经济发展水平指标体系及各指标权重

一级指标	指标说明	指标权重(%)	单位	指标属性
数字化基础	互联网宽带接入端口数	7.638	万个	正向
	移动电话交换机容量	7.351	万户	正向
	长途光缆线路长度	6.426	公里	正向
	每百户家庭移动电话拥有量	4.078	部	正向
数字化应用	移动电话年末用户数	7.791	万户	正向
	电信业务总量	6.419	亿元	正向
	软件业务收入	7.803	亿元	正向
	软件产业企业数	7.258	家	正向
	软件产业年末从业人员数	7.806	万人	正向
	通信等电子设备主营业务收入	7.296	亿元	正向
数字化创新	技术市场成交额	5.629	亿元	正向
	专利申请授权数	8.024	万个	正向
	R&D 经费内部支出	8.232	亿元	正向
	R&D 人员全时当量	8.241	人·年	正向

3. 中介变量

人力资本（Hum）、创业活动（Ent）、产业升级（Upg）。（1）教育是形成人力资本的主要途径，受教育程度能够较好地反映人力资本的累积情况，因此，借鉴一般研究经验，用人均受教育年限表示人力资本。人均受教

---

① 焦帅涛、孙秋碧：《我国数字经济发展测度及其影响因素研究》，《调研世界》2021 年第 7 期，第 13~23 页。

育年限由教育年限法计算得到，其计算公式为 $Edu = \left(\sum_{i=1}^{4} n_i t_i \right) / N$，其中，$Edu$ 表示人均受教育年限，N 为 6 岁以上人口总数，n_i 为第 i 教育阶段的受教育人数，t_i 表示第 i 教育阶段的受教育年限，实际计算中设定小学学历为 6 年，初中学历为 9 年，高中学历为 12 年，将大专及以上学历设为 16 年。（2）微观个体围绕市场空间开展的一系列生产行为都属于创业活动的范畴，其中，私营企业的数量变化能够在一定程度上反映地区的创业活动情况，因此，用私营企业数量对数值作为创业活动的代理变量。（3）产业升级是区域产业由低层次向高层次不断转变的结果，其主要内涵体现为产业结构的高级化，依据克拉克定理，研究一般用非农产业产值占比表征产业结构升级，但伴随经济的不断发展，现代信息技术直接推动第三产业迅速扩张，这对发达经济体的产业结构造成巨大冲击，从而出现了经济服务化的趋势①，服务业增长率略高于工业增长率成为产业发展的基本事实，为了体现产业结构演进过程中的服务化趋势特征，因此，用第三产业产值/第二产业产值表示产业升级。

4. 控制变量

投资水平（Inv）、对外开放（Ope）、消费水平（Con）、政策支持（Gov）、基础设施（Pub）。（1）良好的投资环境是提升制造业全要素生产率的基础，用实际人均固定资产投资对数值表示投资水平，实际人均固定资产投资以 2005 年为基期，利用固定资产投资价格指数经过平减得到。（2）对外贸易能够通过产业间关联和技术溢出等渠道影响地区制造业高质量发展，用进出口总额占 GDP 比重表示对外开放，进出口总额选择按境内货源地和目的地分的进出口总值，并把历年中美平均汇率折算为人民币口径。（3）以消费水平反映的市场需求对制造业高质量发展具有重要引导作用，用社会消费品零售总额占 GDP 比重表示消费水平。（4）政策支持在推动制造业高质量发展中扮演重要的角色，用财政支出占 GDP 比重表示政策支持。（5）完善的基础设

① 干春晖、郑若谷、余典范：《中国产业结构变迁对经济增长和波动的影响》，《经济研究》2011 年第 5 期，第 4~16、31 页。

施可以降低制造业企业的交易成本和生产要素的流动成本，从而提升制造业企业的竞争力，每平方千米公路里程数对数值表示基础设施。为消除量纲和可能存在的异方差影响，在实证分析中对数字经济综合得分、私营企业数量、实际人均固定资产投资等绝对指标进行对数化处理。各变量的描述性结果统计见表8-2。

表8-2　各变量的描述性统计结果

变量	变量定义	最大值	最小值	平均值	标准差
制造业高质量发展	制造业绿色全要素生产率（GTFP）	5.232	0.893	2.180	0.850
数字经济发展（Dig）	数字经济综合得分对数值	11.278	5.408	8.998	0.907
人力资本（Hum）	人均受教育年限	12.680	6.590	8.941	0.981
创业活动（Ent）	私营企业数量对数值	6.200	0.110	3.392	1.096
产业升级（Upg）	第三产业产值/第二产业产值	2.832	2.011	2.343	0.134
投资水平（Inv）	实际人均固定资产投资对数值	9.868	7.933	8.934	0.438
对外开放（Ope）	进出口总额占GDP比重	1.664	0.011	0.293	0.315
消费水平（Con）	社会消费品零售总额占GDP比重	0.981	0.242	0.396	0.111
政策支持（Gov）	财政支出占GDP比重	0.758	0.094	0.245	0.117
基础设施（Pub）	每平方千米公路里程数对数值	7.658	4.190	6.556	0.789

（二）数据说明

本书用中国30个省区市（由于西藏地区的相关指标缺失较多，因此剔除西藏地区样本）2006~2019年的面板数据进行实证分析，数据主要来源于《中国统计年鉴》、《中国工业经济统计年鉴》、《中国电子信息产业统计年鉴》、《中国科技统计年鉴》以及各省区市统计年鉴。在数据整理过程发现，2012年，河北、辽宁、吉林、安徽、福建、山东、海南、贵州的制造业各行业用工人数缺失，同时，由于《中国工业经济统计年鉴》未公布2017年和2018年的工业企业数据，而查找各省区市统计年鉴发现，2017~2018年，天津、内蒙古、黑龙江、湖北的制造业各行业主营业务收入缺失，且多数省区市的制造业各行业在 2017 年和 2018 年的固定资产原价和累计折旧存在缺失问题。为保持数据连续性，本书对指标缺失值用该指标前后年份的数值滑动以平均代替。

二　基准回归模型检验

基于第四章的理论分析，实证检验数字经济对制造业高质量发展的影响，利用中国 2006~2019 年 30 个省区市的面板数据构建基准回归模型：

$$GTFR_{it} = \alpha_0 + \alpha_1 \times Dig_{it} + \sum_{n=2}^{6} (\alpha_n \times X_{n,it}) + \varepsilon_{it} \tag{1}$$

其中，各变量下标 i（个体效用）、t（时间效应）分别表示 i 省区市第 t 年的变量值；$GTFR$ 为制造业绿色全要素生产率；Dig 为数字经济发展；Z_n（$n=2$，…，7）表示各类控制变量；α 为解释变量对应的回归系数；α_0 为模型截距项；ε_{it} 为模型随机误差项。

采用 LR 检验和 Hausman 检验进行模型选择和比较，检验结果显著拒绝混合效应模型和随机效应模型优于固定效应模型的原假设，同时结合经济理论认识，因此，本书采用个体固定效应模型进行估计，以控制由于难以观测的个体异质性可能导致的模型内生性问题。另外，为了有效处理可能存在的面板误差结构问题（同步相关、异方差、序列相关等），采用面板校正标准误（PCES）的估计方法。模型估计结果见表 8-3。

模型 $F(1)$ 和模型 $F(2)$ 分别汇报了在未加入控制变量和加入控制变量后的模型基准回归结果，模型的统计量显示，各模型均通过了联合显著性检验，模型在整体上均具有良好的解释效力。对比模型 $F(1)$ 和模型 $F(2)$ 的估计结果可知，在加入控制变量后，数字经济发展与制造业绿色全要素生产率在 1% 的显著性水平下存在统计上的正向相关性。以上结果表明，基准回归模型得出的变量相关性符号与理论预期一致，即数字经济发展水平的提升对制造业高质量发展具有显著促进作用。具体而言，在全样本层面，数字经济发展水平每上升 1%，其能够使制造业绿色全要素生产率提高 0.541 个单位。

表 8-3　模型估计结果

	$F(1)$	$F(2)$	$F(3)$	$F(4)$	$F(5)$	$F(6)$
Dig	1.756 *** (24.968)	0.541 *** (4.424)	0.559 *** (4.828)	0.671 *** (4.830)	0.770 *** (3.990)	0.246 ** (2.222)
控制变量	否	是	是	是	是	是
常数项	-13.623 *** (-21.510)	-32.962 *** (-11.156)	-31.834 *** (-10.579)	-33.028 *** (-9.830)	-26.554 *** (-5.746)	-17.880 *** (-6.078)
$\bar{R}^2$	0.703	0.827	0.829	0.836	0.821	0.771
LR-F	34.401 ***	36.878 ***	37.143 ***	—	26.750 ***	6.604 ***
Hausman	424.368 ***	289.480 ***	287.832 ***	149.770 ***	73.096 ***	18.824 ***
F 或 Wald	34.063 ***	58.276 ***	58.941 ***	50.450 ***	43.522 ***	22.378 ***

注：*、**、*** 分别表示回归结果在 10%、5%、1%的置信水平下通过显著性检验；括号中的数据为 t 值；F 表示个体固定效应模型估计。

三　模型稳健性检验

在基准回归的实证分析中，尽管本书加入了诸多控制变量，也考虑了各地区的固定效应，但由于资源禀赋、文化制度、组织内部效率等经济社会背景因素的不可观测，而且数字经济发展水平对制造业绿色全要素生产率的影响可能受到潜在反向因果的干扰，这使模型估计结果可能存在内生性问题。有鉴于此，在基准回归模型 $F(2)$ 的基础上，本书采用以下方法对模型估计结果进行稳健性检验。

首先，在原有数字经济发展指标体系的基础上，本书采用熵值法重新测算数字经济发展指数，将熵值法测算得到的数字经济发展指数作为核心解释变量重新进行模型估计。表 8-3 中模型 $F(3)$ 汇报了转换核心解释变量后的估计结果，结果表明，在更换数字经济发展水平的指标设定后，数字经济仍然对制造业绿色全要素生产率具有显著正向影响。

其次，对于模型估计结果，采用工具变量法解决可能由内生性导致的估计偏误问题。借鉴黄群慧等的做法[1]，本书把各省区市在 1984 年的固定电话普及率（即每百人拥有的固定电话数量）作为工具变量[2]。把该指标作为工具变量的逻辑在于：一方面，数字技术的创新应用以互联网为基础载体，而互联网起始于固定电话的普及，地区互联网的普及应用往往与该地历史上固定电话普及率的情况相契合，也就是说，固定电话普及率的历史信息可以通过作用于互联网发展的方式影响地区数字经济发展水平，这满足选择工具变量的相关性要求；另一方面，固定电话普及率的历史信息对于制造业绿色全要素生产率并不产生直接影响，因此，其与影响制造业绿色全要素生产率的扰动项之间不存在显著相关性，这满足选择工具变量的外生性要求。另外，由于各地区在 1984 年的固定电话普及率指标是不随时间变化的截面数据，无法满足面板数据对数据异质性的要求，因此，本书借鉴 Nunn 和 Qian 的做法[3]，采用 1984 年各地区固定电话普及率与上一年全国互联网投资额进行交乘，从而构造面板工具变量。为统一量纲并避免异方差问题，在实际分析中对交乘项进行对数化处理。同时，为了进一步克服工具变量可能存在的选取偏误，本书将数字经济指标的滞后一期值作为另一工具变量。采用以上工具变量进行两阶段最小二乘回归，工具变量的有效性检验结果显示，Kleibergen-Paap rk LM 统计量为 120. 445，p 值为 0. 000，说明不存在工具变量识别不足的问题。Kleibergen-Paap rk Wald F 统计量为 744. 481，远大于 Stock-Yogo 10%临界值（19. 93），说明可以排除弱工具变量问题。同时，两个工具变量的冗余检验的 LM 统计量分别为 2. 770 和 123. 090，对应的 p 值分别为 0. 096 和 0. 000，说明不存在冗余工具变量问题。由以上检验统计量可知，本书选取的工具变量具有良好的统计特征。表 8-3 中模型 $F(4)$ 汇报了工具变量法的回归结果，由估计结果可知，在采用工具变量克服内生性问

[1]　黄群慧、余泳泽、张松林：《互联网发展与制造业生产率提升：内在机制与中国经验》，《中国工业经济》2019 年第 8 期，第 5~23 页。

[2]　该数据来自国家统计局综合司编《中国城市统计年鉴（1985）》，中国统计信息咨询服务中心、新世界出版社，1985。

[3]　Nunn N. , Qian N. , "U. S. Food Aid and Civil Conflict," *American Economic Review*, 104 (6), 2014：1630-1666.

题后，数字经济发展对制造业绿色全要素生产率影响的回归系数仍然显著为正，这说明数字经济驱动制造业高质量发展的结论稳健成立。

最后，通过分样本进一步考察数字经济在不同经济发展条件下对制造业高质量发展影响的异质性。参照 2019 年全国人均 GDP 水平，将人均 GDP 大致高于全国的 10 个省区市（包括北京、上海、江苏、浙江、福建、广东、天津、湖北、重庆、山东）作为经济相对发达地区样本，将其余省区市作为经济相对不发达地区样本。模型 $F(5)$ 和模型 $F(6)$ 分别报告了经济相对发达地区样本和经济相对不发达地区样本的估计结果。由分样本的估计结果可知，无论是在经济相对发达地区还是经济相对不发达地区，数字经济发展与制造业绿色全要素生产率均在统计上存在显著正相关性关系。以上结果表明，在经济发展水平不同的地区，数字经济均能显著促进制造业高质量发展，且相较而言，在数字基础设施更加完善的经济相对发达地区，数字经济对制造业高质量发展具有更强的正向驱动效应。

综合以上检验结果可知，在采用各类方法进行稳健性检验后，数字经济发展与制造业绿色全要素生产率之间均存在统计上的显著正向相关关系，即数字经济对制造业高质量发展具有稳健的正向促进作用，这表明，可以进一步通过构建中介效应模型考察数字经济对制造业高质量发展的影响机制。

四　影响机制检验

在基准回归模型验证数字经济对制造业高质量发展具有显著正向作用的基础上，进一步构建中介效应模型，考察数字经济对制造业高质量发展的影响机制：

$$M_{it} = \beta_0 + \beta_1 \times Dig_{it} + \sum_{n=2}^{6} (\beta_n \times X_{n,it}) + \varepsilon_{it} \tag{2}$$

$$GTFR_{it} = \gamma_0 + \gamma_1 \times Dig_{it} + \gamma_2 \times M_{it} + \sum_{n=3}^{7} (\gamma_n \times X_{n,it}) + \varepsilon_{it} \tag{3}$$

其中，M 为中介变量，包括人力资本、创业活动、产业升级；β_1 为数字经济对各个中介变量的回归系数，γ_1、γ_2 分别为数字经济和中介变量对制造业绿色全要素生产率的回归系数，其他变量含义同式（1）。根据温忠麟和叶宝娟提出的中介效应检验原理[1]，在基准回归模型的基础上，依次检验回归系数 β_1 和 γ_2 的显著性，若回归系数 β_1 和 γ_2 均显著，则证明存在显著中介效应，若至少有一个系数不显著，则对模型进行 Bootstrap 检验，检验通过则说明存在中介效应，否则不存在中介效应。中介效应模型的检验结果见表8-4。

表8-4　中介效应模型的检验结果

	M(1)	M(2)	M(3)	M(4)	M(5)	M(6)
Dig	0.551 *** (7.972)	0.296 ** (2.308)	0.782 *** (8.411)	0.250 * (1.846)	0.110 * (1.744)	0.531 *** (4.333)
Hum		0.443 *** (5.716)				
Ent				0.371 *** (5.383)		
Upg						0.088 (1.038)
控制变量	是	是	是	是	是	是
常数项	−10.021 *** (−5.698)	−28.519 *** (−9.954)	−27.296 *** (−12.635)	−22.840 *** (−7.203)	0.618 (0.340)	−33.016 *** (−11.217)
$\bar{R}^2$	0.956	0.838	0.947	0.839	0.920	0.827
LR-F	142.534 ***	35.919 ***	39.032 ***	22.741 ***	136.054 ***	36.870 ***
Hausman	34.660 ***	244.098 ***	215.224 ***	153.795 ***	24.360 ***	287.188 ***
Bootstrap	0.245 ***		0.290 ***		0.010	

注：*、**、*** 分别表示回归结果在10%、5%、1%的置信水平下通过显著性检验；括号中的数据为 t 值；M 表示中介效应模型估计，各中介效应模型估计均采用个体固定效应估计方法。

模型 M(1)、M(3)、M(5) 分别汇报了数字经济对人力资本、创业活动、产业升级影响的回归结果，模型 M(2)、M(4)、M(6) 分别汇报了数字经济联合人力资本、创业活动、产业升级对制造业绿色全要素生产率影响

---

[1]　温忠麟、叶宝娟：《中介效应分析：方法和模型发展》，《心理科学进展》2014 年第 5 期，第 731~745 页。

的回归结果。根据回归结果，首先，就人力资本而言，人力资本对数字经济和制造业绿色全要素生产率均具有显著正向影响，且 Bootstrap 检验的置信区间为 [0.156，0.347]；其次，就创业活动而言，创业活动对数字经济和制造业绿色全要素生产率也均具有显著正向影响，且 Bootstrap 检验的置信区间为 [0.174，0.417]。以上结果说明，人力资本和创业活动对于数字经济影响制造业绿色全要素生产率均存在显著的中介效应，且二者的中介效应均表现为部分中介（中介效应分别为 0.244 和 0.290，在总效应中的占比分别为 45.19% 和 53.70%）。同时，通过对比可知，创业活动的中介效应更强。以上结果验证了本书的理论假设 1 和假设 2，即人力资本和创业活动是数字经济影响制造业绿色全要素生产率的重要中介渠道，数字经济发展水平的提高能够通过增加人力资本积累和激发创业活力驱动制造业高质量发展。

而就产业升级而言，虽然产业结构高级化对数字经济具有显著正向影响，但由于产业结构高级化与制造业绿色全要素生产率之间不存在统计上的显著正向相关性，且 Bootstrap 检验的置信区间为 [-0.010，0.031]，因此，根据中介效应模型检验的基本要求，产业结构高级化对数字经济影响制造业绿色全要素生产率在统计上不存在显著的中介效应，这与本书的理论假设 3 不相符，其原因在于：一方面，虽然产业升级形成的市场反馈机制在理论上有利于引导制造业高质量发展，但我国各地区经济发展长期处于资源错配和效率低下的粗放型阶段，产业结构有待进一步优化，这使产业升级未能与制造业高质量发展协同共进；另一方面，虽然产业升级有利于优化要素投入结构，但在数字经济背景下，由于服务业的无形性、不可存、低耗能特征与人工智能和大数据之间具有天然互补性，以产业智能化为导向的服务业的地位快速上升[①]，数字技术应用因此主要集中于服务业领域，而制造业具有实体经济属性，在产业升级过程中，产业结构重心不断向服务业倾斜的趋势可能不利于生产要素向制造业流动，加之信息服务技术在制造业的实际应用中缺乏有效转换，

①　柏培文、张云：《数字经济、人口红利下降与中低技能劳动者权益》，《经济研究》2021 年第 5 期，第 91~108 页。

这使产业结构高级化的演进方向与制造业高质量发展之间的紧密关联水平偏低。因此，虽然数字经济能够显著促进产业升级，但由于产业升级对制造业高质量发展的正向影响不显著，这使数字经济不能通过促进产业升级这一路径影响制造业高质量发展，即产业升级与数字经济影响制造业高质量发展不存在显著的中介效应。

五 小结与启示

本书基于对数字经济影响制造业高质量发展的理论分析，利用 2006 ~ 2019 年中国 30 个省区市的面板数据测度数字经济发展水平和制造业绿色全要素生产率，进而从人力资本、创业活动、产业升级的角度出发，通过构建中介效应模型实证检验数字经济对制造业高质量发展的影响机制。本书研究发现以下内容。（1）数字经济发展水平的提升对制造业绿色全要素生产率具有显著正向促进作用，且这一正向关系在经过一系列稳健性检验后依然成立。分样本研究表明，在经济相对发达地区，数字经济对制造业绿色全要素生产率的正向作用强度更大。（2）人力资本和创业活动是数字经济驱动制造业高质量发展的重要渠道。实证分析表明，人力资本和创业活动均对数字经济提升制造业绿色全要素生产率具有显著中介效应，且二者的中介效应均表现为正向强化效应，即数字经济能够通过扩大人力资本积累和激发创业活力驱动制造业高质量发展。同时，相较而言，创业活动的正向强化效应更大。（3）在既有经济背景下，虽然数字经济对产业升级具有显著正向影响，但由于产业结构高级化与制造业绿色全要素生产率之间不存在显著正向关系，因此，产业升级对数字经济驱动制造业高质量发展尚不具有显著正向强化效应。本书研究的启示在于以下几个方面。

第一，把握数字赋能制造业高质量发展的有利契机，充分发挥数字经济驱动制造业高质量发展的正向效应。在加快推进数字经济建设的过程中，建议地区发展应着力提高数字基础研发能力，同时要加快搭建产学研合作平台，加速数字技术成果转换，引导数字技术应用向制造业渗透，辐射带动传统制造业企业利用数字技术进行智能化升级，从而推动制造业实现数字化转型。考虑不同经济背景下数字经济对制造业高质量发展驱动效应的异质性，建议在经济相对发达地区，加快布局以互联网、人工智能、云计算等技术为支撑的新型制造业产业链，丰富数字技术在制造业的应用场景，进而强化数字经济驱动制造业高质量发展的引领作用。而在经济相对不发达地区，应重视完善数字基础设施，夯实数字技术基础，推进数字产业培育，提升制造业数字化水平，从而加速释放数字经济发展红利。

第二，提升人力资本水平以为数字经济驱动制造业高质量发展提供人才支撑。建议加快深化教育改革，借助数字化平台革新教育方式，推动职业化教育，从根本上提升人才培养质量。在人才资源市场，可以通过就业服务平台突出数字产业的人才需求，进而利用市场机制引导人才培训行业增加数字人才供给，培养具备数字技能的复合型人才。加强对制造业企业在岗职工的数字技能培训，并建立健全人才服务体系，创新人才激励机制，从而全面盘活人力资本存量，夯实数字经济驱动制造业高质量发展的人才基础。

第三，激活创业生态以为数字经济驱动制造业高质量发展培育新动能。以释放创新创业活力为导向，建议地区既可以通过资金扶持、税收减免、配套公共基础设施等政策吸引与鼓励人才投身创业活动，也要加快通过政务数字化转型打造服务型政府，提升管理效率和治理能力，推动行政审批自动化，促进各类生产要素自由流动，并建立健全数字经济监管体系，规范市场竞争秩序，从而为激活创业生态提供良好的环境。

第四，优化产业结构以为数字经济驱动制造业高质量发展创造新途径。要充分利用互联网信息优势提高要素配置效率，积极规划布局以数字经济为引领的新型技术密集型产业，改造传统产业，淘汰落后产能，进一步优化产业结构，推动产业协同发展，着力促进制造业与服务业深度融合，实现信息服务技术与制造业应用场景有效衔接，推动人才、技术等高能量生产要素向制造业流动集聚，进而消解数字经济赋能制造业高质量发展的结构性障碍，为数字经济通过产业升级驱动制造业高质量发展提供实现路径。

第九章　数字经济对中国制造业高质量发展的耦合效应

根据第四章数字经济对制造业耦合效应的理论分析与研究假设，本书从促进技术创新效率提升和推动技术创新地理溢出的双重视角出发，阐述数字技术作为产业共性技术、短周期技术与制造业静态、动态技术创新效率提升存在的耦合效应，剖析数字技术的知识性、可封装性通过推动技术创新集聚和技术创新链的专业化分工，提升邻近地区制造业技术创新效率的空间效应，并基于2012~2020年环渤海地区、长三角地区、粤港澳大湾区和成渝—关中经济区四大数字经济与制造业发展先行区省域层面的制造业面板数据，利用随机前沿生产函数模型和中介效应模型实证考察理论部分提出的假设。本书研究发现以下内容。（1）数字化水平与数字经济规模交互项对制造业技术创新效率的提升存在显著的正向作用，间接印证了数字技术与制造业技术创新的耦合效应。（2）通过把制造业的技术创新密度和地区相对专业化指数作为两个中介变量发现，数字水平与数字经济规模交互项与制造业全要素生产率之间存在较显著的中介效应，验证了空间效应的存在。对于数字经济驱动中国制造业高质量发展，制造业应当注重在技术创新过程中对在技术类型上与自身核心技术契合度高、在难度上可实现本地化研发扩散的数字技术的选择，并且在技术创新路径上依据自身知识创造能力与数字技术复杂度的耦合程度，选择渐进跟随、阶段跳跃或者路径创造的途径，优化配置区域的要素资源和基础设施以促进数字经济与制造业融合发展。①

---

① 本章对应第四章中的第四个研究——数字经济对制造业耦合效应的理论分析与研究假设。有关第四章中的第四个研究和本章结合在一起的核心观点已在学术期刊上发表，详细内容参见徐星、惠宁、崔若冰、韩先锋《数字经济驱动制造业高质量发展的影响效应研究——以技术创新效率提升与技术创新地理溢出的双重视角》，《经济问题探索》2023年第2期，第126~143页。

一 计量模型、变量设定与数据说明

（一）计量模型

1. 耦合效应的随机前沿生产函数模型的构建

本书把数字经济发展水平纳入制造业技术创新效率提升的分析框架，构建随机前沿生产函数模型：

$$
\begin{aligned}
\ln Y_{it} &= \alpha_0 + \alpha_1 \ln K_{it} + \alpha_2 \ln L_{it} + \alpha_3 (\ln K_{it})^2 + \alpha_4 (\ln L_{it})^2 + \alpha_5 \ln K_{it} \times \\
&\quad \ln L_{it} + \nu_{it} - u_{it} \\
TE_{it} &= \exp(-u_{it}) \\
m_{it} &= \beta_0 + \beta_1 \ln dinfr_{it} + \beta_2 \ln dscale_{it} + \beta_3 \ln dinfr_{it} \times \ln dscale_{it} + \beta_4 X_{it} + \varepsilon_{it} \\
\gamma &= \sigma_u^2 / (\sigma_v^2 + \sigma_u^2)
\end{aligned}
\tag{1}
$$

其中，下标 i 代表省区市，t 代表时期，Y_{it} 表示制造业的工业增加值，K_{it} 和 L_{it} 分别为制造业的资本投入和劳动力投入。误差项 ε_{it} 由 ν_{it} 与 u_{it} 两个独立部分组成，ν_{it} 服从 $N(0, \sigma_v^2)$，为制造业工业生产的外部影响因素；u_{it} 为截断型半正态分布，服从 $N(m_{it}, \sigma_u^2)$，反映制造业工业生产的效率损失；在效率解释函数 m_{it} 中，引入衡量地区数字化水平的 $\ln dinfr_{it}$、数字经济规模的 $\ln dscale_{it}$ 以及两者的交互项 $\ln dinfr_{it} \times \ln dscale_{it}$，考察数字经济对制造业技术创新效率的耦合效应，同时加入研发投资强度、外商直接投资、技术交易市场活跃程度、人力资本水平等控制变量 X_{it}。m_{it} 是技术无效率项，m_{it} 越大，表明技术效率越低，即技术无效率程度越高。γ 表示随机扰动项中技术无效率所占比重，γ 越接近 1，表明模型中的误差主要来源于技术非效率 u_{it}。

2. 空间效应的中介效应回归模型构建

本书引入中介变量（med）以进一步考察数字经济发展水平通过推动技术创新密度的提高、技术链专业化的分工促进制造业技术创新效率提升的空间效应，构建的中介效应模型为：

$$
med_{it} = \delta_0 + \delta_1 \ln dinfr_{it} \times \ln dscale_{it} + \delta_2 X_{it} + \lambda_i + \varepsilon_{it}
\tag{2}
$$

$$tfp_{it} = \delta_0 + \delta_1 \ln dinfr_{it} \times \ln dscale_{it} + \delta_2 med_{it} + \delta_3 X_{it} + \lambda_i + \varepsilon_{it} \qquad (3)$$

其中，tfp_{it} 表示 i 省区市在 t 时期的全要素生产率，med_{it} 作为中介变量在后文的计量分析中分别代入地区制造业相对专业化指数 cs_{it}、地区制造业技术创新密度 den_{it}，当然，交互项 $\ln dinfr_{it} \times \ln dscale_{it}$ 考察的是数字经济发展水平，同时加入研发投资强度、外商直接投资、地区交通可达性、市场化水平等控制变量 X_{it}。

（二）变量设定

1. 制造业的全要素生产率

本书采用以数据包络分析为基础的 Malmquist 指数法生产模型[①]，把每一个省区市的制造业企业看作生产决策单位，测度每个时期的中国制造业的技术进步和效率变化情况。进一步，采用几何平均值衡量从 t 时期到 $t+1$ 时期的生产率变化情况，制造业全要素生产率公式为：

$$M_o(x^{t+1}, y^{t+1}; x^t, y^t) = \left| \frac{D_o^t(x^{t+1}, y^{t+1})}{D_o^t(x^t, y^t)} \times \frac{D_o^{t+1}(x^{t+1}, y^{t+1})}{D_o^{t+1}(x^t, y^t)} \right|^{1/2} \qquad (4)$$

其中，D_o 为基于产出的距离函数，Malmquist 指数法在 t 时期的技术条件下，测度从 t 时期到 $t+1$ 时期的技术效率的变化情况。或者，在 $t+1$ 时期的技术条件下，测度从 t 时期到 $t+1$ 时期的技术效率的变化。为了避免时期选择的随意性，采用两个技术水平下生产率变化的集合平均值进行测度。

2. 数字化指数与数字经济规模

第一，数字化指数。该指数考察区域的数字化基础设施建设水平（数字化的广度、数字化的深度和数字化发展的效果），借鉴朱发仓对于数字化指数的模型进行衡量[②]，公式为：

---

① 〔澳〕蒂莫西·J. 科埃利、〔澳〕D. S. 普拉萨德·拉奥、〔澳〕克里斯托弗·J. 奥唐奈、〔澳〕乔治·E. 巴蒂斯：《效率与生产率分析引论》，王忠玉译，中国人民大学出版社，2008，第84~129页。

② 朱发仓：《数字经济统计测度研究：理论与应用》，经济科学出版社，2019，第98~99页。

$$I_j = \sum_{i=1}^{7} W_i Z_{ij} \tag{5}$$

其中，I_j 表示某地区第 j 年的数字化水平指数，W_i 为第 i 个指标的权重，Z_{ij} 是该地区第 j 年第 i 个指标经过标准化后的值，且 $\sum_{i=1}^{7} W_i = 1$。I_j 包含的数字化衡量指标如表 9-1 所示。

表 9-1　数字化衡量指标

指标	单位	指标	单位
1. 单位面积(平方公里)长途光缆线路长度	公里	5. 互联网普及率	%
2. 互联网宽带接入端口数的比例	%	6. 人均交通通信支出	元
3. 每万人电话通话时长	分钟	7. 信息产业增加值占 GDP 的比例	%
4. 信息产业研发经费占 GDP 的比例	%	—	

第二，数字经济规模。数字经济规模反映数字技术的产业应用水平，首先，借鉴许宪春和张美慧的研究成果①，从数字经济生产、流通、交换和消费四个方面概括数字经济行业发展情况。其次，鉴于中国地区投入产出表未列出数字经济相关行业数据，本书利用行业增加值结构系数、行业增加值率等指标，通过投入产出表估算数字经济增加值规模，假设数字经济中间消耗占数字经济产出的比重与相应产业中间消耗占总产出的比重相同，在估算中利用以下工具系数：

$$行业\ ij\ 增加值结构系数 = \frac{行业\ ij\ 增加值}{行业\ j\ 增加值} \tag{6}$$

$$数字经济调整系数 = \frac{行业数字经济增加值}{行业总增加值} \tag{7}$$

① 许宪春、张美慧：《中国数字经济规模测算研究——基于国际比较的视角》，《中国工业经济》2020 年第 5 期，第 23~41 页。

$$行业增加值率 = \frac{行业增加值}{行业总产出} \tag{8}$$

3. 地区制造业相对专业化指数与技术创新密度水平

第一，地区制造业相对专业化指数。本书用地区相对专业化指数（Hoover 指数）反映地区制造业技术链的专业化分工水平[①]，Hoover 指数测度的是第 i 区域与其余地区平均水平的制造业结构差异程度，公式为：

$$cs_i = \sum_k \left| s_i^k - \overline{s_i^k} \right| \tag{9}$$

其中，$\overline{s_i^k} = \sum_{j \neq i} E_i^k / \sum_k \sum_{j \neq i} E_i^k$，$s_i^k = E_i^k / \sum_k E_i^k$，$i$，$j$ 分别表示省区市 i 和省区市 j，k 代表省区市内的制造产业，E_i^k 为省区市 i 制造产业 k 的工业总产值。式（9）表示地区相对专业化指数，$\overline{s_i^k}$ 为区域内制造产业 k 除省区市 i 的所有地区总产值占区域内除省区市 i 外所有行业所有地区总产值的比值，测度的是第 i 省区市与区域其余地区平均水平的制造业结构差异程度，即第 i 省区市的制造业专业化程度。当 cs_i 的取值变小时，说明该省区市与地区制造业结构平均水平趋于一致，即地区内制造业发生了转移，形成了技术链的专业化分工。

第二，地区制造业技术创新密度水平。地区制造业技术创新密度水平是指地区制造业技术创新的聚集程度，用于反映技术创新集聚对全要素生产率提升的区域外部性。本书用如下公式进行测度：

$$den_r = \frac{inno_r}{area_r} \tag{10}$$

其中，$inno_r$ 是区域 r 的规模以上工业企业专利申请数，$area_r$ 是该区域的面积。

4. 控制变量

本书在随机前沿生产函数模型和中介效应回归模型中，为了精确分析数

---

① 魏后凯主编《现代区域经济学》，经济管理出版社，2006，第156~158页。

字经济发展水平对制造业技术创新效率提升的耦合效应和空间效应，引入了控制变量（见表9-2）。

表 9-2　控制变量及指标解释

控制变量	指标解释
企业研发投资强度（*rdi*）	用省区市规上工业企业每年的 R&D 经费支出与制造业工业总产值的比重测度
外商直接投资（*fdi*）	用省区市外资占有股份的规上制造业企业工业总产值在规上制造业企业总产值中的占比测度
技术市场交易活跃度（*innoex*）	用地区技术市场交易额与地区 GDP 之比测度
人力资本水平（*hc*）	用地区的人均 GDP 水平测度
市场化水平（*mar*）	用省区市非国有经济单位在职人数与职工总数的比值反映
交通可达性（*acc*）	用省区市公路、铁路营运里程与省区市面积的比值衡量

（三）数据说明

依据《数字中国发展报告（2020 年）》中数字经济区域发展的情况和我国制造业的几个重要的区域分布①，首先，把数字经济发展好、区域制造业具有一定规模的环渤海经济区、长三角经济区、粤港澳大湾区和成渝—关中经济区四个区域作为样本区域（见表9-3）。其次，收集四个区域的2012~2020年省级层面的前述核心变量和控制变量的数据。鉴于数据的可得性和消除误差的影响，做如下说明和处理：①在前沿生产函数中，用地区工业增加值的数据替代地区制造业工业增加值；②采用《国民经济行业分类》（GB/T 4754—2017）的二位产业分类的地区的 29 个细分制造业部门的工业总产值数据计算地区相对专业化指数；③原始数据来自《中国统计年鉴》、《中国工业经济统计年鉴》、《中国经济普查年鉴（2018）》、《中国地区投入产出表-2017》、Wind 数据库和 CEIC 经济数据库。

---

①　胡伟：《中国工业化 70 年空间格局演变》，经济管理出版社，2021，第 85~92 页。

表 9-3 四大数字经济与制造业融合发展先行区

名称	包含省区市
环渤海经济区	北京、天津、河北、山东、辽宁
长江三角洲经济区	上海、江苏、浙江、安徽
粤港澳大湾区	广东、香港、澳门
成渝—关中经济区	四川、重庆、陕西

二 数字经济对制造业高质量发展的耦合效应分析

（一）四大数字经济与制造业融合创新先行经济区总体层面的估计结果分析

模型（1）至模型（4）分别为环渤海经济区、长三角经济区、粤港澳大湾区和成渝—关中经济区的随机前沿基准模型和加入控制变量模型的回归结果（见表9-4）。回归结果显示，在数字化指数方面，环渤海经济区的数字化指数系数并不显著，长三角经济区的数字化指数系数在1%水平下显著为负，粤港澳大湾区和成渝—关中经济区的数字化指数系数在1%的水平下显著为正；在数字经济规模方面，环渤海经济区、长三角经济区和粤港澳大湾区的数字经济规模均在1%水平下显著为负，成渝—关中经济区则不显著；从以上两者交互项的估计结果可知，环渤海经济区、粤港澳大湾区、成渝—关中经济区的交互项分别在1%或10%的水平下显著为负，而长三角经济区在1%的水平下显著为正。进一步分析，数字化指数测度了区域的数字化广度、数字化深度，前者是数字化的硬件水平，后者则反映了信息技术和资源的应用水平[1]，总体上考察了数字基础设施对数字化发展的支撑能力。该指标的回归结果考察的是制造业企业借

---

[1] 朱发仓：《数字经济统计测度研究：理论与应用》，经济科学出版社，2019，第98~99页。

助经济社会的数字化水平提高获得的数字技术溢出效应，正如韩先锋等认为，制造业企业通过信息化获得市场的消费需求、降低市场交易成本、提升企业的管理效率、实现生产技术的集成[①]；另外，数字经济规模测度了数字设备和服务的生产、数字流通与交换和数字消费的发展水平[②]，体现了当期数字技术与实体经济融合而衍生的产品、服务以及交易环节的应用水平，该指标的回归结果考察的是制造业企业利用当期数字技术与实体经济融合应用创新的产品、服务，实现制造业技术创新效率提升的溢出效应；两者的交互项测度了数字化水平的提高与当期实体经济利用数字技术衍生的产业应用水平的交互作用，而交互项的回归结果揭示了数字技术作为生产投入要素的边际贡献，与当期实体制造业利用数字技术衍生的产业应用水平之间的耦合程度对于制造业技术创新效率提升幅度的作用效果，即间接衡量了数字经济与制造业技术创新效率提升之间存在的耦合效应。正如上述回归结果显示，四大经济区的数字化水平与数字经济规模的交互项显著推动了制造业技术创新效率的提升，验证了前文提出的数字经济与制造业技术创新效率提升存在的耦合效应，并且反映区域、产业和企业层面技术创新水平的控制变量企业研发投资强度（rdi）、外商直接投资（fdi）、技术市场交易活跃度（$innoex$）、人力资本水平（hc）的正向作用很显著，表明作为影响静态、动态技术创新效率提升的制造业技术链的吸收扩散能力、国家和区域技术创新体系绩效、产业层面的知识创造机制具有重要的作用。

所以，实证分析证明了本书假设：数字经济与制造业技术创新效率提升之间存在耦合效应。制造业技术链的创新扩散能力，国家、区域和产业层面的技术创新体系绩效与产业层面的知识创造机制的水平，影响数字经济对于制造业技术创新效率的提升幅度。

---

① 韩先锋、惠宁、宋文飞：《信息化能提高中国工业部门技术创新效率吗》，《中国工业经济》2014年第12期，第70~82页。

② 许宪春、张美慧：《中国数字经济规模测算研究——基于国际比较的视角》，《中国工业经济》2020年第5期，第23~41页。

表 9-4　数字经济促进制造业高质量发展耦合效应的随机前沿回归分析结果

	模型（1）	模型（2）	模型（3）	模型（4）
		前沿生产		
lnK	1.514 ***	-1.713 ***	-2.339	5.256 ***
	(3.75)	(-7.73)	(-1.30)	(1087.1)
	2.279 ***	0.402	-3.161 **	-15.643 **
	(4.25)	(1.42)	(-2.02)	(-4.47)
lnL	1.586 ***	7.768 ***	0.344	-3.682
	(2.97)	(11.87)	(0.68)	(2.92)
	2.456 ***	0.021	0.481	-7.240
	(2.95)	(0.03)	(1.00)	(-0.72)
(lnK)²	-0.209 ***	0.073	0.187	-0.213 ***
	(-4.71)	(1.56)	(1.41)	(-378.4)
	-0.179 ***	-0.195 ***	0.236 **	0.564 *
	(-3.60)	(-5.41)	(1.99)	(1.76)
(lnL)²	-0.386 ***	-0.651 ***	0.133 ***	0.524 ***
	(-2.90)	(-7.35)	(5.46)	(1974)
	-0.281 *	-0.421 **	0.126 ***	-0.136
	(-1.74)	(-2.79)	(5.45)	(-0.26)
lnK×lnL	0.380 **	0.075	-0.079	-0.212
	(2.48)	(0.62)	(-0.93)	(3.68)
	0.142	0.567 ***	-0.087	1.078 *
	(0.68)	(3.94)	(-1.07)	(1.76)
常量	-2.667 **	-7.530 ***	11.854 *	-5.711
	(-2.13)	(-3.46)	(1.95)	(5.65)
	-7.905 ***	6.742 ***	15.195 ***	94.92 **
	(-2.13)	(7.75)	(2.97)	(3.48)
		效率损失		
lndinfr	-0.841	-3.275 ***	3.033 ***	-4.426
	(-0.75)	(-3.88)	(5.96)	(4.92)
	0.713	-0.472	1.612 ***	4.926 ***
	(0.42)	(-0.21)	(13.43)	(5.51)
lndscale	-0.439	-0.604 ***	-1.339 ***	-2.722
	(-2.62)	(-8.55)	(-18.88)	(-0.28)
	-0.610 ***	-0.710 **	-1.044 *	-2.590
	(-2.69)	(-2.32)	(12.1)	(-50.62)
lndinfr×lndscale	0.109	0.523 ***	-0.838 **	1.161
	(0.69)	(4.08)	(-6.21)	(0.78)
	-0.112 *	0.085	-0.502 **	-0.759 ***
	(-0.45)	(0.25)	(-28.78)	(-6.15)

续表

	模型(1)	模型(1)	模型(2)	模型(2)	模型(3)	模型(3)	模型(4)	模型(4)
效率损失								
fdi			−2.745** (−2.57)					
mar	0.467 (1.04)							
$innoex$	−0.359*** (−2.69)							
rdi	−0.734* (1.68)				−0.861* (10.21)			
hc							−0.035* (0.37)	
常量	4.935*** (2.75)	3.556** (2.89)	6.390*** (2.74)	5.690*** (10.08)	4.674 (13.23)	6.619*** (19.44)	17.537 (12.65)	19.388 (0.29)
σ_u^2	0.093*** (8.49)	0.101*** (8.60)	0.202*** (4.76)	0.069*** (7.67)	0.066*** (6.37)	0.067*** (5.54)	0.088** (7.73)	0.679** (0.67)
σ_v^2	0.004 (0.49)	0.003 (0.24)	0.000 (0.42)	0.001 (0.32)	0.002 (3.21)	0.000 (0.12)	0.003 (2.35)	0.000 (0.14)
对数似然值	48.191	44.396	40.489	52.663	35.027	34.771	26.884	15.329
Wald检验	23388.86***	320965**	943637.75***	7902.06***	25005.73***	21219.61***	87.3***	45154.25***

注：***、**、*表示在1%、5%、10%的水平下显著，括号中的数据为t检验值。

（二）四大数字经济与制造业融合创新先行经济区分区域层面的估计结果分析

第一，对于环渤海经济区，数字化水平与数字经济规模交互项显著地提升了制造业技术创新的效率，这表明区域数字经济的发展与制造业产业升级、技术创新效率的提升形成了良性循环。从产业类型分析，环渤海经济区制造业以技术密集的装备制造、精密机械、交通运输装备制造和家电电子为主，数字产业以侧重数字设备和服务生产的软件及信息技术服务、光电子、新型存储器、机器人制造为主。在产业技术关联性上，数字技术的类型与制造业企业的技术类型具有较强的关联性和互补性，正如本书前文所认为的，数字技术与制造业技术类型相契合，有利于形成技术创新在技术链的扩散与吸收，静态技术创新效率提升的耦合效应较强。进一步分析，由控制变量的回归结果可知，环渤海经济区制造业企业的研发投入和人力资本水平对于制造业技术创新效率提升具有正向作用。事实上，环渤海经济区分布着我国众多顶尖的高等学校、科研院所，并且优势国有制造业企业的比例较高，拥有较丰富的自主、成体系的核心技术。那么，依托上述优势，企业利用数字技术进行创新的研发能力较强。正如本书前文所认为的，区域技术创新体系对于原创性高的数字技术具有较强的吸收与扩散能力，产业层面以国有企业为龙头的制造业产业链的知识吸收创造机制较完善，所以，制造业利用数字技术进行本土化研发并形成动态技术创新效率，这是数字经济促进本地区制造业技术创新效率提升的关键。黄群慧和贺俊认为，通过构建政府—高校与科研院所—国有大型制造业企业的协同创新机制，以国有企业为主体，利用数字技术实现复杂技术工艺的模块化生产是我国制造业高质量发展的关键路径之一①。

第二，对于长三角经济区，数字化水平与数字经济规模交互项不利于制造业技术创新效率的提升。其中，控制变量外商直接投资、人力资本水平有

---

① 黄群慧、贺俊：《中国制造业的核心能力、功能定位与发展战略——兼评〈中国制造2025〉》，《中国工业经济》2015年第6期，第5~17页。

效地促进了制造业技术创新效率提高，而企业研发投资强度、技术市场交易活跃度的效应不显著。可以认为，长三角经济区作为我国经济最发达的区域之一，在制造业产业基础、信息技术发展水平方面处于我国前列。然而，长期以来，长三角经济区的经济发展以"出口导向"为主，上海是制造业跨国公司的中国总部和研发中心密集的区域，而制造业产业链上其他的分工环节的企业则分布在长三角的外围地区，在融入全球价值链并实现制造业增加值增长的同时，制造业产业链呈现分散化、同质化和低端"锁定"的趋势。与此同时，从企业研发投资强度、外商直接投资的估计结果可知，长三角经济区的技术创新效率的提升与国外技术的转移具有较强的相关性，但与企业自主研发的相关性较弱，可以认为，该区域制造业本土自主技术创新的积累不足，并且依赖对国外制造业技术体系的已有技术的引进与使用，这会影响长三角经济区制造业技术链的技术创新吸收能力和静态技术创新效率的提升。另外，企业研发投资强度、技术市场交易活跃度的回归结果不显著表明，该地区并未形成企业层面知识创造、产业层面技术扩散的良性机制，这对于利用原创性高的数字技术进行融合技术创新和本土化研发扩散具有较大的阻碍，不利于动态技术创新效率提升，综上可知，数字经济的耦合效应较弱。

第三，对于粤港澳大湾区，数字化水平与数字经济规模的交互项显著地提升了制造业的技术创新效率，其中，控制变量企业研发投资强度、技术市场交易活跃度、人力资本水平具有显著的正向作用。首先，从区域产业类型分析，粤港澳大湾区形成了包括电子技术产品制造集群、装备制造业集群、汽车产业集群等技术密集型的制造业集群，在产业技术关联上，数字技术对以上具有知识技术密集特征、信息技术应用广泛、具有较完善产业链的制造业具有较强的技术渗透能力，能够使地区制造业进行良好的融合技术创新。正如本书前文所述，粤港澳大湾区制造业技术链的技术密集、迂回生产流程较长的特点有利于对数字技术的吸收并通过多路径、多环节进行技术扩散，数字技术对于制造业静态技术创新效率提升的耦合效应较强。其次，从区域技术创新基础与竞争优势分析，作为最早开放的区域，粤港澳大湾区的政策、制度和劳动力成本优势有效促进了全球价值链装配环节向本区域的产业转移和技术溢出，并在产业链下游的装配制造环节具有明显的规模经济优势，形成了产业内、产品内的众多自主创新；在数字经济发展方面，粤港澳大湾区中的深圳充分利用信息技术、互联网革命的重大机遇，在区域构建了以信息技术、互联网产业和先进电子器件为核心的数字技术自主创新链、技术链和产业链，形成了具有技术专业化、较强国际影响力和高度地域化的数字经济发展产业区①，这有利于数字技术对地区制造业产生较高的技术溢出外部性。正如本书前文所认为的，粤港澳大湾区在数字技术自主创新链、技术链的竞争优势与制造业在装配制造环节的自主创新基础，决定了区域制造业能够有效利用本地化、较强国际影响力的数字技术的知识溢出，在产业层面通过较强的知识学习创造机制，利用数字技术在制造业工艺模块化、产品架构等方面的技术创新，并在某些领域实现对技术创新路径的赶超。例如，华为公司在 5G 技术设备和手机制造方面实现了路径赶超。综上所述，粤港澳大湾区数字经济的先发竞争优势与制造业已有的技术创新积累形成了良好的耦合效应，本地区制造业技术创新效率提升的幅度较高。

第四，对于成渝—关中经济区，数字化水平与数字经济规模交互项较显著地促进了制造业技术创新效率的提升，其中控制变量企业研发投资强度、人力资本水平具有显著的正向作用。可以认为，作为西部重要的经济增长极，区域内分布着计划经济时代建立的工业企业以及改革开放后产业梯度转移形成的装备制造、汽车研发与制造、数控机床与机器人等技术密集的制造业企业。同时，依托本地区众多大学、科研机构的人才与科研方面的优势，形成了在软件、信息技术、电子技术等领域的数字产业区域层面的产业集聚。正如本书前文所认为的，该区域数字技术集聚产生的低成本、差异化的技术溢出，在后端具有技术密集特征的制造业技术链网络上形成了有效地吸收与扩散，对于制造业静态技术创新具有一定的耦合效应；另外，本地区分

---

① 王缉慈等：《创新的空间：产业集群与区域发展》，科学出版社，2019，第 40~41 页。

布的众多高等院校、科研院所的人才与科研优势，对于具有原创性的数字技术具有一定的本土化研发能力，并通过在地区内国有大中型制造业企业内进行融合技术创新，对于动态技术创新效率的提升具有一定的耦合效应。

三 数字经济对邻近地区制造业高质量发展的空间效应的分析

（一）四大数字经济与制造业融合创新先行经济区总体层面的估计结果分析

四大经济区的空间效应回归结果如表9-5、表9-6所示，表9-5是通过技术创新密度的中介变量促进技术创新效率提升的回归结果，表9-6是通过技术链专业化分工的中介变量促进技术创新效率提升的回归结果。

表9-5的回归结果显示，除了环渤海经济区外，数字经济发展水平交互项与技术创新密度在5%、10%的水平下显著为正，技术创新密度与地区制造业全要素生产率在10%的水平下显著为正，交互项与地区制造业全要素生产率在5%的水平下显著为正。这表明除了环渤海经济区外，数字经济发展水平对于邻近地区制造业技术创新密度的增加具有正向推动作用，并且技术创新密度进一步促进了反映技术创新效率的全要素生产率的提高。正如Krugman所认为的，经济活动的集聚会通过降低生产要素的成本、增进知识的学习与技术的共享促进地区的全要素生产率提高①。从直接效应和间接效应分析，数字经济发展水平每增加一个单位，长三角经济区、粤港澳大湾区和成渝—关中经济区的技术创新密度会分别增加0.026个、0.034个和0.020个单位，使邻近地区制造业全要素生产率间接提高0.004（0.026×0.154）个、0.008（0.034×0.256）个、0.003（0.020×0.163）个单位，间接效应占总效应的比例分别为7.14%、1.56%、9.68%。总体来看，数字经济

① Krugman P., "Increasing Returns and Economics Geography," *Journal of Political Economics*, 991 (3), 1991: 483-499.

发展对邻近地区制造业全要素生产率提高的间接效应较显著，印证了前文假设提出的数字经济发展存在通过促进技术创新密度增加提升邻近地区制造业技术创新效率的空间效应。

表 9-5 技术创新密度的中介效应回归结果

	环渤海经济区		长三角经济区		粤港澳大湾区		成渝—关中经济区	
	(1)	(2)	(1)	(2)	(1)	(2)	(1)	(2)
	lnden	lntfp	lnden	lntfp	lnden	lntfp	lnden	lntfp
lninfr× lndscale	−0.026 **	0.051 **	0.026 **	0.052 **	0.034 *	0.505 **	0.020 **	0.028 **
	(4.30)	(0.06)	(4.30)	(0.06)	(−0.99)	(−1.74)	(1.23)	(−1.62)
lnden		0.054 *		0.154 **		0.256 **		0.163 **
		(0.28)		(0.28)		(1.36)		(0.72)
rdi	−1.157	0.309 *	−0.024	0.047	0.277	0.121 *	0.547 **	0.316 *
	(−6.63)	(1.58)	(0.38)	(0.97)	(2.17)	(1.02)	(3.69)	(1.97)
fdi	3.817 **	−0.358	4.485 **	0.218 *	0.045	0.068	4.496 **	−0.589
	(10.36)	(0.65)	(8.02)	(0.28)	(0.18)	(0.04)	(5.08)	(−0.53)
acc	1.771 ***		0.357 *		0.132 **		−0.003	
	(16.37)		(1.55)		(20.2)		(−0.10)	
mar	3.489 ***		0.941		−0.464		0.479 *	
	(8.97)		(1.40)		(−1.28)		(1.21)	
常量	−3.3715 **	0.304 **	−3.372 **	0.304 **	4.142 **	−2.517 **	−3.396 **	−0.386 **
	(−6.29)	(0.35)	(−6.29)	(0.35)	(7.82)	(−2.81)	(−8.45)	(−0.45)
A-R²	0.9915	0.5996	0.9915	0.7725	0.9868	0.5047	0.9584	0.5601
F 值	566.81	565.75	566.81	831.1	249.62	277.1	768.7	231.2

注：*** 、** 、* 表示在 1%、5%、10% 的水平下显著，括号中的数据为 t 检验估计值。

表 9-6 的回归结果显示，除了环渤海经济区外，反映数字经济发展水平的交互项与相对专业化指数在 5%、10% 的水平下显著为负，交互项与地区制造业全要素生产率在 5%、10% 的水平下显著为正。这表明除了环渤海经济区外，数字经济发展水平有效降低了相对专业化指数即邻近地区制造业发生了地区之间的产业转移，推动制造业技术链的专业化分工。进而，制造业技术链的专业化分工通过增加技术链中间产品的生产环节，形成迂回生产过程的延长并提升地区制造业的全要素生产率。正如 Romer 所认为的，专业化分工推动了中间产品的生产，在产品多样化的作用下，形成规模收益递

增效应，这有利于长期生产率提高[1]。从直接效应和间接效应分析，数字经济发展水平每增加 1 个单位，长三角经济区、粤港澳大湾区和成渝—关中经济区的相对专业化指数分别会减少 0.121 个、0.218 个、0.038 个单位，从而促进邻近地区制造业全要素生产率间接提高 0.024 [（-0.121）×（-0.202）] 个、0.069 [（-0.218）×（-0.318）] 个、0.013 [（-0.038）×（-0.344）] 个单位，间接效应占总效应的比例分别为 36.9%、53.9%、54.2%。总体来看，数字经济发展对于邻近地区制造业全要素生产率提高的间接效应较显著，印证了前文假设提出的数字经济发展存在通过促进技术链专业化分工提升邻近地区制造业技术创新效率的空间效应。

表 9-6　技术链专业化分工的中介效应回归结果

	环渤海经济区		长三角经济区		粤港澳大湾区		成渝—关中经济区	
	(1)	(2)	(1)	(2)	(1)	(2)	(1)	(2)
	ln*cs*	ln*tfp*	ln*cs*	ln*tfp*	ln*cs*	ln*tfp*	ln*cs*	ln*tfp*
ln*dinfr*× ln*dscale*	0.011* (0.59)	0.020** (-1.47)	-0.121* (-2.24)	0.0409* (0.60)	-0.218* (0.02)	0.059** (-2.01)	-0.038** (-3.21)	0.011** (-0.56)
ln*cs*		-0.325** (2.64)		-0.202* (0.82)		-0.318** (0.41)		-0.344** (1.14)
rdi	-0.163 (0.92)	0.231* (1.78)	0.066 (0.16)	0.051 (1.03)	-0.117** (-2.83)	0.103* (0.82)	0.228* (2.37)	0.259* (1.83)
fdi	0.137 (0.36)	0.035 (0.01)	2.49*** (6.76)	0.278* (0.40)	-0.025 (-0.21)	0.005 (0.29)	3.755 (6.55)	-1.150 (-0.88)
acc	0.479** (4.34)		-0.583*** (3.86)		-0.023** (-11.2)		-0.009** (-0.01)	
mar	-2.025* (5.11)		-2.439*** (5.50)		-0.025 (-0.21)		-1.101** (-4.27)	
常量	0.063** (0.15)	-0.1995* (-0.63)	0.138** (0.33)	0.094** (0.17)	-0.614** (-4.61)	-1.262** (-1.90)	-0.904** (-3.08)	-0.629** (-1.31)
A-R^2	0.4990	0.8041	0.8627	0.5897	0.9586	0.5609	0.8958	0.4807
F 值	831.5	565.75	303.7	941.1	77.15	232.1	286.5	251.5

注：***、**、*表示在 1%、5%、10%的水平下显著，括号中的数据为 *t* 检验估计值。

[1] Romer P. M. , "Increasing Returns and Long-Run Growth," *Journal of Political Economy*, 94 (5), 1986 : 1002-1037.

所以，由表9-5和表9-6的中介效应回归结果分析可知，在数字经济与制造业融合发展的四大先行经济区内，除了环渤海经济区外，数字经济的发展通过推动技术创新密度的增加、技术链的专业化分工，对于邻近地区制造业全要素生产率的提升具有显著的空间效应，印证了本书理论部分假设2的推断。[①]

（二）四大数字经济与制造业融合创新先行经济区分区域层面的结果分析

第一，环渤海经济区的中介效应回归结果显示，数字经济发展水平阻碍了邻近地区制造业全要素生产率的提升，其中主要体现在数字经济发展阻碍了地区制造业的专业化分工和技术创新密度的增加。可以认为，环渤海经济区国有大型制造业企业的占比较高，工业组织结构以集中、一体化生产为主[②]，并未在纵向关联的产品研发、设计、生产制造、营销等不同环节形成空间上的分离，区域内初级层次制造业的产业分工与投入产出关联度较低，正如范剑勇所认为的，地区之间由于未产生具有结构差异的制造业分布，导致无法形成制造业规模收益递增的区位条件[③]，从而使数字技术促进技术创新的离心力未带动制造业在区域发生有序的扩散并形成技术链的专业化分工；另外，环渤海经济区的城镇化水平不高，中小城市、乡镇在要素禀赋、制度、营商环境、交通运输条件上并未形成制造业产业转移的区位条件，数字技术对于技术创新扩散的推动作用未产生在外围区域的制造业技术创新的涌现与集聚。

第二，长三角经济区的中介效应回归结果显示，数字经济发展水平对于提升邻近地区制造业技术创新效率具有较显著的中介效应。其中，促进技术链专业化分工更为明显。可以认为，长三角经济区的制造业融入全球价值链

---

① 假设2对应第四章中的第四个研究的假设2。
② 黄群慧：《工业化后期的中国工业经济》，经济管理出版社，2018，第78~86页。
③ 范剑勇：《长三角一体化、地区专业化与制造业空间转移》，《管理世界》2004年第11期，第78~79页。

的程度较深，正如陈建军等所认为的，在"分工效应"的作用下，长三角经济区制造业产业层面形成了较高程度的产业内、产品内的分工，区域层面呈现地域分散化分布与在广域尺度下的产业集聚①。新经济地理学理论认为，在数字技术对于技术创新形成的离心力作用下，该区域在产业内、产品内的分工格局较容易利用技术创新扩散，在中间环节形成多样化的技术链专业化分工；同时，区域层面的分散化分布有利于发挥地区的要素成本优势以形成规模收益递增并促进技术链分工环节的专业化深入。所以，在以上海、杭州为中心的数字经济集聚产生的技术创新溢出外部性的作用下，长三角经济区的技术链的专业化程度加深，对于提升邻近区域制造业技术创新效率具有明显的空间效应。

第三，粤港澳大湾区的中介效应回归结果显示，数字经济发展水平对于提升邻近地区制造业技术创新效率具有最明显的中介效应。可以认为，粤港澳大湾区是我国制造业分布最稠密的地区，也是制造业技术创新最活跃的地区。从技术链的分工与技术专业化角度分析，粤港澳大湾区制造业技术链的分工程度以及创新吸收扩散能力在全国范围内处于较高水平。在此基础上，数字技术降低了原创性技术创新在邻近区域扩散的成本，原创性技术创新的扩散会带动区域内技术链的不同分工环节形成累积性创新；在"分工效应"的作用下，粤港澳大湾区细分程度较高的技术链有利于产生更多的中间环节专业化分工和实现技术创新的涌现，例如，东莞的电子技术产业快速发展。同时，有别于长三角经济区的"单中心"模式，粤港澳大湾区存在"多中心"制造业分布，有利于由数字技术驱动的创新向广域的空间扩散，并在本地市场效应、要素成本效应作用下实现深度的技术专业化，以提升数字技术对邻近地区技术创新溢出的空间效应。

第四，成渝—关中经济区的中介效应回归结果显示，数字经济发展水平对于提升邻近地区制造业技术创新效率具有一定的中介效应。可以认

---

① 陈建军、黄洁、陈国亮：《产业集聚间分工和地区竞争优势——来自长三角微观数据的实证》，《中国工业经济》2009年第3期，第130~139页。

为，成渝—关中经济区是西部地区的数字经济与制造业融合发展的增长极，成都、西安在数字经济的生产和服务方面具有集聚优势，同时，重庆、四川和陕西的装备制造、汽车制造、电子信息、机械加工等产业的产业链齐全，数字经济的发展通过技术创新的区域扩散与共享，促使在区域内形成制造业技术创新的互补与融合，推动地区内的技术链进行专业化分工和实现技术创新活动增加，这对地区制造业技术创新效率提升存在较明显的空间效应。

四　对于模型设定的合理性检验的解释

（一）模型设定的合理性检验

在运用超越对数随机前沿模型进行分析之前，需要检验超越对数生产函数模型的适宜性。建立原假设 H_0，令模型中的系数 α_3、α_4、α_5 都为 0，采用广义似然率统计量检验原假设。广义似然率为 $\lambda = -2\ln\left[L\left(H_0\right) - L\left(H_1\right)\right]$，其中，$L\left(H_1\right)$ 和 $L\left(H_0\right)$ 分别是前沿模型的备择假设 H_1 和零假设 H_0 下的似然函数值，若原假设 H_0 被拒绝，则说明超越对数生产函数比柯布－道格拉斯生产函数更适用。结果显示，广义似然率大于 10% 显著度下的卡方分布临界值，则有理由拒绝原假设，可以采用超越对数生产函数测度数字经济驱动中国制造业工业增加值的提升过程。

（二）稳健性检验

为了确保研究结论的可靠性，除了采用上述变量进行控制以外，本书对随机前沿回归模型和中介效应回归方程进行稳健性检验：一方面，本书更换了随机前沿回归模型、中介效应模型中的部分控制变量，将研发投入变量换成专利申请数、人力资本水平变量替换为受教育年限，交通可达性变量用公路和铁路里程与省份面积的比值表示；另一方面，在剔除 2014 年和 2018 年的样本后，采用 2012~2021 年四大经济区的省级面板数据再次进行随机前沿回归分析、中介效应回归分析。稳健性检验结果显示，各变量估计系数符号与前文的估计结果基本一致，表明本书的主要结论具有较好的稳健性。

五 小结与启示

本书从促进制造业技术创新效率提升与推动技术创新地理溢出的双重视角，实证分析了数字经济驱动制造业高质量发展的耦合效应与空间效应。基于我国 2012~2020 年的省级面板数据，在测算省区市数字化水平和数字经济规模指标的基础上，以全国数字经济与制造业融合发展的四大主要经济区为样本实证分析数字化水平与数字经济规模的交互项与制造业技术创新效率之间的影响效应，本书得出以下结论。①数字化水平的提升与制造业利用数字技术的水平的耦合与匹配决定了制造业技术创新效率提升的幅度，即数字经济与制造业技术创新效率提升之间存在耦合效应。其中，区域、产业和企业层面的制造业已有技术创新水平对于制造业利用数字技术进行创新具有重要的促进作用。②数字经济的发展水平会通过推动邻近地区制造业技术创新活动密度的增加、技术创新链专业化的分工，对邻近地区制造业技术创新效率提升产生较强的空间效应。基于此，本书提出以下几点启示。

第一，依托我国制造业的核心技术特征进行数字技术类型以及技术创新路径的选择。制造业所处的发展阶段、转型升级的技术需求以及自身核心技术的特征，是我国利用数字技术推动制造业高质量发展的立足点。研究证实数字技术与制造业技术创新之间存在耦合性。那么，选择与我国制造业核心技术类型契合度高、易于进行本土化研发扩散的数字技术如数字工程技术、5G 工业互联网等，推动对制造业从产品模块化生产模式向工艺流程模块化、架构创新生产模式转变的技术创新路径的探索，是实现《中国制造 2025》目标和制造业向全球价值链高端迈进的关键路径。

第二，充分利用对政策、合作机制与制度的构建，推动制造业自主技术创新。加快推进我国制造业创新和巩固自主技术创新基础，并推动在企业—产业—区域—国家不同层面构建协同合作的创新机制。研究证实，数字经济作为"知识经济"，需要通过构建国家层面的技术创新体系、产业层面的技术创造机制以及进行企业层面知识库的构建，有效利用数字技术进行技术创新。所以，需要做好以下工作：一是在产业政策层面制定竞争性产业政策，以效率为引领激励制造业企业充分利用数字技术进行产品、工艺等创新；二是在构建区域创新系统方面，建立政府、学校、科研机构与制造业企业协同的产学研创新机制，形成对于有关数字技术的吸收—研发—工程化技术应用—商业化开发的良性循环，提升制造业企业利用数字技术进行创新的效率；三是在制度方面，通过数据治理和规范技术的市场化水平，降低数据要素流动与使用、技术专利交易的交易成本。

第三，加快布局新型基础设施，推动建立数字经济集聚的产业园区。加快在数字经济先行区布局新型基础设施，推动建立数字经济集聚的产业园区，有效提升数字经济对于邻近地区制造业技术创新资源进行空间配置的效率。具体措施包括：一是加快布局以 5G、工业互联网、人工智能、物联网等为代表的新型基础设施；二是在核心城市建立数字经济产业园区，形成数字经济产业集聚，促进数字经济园区对于邻近地区制造业企业的技术、数据、平台、供应链等数字服务的供给；三是在核心城市的邻近地区，为制造业产业集群的龙头企业搭建工业互联网平台，建设智能制造示范工厂，大力发展区域物联网和智慧物流，推动区域数字制造业产业生态形成和产业集群规模化发展。

第十章　数字经济对中国传统产业发展的影响效应

根据第四章中的第五个研究数字经济对传统产业创新发展的理论分析与研究假设，本章从企业创新圈、创新资源配置、创新组织变革的内部影响和经济与社会外部压力视角实证研究数字经济驱动传统产业创新发展，以产业升级、金融发展及消费需求分析数字经济对传统产业创新发展的影响效应。本书研究发现以下内容。一是数字经济发展能够显著提升传统产业创新能力，进行稳健性检验后，结果仍然成立。二是数字经济助力传统产业转型升级，促进普惠金融发展以及拉动消费需求，对传统产业创新发展产生积极影响，并且消费需求的中介作用更为明显。三是数字经济对传统产业创新发展具有区域异质性，东部地区的创新溢出强度大于中部地区和西部地区。本书为理解数字经济驱动传统产业创新发展的路径提供了有益的补充。

一　计量模型、变量设定与数据说明

（一）计量模型

为验证第四章数字经济对传统产业创新发展的研究假设，首先针对直接传导机制构建基本模型：

$$Innovation_{it} = \alpha + \beta Digital_{it} + \lambda_c Z_{it} + \mu_i + \varepsilon_{it} \tag{1}$$

其中，$Innovation$ 为传统产业创新能力，$Digital$ 为数字经济发展水平，Z 代表一系列控制变量，α 为常数项，β 为核心解释变量对应的回归系数，系数大小及方向反映其对传统产业创新发展的影响，λ_c 是控制变量系数，μ_i 表示不随时间变化的个体固定效应，ε_{it} 为随机误差项。

除了式（1）所体现的直接效应外，本书还应针对间接传导机制构建数字经济对传统产业创新发展的中介效应模型，这里引入中介变量（*med*），模型可表示为：

$$med_{it} = \alpha_0 + \beta_0 Digital_{it} + \lambda_0 Z_{it} + \mu_i + \varepsilon_{it} \tag{2}$$

$$Innovation_{it} = \alpha_1 + \beta_1 Digital_{it} + \eta med_{it} + \lambda_1 Z_{it} + \mu_i + \varepsilon_{it} \tag{3}$$

按照中介效应的检验流程，首先对式（1）进行回归估计，如果数字经济对传统产业创新发展存在积极影响，则系数β显著为正，继续下一步检验。对式（2）进行回归估计，如果数字经济对中介变量存在积极影响，则系数β_0显著为正。对式（3）进行回归估计，如果系数β_1和系数η显著为正，则存在中介效应，如果系数β_1和系数η有一个不显著，就要进一步通过 Sobel 检验确定是否存在显著的中介效应。

（二）变量设定

1. 被解释变量

传统产业创新能力（*Innovation*）是本章的被解释变量，由于专利指标是衡量科技成果的可靠性指标，不同区域的专利数据具有可比性，考虑到研发投入和获取专利授权之间的时间滞后关系，为了进一步减轻这种滞后性带来的不利影响，本书把规模以上工业企业专利申请数作为衡量传统产业创新产出的指标。

2. 核心解释变量

数字经济发展水平（*Digital*）是本章的核心解释变量，现有研究有关数字经济的测度不一，借鉴以往经验，为了更加全面地理解数字经济发展所依赖的要素，本书选取构建指标体系的方法测度数字经济发展水平。本书遵循科学性原则、完整性原则、综合性原则以及可比性原则，基于数字化基础设施、数字化应用状况、数字化发展环境和数字金融发展四个维度综合选取了 13 个二级指标，数字经济发展水平指标体系见表 10-1。对于测度方法的选择，采取主成分分析法用前 k 个主成分累计方差贡献率达到 80% 的方法确定因子个数，为了消除量纲不同的影响，在对结果进行标准化处理后得到数字经济发展水平指数。全部数据通过了 Bartlett 球性检验和 KMO 检验，结果表明本书选取的数据适合进行主成分分析。

表 10-1　数字经济发展水平指标体系

一级指标	二级指标	指标属性
数字化基础设施	互联网域名数	+
	互联网接入端口数	+
	长途光缆线路长度	+
	互联网宽带接入用户	+
数字化应用状况	移动电话普及率	+
	邮政业务量	+
	电信业务总量	+
	网上移动支付水平	+
数字化发展环境	城镇居民人均可支配收入	+
	R&D 支出占区域 GDP 比例	+
数字金融发展	数字金融覆盖广度	+
	数字金融使用深度	+
	数字金融数字化程度	+

3. 中介变量

根据前面的理论分析，本书选取产业升级（*stu*）、金融发展（*finance*）和消费需求（*consume*）作为中介变量，检验数字经济对传统产业创新发展的间接影响机制。其中，产业升级用第三产业产值比第二产业产值来表示，金融发展用银行业金融机构各项存贷款余额与 GDP 比值来表示，消费需求用城镇人均消费支出来衡量。

4. 控制变量

本书选取了可能影响传统产业创新能力的六个具有代表性的控制变量：政府干预程度（*government*）、知识产权保护（*property*）、研发投入强度（*r&d*）、市场化水平（*market*）、城市化水平（*city*）和人力资本水平（*education*）。其中，政府干预程度用财政支出占 GDP 的比重来衡量，知识产权保护用技术市场交易额与

GDP 之比来表示，研发投入强度用研发经费投入占 GDP 比重的相对指标来刻画，市场化水平用私营与个体就业人数占总就业人数之比来体现，城市化水平用年末城镇人口与总人口之比来反映，人力资本水平用平均受教育年限来表示。

（三）数据说明和描述性统计

本书以 2011~2020 年为研究时间段，选取中国 30 个省区市作为样本，剔除数据存在明显缺失的港澳台地区和西藏自治区，所有数据均经过自然对数处理。数据主要来源于《中国统计年鉴》、《中国科技统计年鉴》、《中国金融统计年鉴》和《中国互联网络发展状况统计报告》。变量的描述性统计结果如表 10-2 所示。

表 10-2　变量的描述性统计结果

变量类型	变量	观测值	均值	标准差	最小值	最大值
被解释变量	传统产业创新能力（Innovation）	300	9.185	1.460	5.124	12.630
解释变量	数字经济发展水平（Digital）	300	-0.940	0.213	-1.379	-0.160
中介变量	产业升级（stu）	300	-0.095	0.416	-0.658	1.670
中介变量	金融发展（finance）	300	1.121	0.309	-0.417	2.096
中介变量	消费需求（consume）	300	9.925	0.295	9.302	10.785
控制变量	政府干预程度（government）	300	-1.463	0.377	-2.205	-0.442
控制变量	知识产权保护（property）	300	-5.105	1.362	-8.592	-1.743
控制变量	研发投入强度（r&d）	300	-2.419	0.588	-4.088	-1.462
控制变量	市场化水平（market）	300	-1.120	0.533	-3.341	-0.021
控制变量	城市化水平（city）	300	-0.559	0.199	-1.051	-0.110
控制变量	人力资本水平（education）	300	2.217	0.092	2.017	2.548

二 基准回归结果分析

本书采用 2011~2020 年中国省级面板数据进行实证分析。对于面板数据，常用的模型有固定效应模型和随机效应模型，本书中的数据通过了Hausman 检验。固定效应模型的估计结果更为可靠，因此本书采取固定效应模型进行基于面板的回归估计，表 10-3 报告了数字经济发展水平对传统产业创新能力的基准回归结果。在模型 1 至模型 7 中，随着控制变量的逐步引入，核心解释变量数字经济发展水平的估计系数均为正，并且都在 1% 水平下高度显著，这表明数字经济发展能够显著促进传统产业创新能力提升，模型 7 的数字经济发展水平的系数为 2.811，这说明数字经济发展水平每增加1 个单位，传统产业创新能力提升 2.811 个单位，从而证明假设 1 成立[①]。

表 10-3　数字经济发展水平对传统产业创新能力的基准回归结果

	模型 1	模型 2	模型 3	模型 4	模型 5	模型 6	模型 7
Digital	7.546 ***	3.436 ***	3.471 ***	3.049 ***	3.068 ***	2.727 ***	2.811 ***
	(0.387)	(0.361)	(0.326)	(0.256)	(0.254)	(0.272)	(0.273)
government		−2.373 ***	−2.260 ***	−0.987 ***	−0.952 ***	−1.070 ***	−0.991 ***
		(0.137)	(0.125)	(0.135)	(0.135)	(0.138)	(0.142)
property			0.222 ***	0.063 ***	0.052 **	0.080 ***	0.068 ***
			(0.027)	(0.024)	(0.024)	(0.025)	(0.026)
r&d				1.175 ***	1.155 ***	1.219 ***	1.275 ***
				(0.086)	(0.086)	(0.087)	(0.091)
market					0.143 **	0.251 ***	0.257 ***
					(0.063)	(0.070)	(0.070)
city						−0.726 ***	−1.214 ***
						(0.226)	(0.326)
education							1.214 **
							(0.587)

---

① 假设 1 对应第四章中的第五个研究的假设 1。

续表

	模型1	模型2	模型3	模型4	模型5	模型6	模型7
常量	16.279 ***	8.945 ***	10.275 ***	13.771 ***	13.897 ***	13.415 ***	10.728 ***
	(0.368)	(0.497)	(0.477)	(0.451)	(0.452)	(0.469)	(1.381)
N	300	300	300	300	300	300	300
R^2	0.568	0.788	0.828	0.896	0.898	0.901	0.903
F	380.336	534.347	461.199	615.304	500.528	432.452	375.559
	[0.000]	[0.000]	[0.000]	[0.000]	[0.000]	[0.000]	[0.000]

注：** 、*** 分别表示在 5%、1%的水平下显著，小括号中的数据为标准误，中括号中的数据为 P 值，数据由 stata 15.1 软件计算得到。

三 中介效应检验

第四章基于理论从产业升级、提高金融发展效率及拉动消费需求三个角度分析了数字经济对传统产业的间接传统机制，为验证有关该作用机制的假设，本书选用中介效应模型进行实证检验，回归结果见表 10-4。

表 10-4 数字经济发展水平对传统产业创新能力的中介效应检验

	产业升级效应		金融发展效应		消费需求效应	
	stu	Innovation	finance	Innovation	consume	Innovation
	模型8	模型9	模型10	模型11	模型12	模型13
Digital	0.406 ***	2.561 ***	0.361 ***	2.499 ***	0.376 ***	2.220 ***
	(0.147)	(0.262)	(0.108)	(0.262)	(0.062)	(0.271)
stu		0.617 ***				
		(0.105)				
finance				0.867 ***		
				(0.142)		
consume						1.575 ***
						(0.244)
government	0.188 **	-1.107 ***	0.615 ***	-1.524 ***	0.102 ***	-1.151 ***
	(0.076)	(0.136)	(0.056)	(0.160)	(0.032)	(0.135)

续表

	产业升级效应		金融发展效应		消费需求效应	
	stu	Innovation	finance	Innovation	consume	Innovation
	模型8	模型9	模型10	模型11	模型12	模型13
property	0.044***	0.041	0.046***	0.028	0.002	0.064***
	(0.014)	(0.025)	(0.010)	(0.025)	(0.006)	(0.024)
r&d	-0.287***	1.452***	0.025	1.254***	0.007	1.264***
	(0.049)	(0.091)	(0.036)	(0.085)	(0.021)	(0.085)
market	0.048	0.228***	0.111***	0.161**	0.067***	0.151**
	(0.038)	(0.066)	(0.027)	(0.068)	(0.016)	(0.067)
city	0.489***	-1.516***	0.596***	-1.731***	0.857***	-2.563***
	(0.175)	(0.312)	(0.128)	(0.318)	(0.074)	(0.370)
education	2.067***	-0.062	0.630***	0.668	0.112	1.037*
	(0.315)	(0.595)	(0.231)	(0.560)	(0.134)	(0.550)
常量	-3.975***	13.180***	1.716***	9.240***	10.760***	-6.216**
	(0.742)	(1.370)	(0.544)	(1.323)	(0.314)	(2.928)
N	300	300	300	300	300	300
R^2	0.548	0.913	0.630	0.914	0.777	0.915
F	49.052 [0.000]	372.206 [0.000]	68.692 [0.000]	375.334 [0.000]	140.987 [0.000]	380.912 [0.000]

注：*、**、***分别表示在10%、5%、1%水平下显著，小括号中的数据为标准误，中括号中的数据为 P 值，数据由 stata 15.1 软件计算得到。

模型8和模型9是以产业升级为中介变量的估计结果，不难发现，模型8中数字经济对产业升级的影响系数显著为正，说明数字经济对产业升级存在积极影响。模型9中产业升级对传统产业创新能力的系数显著，为0.617；数字经济对传统产业创新能力的系数显著，为2.561，小于模型7中的系数2.811，这表明产业升级是数字经济促进传统产业创新发展的作用机制，数字经济可以通过对产业升级的积极影响间接推动传统产业创新能力提升。具体来说，在其他因素保持不变的情况下，数字经济发展水平每增加1个单位，传统产业创新能力会直接提高2.561个单位，同时会使产业升级提升0.406个单位，从而使传统产业创新能力间接提高0.250（0.617×0.406）个单位，总效应为直接效应（2.561）和间接效应（0.250）之和（2.811），间接效应在总效应中的占比为 8.89%。由此可知，假设 2 成立[①]。

　　模型 10 和模型 11 是以金融发展为中介变量的估计结果，模型 10 中数字经济发展水平对金融发展的影响系数显著为正，说明数字经济发展水平对金融发展存在积极影响。模型 11 中金融发展对传统产业创新能力的回归系数显著，为 0.867，且数字经济发展水平对传统产业创新能力的影响系数显著，为 2.499，小于模型 7 中的系数 2.811，这表明金融发展是数字经济促进传统产业创新发展的作用机制，数字经济可以通过促进金融发展间接推动传统产业创新能力提升。具体来说，在其他因素保持不变的情况下，数字经济发展水平每增加 1 个单位，传统产业创新能力会直接提高 2.499 个单位，同时会使金融发展提高 0.361 个单位，从而使传统产业创新能力间接提高 0.312（0.867×0.361）个单位，总效应为直接效应（2.499）和间接效应（0.312）之和（2.811），间接效应在总效应中的占比为 11.09%。这说明假设 3 成立[②]。

　　模型 12 和模型 13 是以消费需求为中介变量的估计结果，结果发现，模型 12 中数字经济发展水平对消费需求的影响系数显著为正，说明数字经济发展水平对消费需求存在积极影响。模型 13 中消费需求对传统产业创新能力的回归系数显著，为 1.575，且数字经济发展水平对传统产业创新能力的影响系数显著，为 2.220，小于模型 7 中的系数 2.811，这表明消费需求是数字经济促进传统产业创新发展的作用机制，数字经济可以通过对消费需求的积极影响间接推动传统产业创新能力提升。具体来说，在其他因素保持不变的情况下，数字经济发展水平每增加 1 个单位，传统产业创新能力会直接提高 2.220 个单位，同时使消费需求提高 0.376 个单位，从而使传统产业创新能力间接提高 0.591（1.575×0.376）个单位，总效应为直接效应（2.220）和间接效应（0.591）之和（2.811），间接效应在总效应中的占比为 21.02%。因此，假设 4 成立[③]。

---

　　① 假设 2 对应第四章中的第五个研究的假设 2。
　　② 假设 3 对应第四章中的第五个研究的假设 3。
　　③ 假设 4 对应第四章中的第五个研究的假设 4。

四　区域异质性检验

整体而言，不论是发达地区还是欠发达地区，依托数字经济新优势，理论上均能够驱动传统产业创新发展。数字经济新优势是一种新的创新驱动力，其直接驱动与间接驱动路径并不会因为地区发展水平不同而产生差异。然而，中国地区经济发展具有明显的非均衡性，由图 10-1 可以看出不同地区的数字经济发展水平及创新水平存在较大的差异，那么在利用数字经济新优势赋能产业创新方面，可能同样会产生差异。为此，本书采用国家统计局的经济区域划分方法，将样本分成东部地区、中部地区、西部地区①。

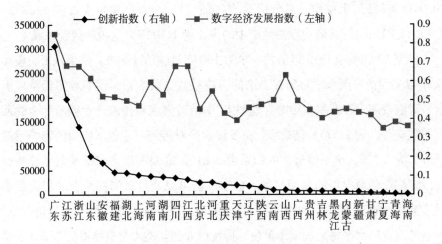

图 10-1　2020 年中国 30 个省区市传统产业创新及数字经济发展指数

表 10-5 中的模型 14、模型 15 和模型 16 依次反映了东部、中部和西部三大地区的数字经济对传统产业的创新溢出情况。可以看出，东部、中部和

---

① 东部地区包括北京、天津、河北、辽宁、上海、江苏、浙江、福建、山东、广东、海南。中部地区包括山西、吉林、黑龙江、安徽、江西、河南、湖北、湖南。西部地区包括内蒙古、广西、重庆、四川、贵州、云南、陕西、甘肃、青海、宁夏、新疆。

西部地区的数字经济发展水平的系数均为正值，说明数字经济对传统产业的创新能力具有正向的影响，但在东部和西部地区显著，在中部地区并不显著，由此可见，数字经济对传统产业的创新溢出在区域间的差异呈现"U"形特征。

表 10-5 数字经济发展水平对传统产业创新能力的区域异质性检验结果

	东部地区	中部地区	西部地区
	模型 14	模型 15	模型 16
Digital	3.626 *** (0.252)	0.562 (0.492)	2.216 *** (0.690)
Controls	是	是	是
常量	9.738 *** (2.294)	30.365 *** (2.549)	11.202 *** (2.757)
N	110	80	110
R^2	0.977	0.957	0.817
F	559.229 [0.000]	199.508 [0.000]	59.225 [0.000]

注：*** 表示在1%水平下显著；小括号中的数据为标准误，中括号中的数据为 P 值，数据由 stata 15.1 软件计算得到。

模型 14 中数字经济发展水平对传统产业创新能力的影响系数为 3.626，模型 15 中数字经济发展水平对传统产业创新能力的影响系数为 0.562，模型 16 中数字经济发展水平对传统产业创新能力的影响系数为 2.216，由此可见，创新溢出强度表现为"东部地区>西部地区>中部地区"，即相较于中部地区和西部地区，东部地区能从数字经济发展中获取更多的创新溢出红利。出现这种差异现象的原因主要在于：东部地区城市数字化水平较高，数字化基础设施较为完善，数字经济发展迅速，数字经济对技术创新的加持作用在完善的产业结构下更加显著；西部地区数字经济具有后发优势，传统产业创新能力处于较低水平，在加大数字基础设施建设力度的基础上，数字经济发展是创新发展的重要推动力，从而使创新溢出强度显著较大；中部地区数字化基础设施建设和创新发展齐头并进，研发投入强度对传统产业创新的推动力更强，因此数字经济对传统产业创新能力的影响并不显著。同样，这也意味着如果合理规划数字化基础设施建设，那么推动数字经济发展的相关法律法规，不仅有利于提升区域间的传统产业创新能力，还有利于减轻创新溢出不均衡的影响，也将有利于缩小区域经济发展鸿沟。

五　稳健性检验

本书主要进行如下稳健性检验。（1）调整研究样本量。一般而言，企业的研发投入越高，越能对创新成果产生积极影响，表10-3的基础回归结果也证实了这一点，因此，在较高的研发投入下，评价结果将更加全面。本书剔除了 r&d 小于 0.03 的样本后重新进行回归，结果如表 10-6 中的模型 17 所示，核心解释变量系数显著为正，且大于 2.811，这说明在高研发投入下数字经济对传统产业创新发展的影响加强。（2）更换被解释变量。为了增强本书研究的稳健性，对被解释变量重新进行计算，基于投入产出角度并选取数据包络分析法中的假定规模报酬可变的多阶段 BCC 模型对其进行测度，把 R&D 人员全时当量和 R&D 经费内部支出额作为创新投入指标，把专利申请数作为衡量创新产出的指标重新测算传统产业创新水平，结果如表 10-6 中的模型 18 所示，核心解释变量系数显著为正，说明在替换了被解释变量的情况下，数字经济仍然有助于传统产业创新发展。（3）缩尾回归。剔除异常值，对主要变量进行 1% 水平上的缩尾处理后重新进行回归，结果如表 10-6 中模型 19 所示，核心解释变量系数显著为正，并进一步证实，在缩尾处理减少因异常值问题而引起的估计偏差后，结果依然稳健。（4）外生冲击检验。本书选取的样本时间为 2011~2020 年，在该样本期内 2015 年的中国股市崩盘可能会对传统产业创新发展产生影响。2015 年的中国股市崩盘不仅对中国市场经济造成了沉重的打击，还对全球资本市场产生了重大影响。A 股崩盘发生后，市场融资规模急剧下降，企业市值大幅缩水，损失惨重，引发实体经济衰退，因此，股市崩盘对传统产业创新发展造成了一定程度的负面影响。根据上述分析，本书生成股市崩盘的虚拟变量，将股市崩盘发生前设定为 0，发生后设置为 1，将两个虚拟变量带入进行回归，对于股市崩盘的外生冲击对传统产业创新发展的影响，表10-6 中的模型20 的股市崩盘的系数显著为负，表明中国传统产业创新发展确实受到了股市崩盘的负面影响，同时核心解释变量系数显著为正，本书的核心结论依然稳健。（5）内生性检验。考虑到重要变量遗漏或者数字经济发展与传统产业创新能力之间可能存在双向因果关系从而导致内生性问题，为了进一步减轻内生性问题的干扰，本书在固定效应模型的基础上以数字经济发展水平的滞后一期为工具变量，并采用 Gmm 2s 估计方法进行回归分析。回归结果如表10-7 中的模型21 所示。对于原假设"工具变量识别不足"的检验，Kleibergen-Paap rk LM 统计量为23.054，其 P 值为0，显著拒绝原假设；对于原假设"工具变量是弱识别"的检验，Cragg-Donald Wald F 统计量为22.164，Kleibergen-Paap rk F 统计量为25.477，大于 Stock-Yogo 10% 临界值16.38。因此，工具变量的选择具有有效性。数字经济系数为9.536，且在1%的水平下保持显著，说明在考虑内生性问题的情况下，数字经济对传统产业创新发展的促进作用依然具有有效性。

表 10-6 稳健性检验——子样本回归、更换被解释变量、缩尾回归、外生冲击检验

	子样本回归	更换被解释变量	缩尾回归	外生冲击检验
	模型 17	模型 18	模型 19	模型 20
Digital	2.837 *** (0.276)	0.514 *** (0.186)	2.896 *** (0.280)	2.476 *** (0.206)
股市崩盘				-0.171 ** (0.084)
控制变量	是	是	是	是
常量	10.931 *** (1.445)	3.686 *** (0.942)	11.322 *** (1.380)	10.440 *** (1.361)
N	289	300	300	300
R^2	0.891	0.280	0.904	0.907
F	317.200 [0.000]	15.76 [0.000]	382.428 [0.000]	353.142 [0.000]

注：** 、*** 分别表示在5%、1%的水平下显著，小括号中的数据为标准误，中括号中的数据为 P 值，数据由 stata 15.1 软件计算得到。

表 10-7　稳健性检验——内生性检验

指标	模型 21
模型选择	Gmm 2s
Digital	9.536***(1.351)
控制变量	是
Cragg-Donald Wald F 统计量	22.164
Kleibergen-Paap rk F 统计量	25.477
Stock-Yogo 10%临界值	16.38
Kleibergen-Paap rk LM 统计量	23.054[0.000]
N	290
R^2	0.545
F	49.642[0.000]

注：***表示在1%的水平下显著，小括号中的数据为标准误，中括号中的数据为 P 值，数据由 stata 15.1 软件计算得到。

六　小结与启示

本书基于 2011~2020 年的省级面板数据测度了传统产业创新能力和数字经济发展水平，运用面板固定效应模型、中介效应模型、区域异质性检验等进行实证检验。本书研究发现以下内容。（1）数字经济明显地促进了传统产业创新发展，在考虑稳健性和内生性问题的影响下引入工具变量进行检验，该结论仍然成立。（2）产业升级、金融发展以及消费需求是数字经济驱动传统产业创新发展的重要介质，实证分析表明产业升级、金融发展以及消费需求均对数字经济驱动传统产业创新发展具有显著的积极性中介效应。相对而言，消费需求的正向强化作用更大。（3）数字经济对传统产业创新发展存在区域异质性，东部地区的创新溢出强度大于中部地区和西部地区。基于以上结论，本书提出以下几点政策启示。

第一，加强数字基础设施建设，完善数据要素市场。数字经济发展水平的提高能够产生一系列协同效应，给产业带来创新红利。一是加强数字基础设施建设。一方面，政府可以通过设立专项数字基建资金，通过招商引资吸纳社会资本以进行数字化建设；另一方面，政府通过实施动态化和差异化的战略，重视劳动密集型产业及中西部地区的数字建设，有效缩小数字鸿沟和创新鸿沟。二是完善数据要素市场。政府应推动数据共建共享、数据保护和监管等政策制度的建设，制定一系列相关规范条例，积极开展数据要素市场试点工作，推动数据监管能力建设，保证促进大数据有效流通。

第二，深入推进数字经济与传统产业融合发展。一是加快5G商用、云计算、人工智能等新技术在传统产业的应用。通过推动产业数字化转型以及数字产业化发展，有效连接数字经济和创新主体，构建基于创新协作的数字平台，通过大数据技术赋能创新协作平台，提升数据要素在传统产业内部的有效流通。二是加强传统产业数字化变革创新团队建设。一方面，企业要从内部培养以及吸纳高校人才，通过开展专业培训和加强数字化人才队伍建设，为数字经济与传统产业融合提供人才支撑；另一方面，要通过创新激励政策促进创新人力要素在产业内外的流通，充分发挥人才市场化作用，吸引创新型人才进入数字化变革创新团队。

第三，优化顶层制度设计，发挥产业升级、金融发展以及消费需求的"中介因素"作用。一是积极引导传统产业进行数字化转型，加大数字化创新人才的培育和数字化革新资本的投入力度，引领数字要素向新兴产业集聚，进而推动产业链创新链高级化。二是提升金融服务的效率和广度，利用数字金融资金流动性强和融资约束力低等优势加大资本市场对中小微企业创新变革的支持力度。三是继续加强电商平台、直播平台的规范性建设，推动线上与线下消费有机结合，深挖国内下沉市场消费需求，健全消费者保护权益相关机制。

第十一章　数字基础设施对中国全要素生产率的影响效应

　　根据第四章数字基础设施对全要素生产率影响的理论分析与研究假设，本书通过实证检验揭示数字基础设施建设驱动全要素生产率的直接影响效应、非线性特征以及空间溢出效应，并对地区异质性做进一步的阐述，紧接着利用政策工具对地区加以划分并进行研究，进一步佐证上述效应。相对于既有研究，本书的贡献在于：一是在识别策略上不同于已有研究关于新型基础设施的衡量指标，本书借助移动基站数量这一指标深入研究数字基础设施建设对全要素生产率的影响；二是本书通过实证分析同样支持了新型基础设施具有空间溢出性的结论，但更为重要的是对数字鸿沟做出了解释，三是在研究视角上鲜有文献关注新型基础设施建设对企业或省级层面全要素生产率的影响，本书立足于宏观视角分析数字基础设施建设与全要素生产率之间存在的关系；四是进一步划分"宽带中国"战略试点地区以及非"宽带中国"战略试点地区、大数据综合试验区与非大数据综合试验区，多角度深度探讨数字基础设施建设对我国全要素生产率的影响，丰富有关数字基础设施研究的相关文献[①]。

一　计量模型、变量设定与数据说明

（一）计量模型

　　为检验第四章数字基础设施对全要素生产率影响的理论分析与研究假

[①]　本章对应第四章中的第六个研究——数字基础设施对全要素生产率影响的理论分析与研究假设。有关第四章中的第六个研究和本章结合在一起的核心观点已在学术期刊上发表，详细内容参见惠宁、薛瑞宏《加快建设数字基础设施 着力提高全要素生产率》，《西北大学学报》（哲学社会科学版）2023 年第 1 期，第 36～55 页。

设，本书设定基准模型考察数字基础设施建设对全要素生产率的影响，具体为：

$$TFP_{it} = \alpha + \beta DI_{it} + \lambda_c Z_{it} + \mu_i + \varepsilon_{it} \tag{1}$$

其中，TFP_{it} 为第 i 个地区在 t 时期的全要素生产率，DI_{it} 为第 i 个地区在 t 时期的数字基础设施建设水平，Z_{it} 代表一系列控制变量，α 为常数项，β 为互联网变量系数，系数大小及方向反映其对实体经济创新发展的影响，λ_c 是控制变量系数，μ_i 表示不随时间变化的个体固定效应，ε_{it} 为随机误差项。

除了式（1）所体现的直接效应外，还应考虑数字基础设施建设对全要素生产率的非线性溢出，这里采用 Hansen 的面板门槛模型做非线性机制考察，考虑到样本存在多个门槛值的可能性，在式（1）的基础上进一步构建如下模型：

$$TFP_{it} = \alpha + \beta_1 DI_{it} \times I(govern_{it} \leq \gamma_1) + \beta_2 DI_{it} \times I(\gamma_2 \geq govern_{it} > \gamma_1)$$
$$+ \cdots + \beta_n DI_{it} \times I(govern_{it} \leq \gamma_n) + \lambda_c Z_{it} + \mu_i + \varepsilon_{it} \tag{2}$$

其中，$govern$ 为门槛变量政府财政支持力度，γ 为待估的门槛值，$I(\cdot)$ 为取值 1 或 0 的指示函数，满足括号内条件即为 1，否则为 0。其余变量与式（1）的含义相同。

为进一步讨论数字经济对高质量发展的空间溢出效应，在式（1）中引入此二者以及其他控制变量的空间交互项，进一步将其拓展为空间面板计量模型：

$$TFP_{it} = \alpha + \rho WTFP_{it} + \beta DI_{it} + \phi WDI_{it} + \lambda_c Z_{it} + \phi_c WZ_{it} + \mu_i + \delta_t + \varepsilon_{it} \tag{3}$$

其中，ρ 代表空间自回归系数，W 为空间权重矩阵，为了提高实证结果的稳健性，本书采用地理距离矩阵进行回归。ϕ 和 ϕ_c 分别为核心解释变量以及控制变量空间交互项的弹性系数，δ_t 为控制时间固定效应，其余变量与式（1）相同。当 $\phi = \phi_c = 0$ 且随机误差项不存在空间依赖性时为空间自回归模型（SAR）；当 $\rho = \phi = \phi_c = 0$ 且随机误差项存在空间依赖性时为空间误差模型（SEM）；当随机误差项不存在空间依赖性时为空间杜宾模型（SDM）。

（二）变量设定

1. 被解释变量

全要素生产率（*TFP*）是经济可持续增长的动力。全要素生产率的提高意味着社会生产效率和资源配置效率提高，在一定程度上可以反映经济社会的技术进步、体制优化、组织管理改善等无形生产要素的现状。本书以实际GDP 为产出；投入要素为从业人员数、固定资产（通过永续盘存法获得），在Battese 和 Coelli 模型的基础上，采用 SFA 方法对我国全要素生产率进行分析。

2. 解释变量

移动通信基站作为移动通信基础设施的终端，用于解决无线电信号的覆盖问题，是从"有线"到"无线"的过渡点；其在手机等移动终端用户和网络运营商的中央计算机系统之间起到承上启下、中转衔接的作用，故本书用移动电话基站来衡量能够体现数字经济特征的新一代数字基础设施建设（*DI*）。

3. 控制变量

本书选取如下控制变量：产业升级（*structure*）用第三产业产值比第二产业产值来表示；政府财政支持（*fina*）用一般公共预算支出/国内生产总值表示；人力资本（*edu*）用平均受教育年限（小学学历×6+初中×9+高中×12+大学以上×16）/6 岁以上人口表示；贸易开放度（*trade*）用进出口总额/国内生产总值表示；知识产权保护（*property*）用技术市场交易额/国内生产总值表示；研发投入强度（*rd*）用 R&D 经费内部支出/国内生产总值表示。

（三）数据说明

本书以数字经济为切入点进行研究，鉴于相关数据的可得性，本书以2013~2019 年为研究时间段。本书以中国 30 个省区市为样本，由于中国港澳台地区和西藏自治区数据存在明显缺失，因此做了剔除处理。本书所使用的相关数据来自《中国科技统计年鉴》以及《中国统计年鉴》，变量描述性统计结果见表 11-1。

表 11-1 变量描述性统计结果

变量	观测值	均值	标准差	最小值	最大值
数字基础设施建设(DI)	210	17.7400	12.5830	1.2000	75.8000
全要素生产率(TFP)	210	1.5570	0.7170	0.1560	2.9000
产业升级($structure$)	210	1.2540	0.6830	0.5720	5.1690
政府财政支持($fina$)	210	0.2520	0.1020	0.1140	0.6280
研发投入强度(rd)	210	0.0170	0.0110	0.0050	0.0630
贸易开放度($trade$)	210	0.2590	0.2780	0.0130	1.3630
知识产权保护($property$)	210	0.0150	0.0280	0.0000	0.1640
人力资本(edu)	210	9.2630	0.8950	7.5140	12.6820

二 整体回归结果分析

(一)基准回归结果分析

经 Hausman 检验，本书采取固定效应模型进行估计，同时使用稳健性标准误进一步消除异方差带来的影响，回归结果如表 11-2 所示。

表 11-2 基准回归结果

	模型(1)	模型(2)	模型(3)	模型(4)	模型(5)
	TFP	TFP	DI	TFP	$\ln TFP$
DI	0.066 ***	0.021 *		0.091 ***	
	(7.23)	(1.69)		(5.52)	
$structure$		0.694 *		1.499 ***	
		(1.84)		(3.51)	
edu		1.182 ***		1.017 ***	
		(3.53)		(3.14)	
$trade$		1.249 *		2.957 ***	
		(1.74)		(2.61)	
$property$		48.208 ***		32.534 **	
		(2.76)		(2.32)	
rd		69.297		25.737	
		(1.55)		(0.68)	

	模型（1）	模型（2）	模型（3）	模型（4）	模型（5）
	TFP	TFP	DI	TFP	lnTFP
lnDI					0.647 ***
					(5.08)
L_DI			0.806 ***		
			(47.42)		
常量	0.461 ***	−12.734 ***	5.703 ***		−1.376 ***
	(2.96)	(−4.20)	(21.30)		(−4.23)
N	210.000	210.000	210.000	210.000	210.000
R^2	0.110	0.302	0.937	0.621	−0.024
F	52.224	18.747	2248.646	55.054	25.784
Kleibergen-Paap rk LM				28.906	
Kleibergen-Paap rk F				503.828	

注：括号中的数据是稳健标准误，*** 、** 和 * 分别表示在1%、5%和10%水平下显著。

　　模型（1）中未加入任何控制变量，模型（2）中加入五个控制变量，结果表明，在模型（1）中，移动基站每增加1万个，全要素生产率可提升0.066个单位，初步验证了假设，在加入控制变量后，核心解释变量系数依然显著为正。回归结果中产业升级、人力资本、贸易开放度以及知识产权保护的系数均显著为正，可以看出目前产业结构的不断升级、人力资本的逐步积累、外贸开放程度的进一步深化以及对知识产权保护的深入执行，对我国经济运行效率都起到了积极的促进作用。而研发投入强度的不足或研发方向的偏差，以及投入资金的无效率导致对经济运行效率的影响不够显著。由于可能有重要变量的遗漏以及解释变量与被解释变量之间可能存在反向因果关系而导致的内生性问题，这会影响基准回归结果的准确度，故而在个体固定效应模型的基础上将移动基站滞后一期视作工具变量，且采用 Gmm 2s 估计方法进行回归，表11-2中模型（3）和模型（4）为相应回归。模型（3）为第一阶段回归模型，其中，L_ DI 的系数显著为正，且F值统计量远大于10，表明工具变量选择合理。在模型（4）中，Kleibergen-Paap rk LM 检验

（识别不足检验）和 Kleibergen-Paap rk F 检验（弱识别检验）均在 1% 的水平上拒绝原假设，证明了工具变量的有效性。利用工具变量处理内生性问题后，*DI* 在 1% 的水平上显著为正，表明数字基础设施建设对全要素生产率有明显的促进效应。为进一步确保基准结果的准确性，本书对变量进行对数化处理，结果见模型（5），核心解释变量保持了较好的一致性，即前文得出的结论仍具有较好的稳健性，进一步佐证了假设 1[①]。

（二）非线性回归结果分析

考虑到数字经济的网络效应以及其"边际效应"递增的梅特卡夫法则成立，本书对数字基础设施建设促进全要素生产率的影响存在非线性溢出效应进行理论阐述。为验证假设 2，这里采用面板门槛回归模型进行实证检验。首先对门槛存在性与否进行检验，确定门槛个数及门槛值，检验结果见表 11-3。经过"自助法"反复抽样 300 次后，结果表明财政支持力度门槛变量显著通过了单一门槛检验，说明数字基础设施建设与全要素生产率之间存在明显的单门槛效应，门槛值为 0.2478，故本书采用单门槛模型研究数字基础设施建设与全要素生产率之间的非线性溢出效应，结果见表 11-4。从模型（3）中可发现，当政府财政支持力度不够时，数字基础设施建设对全要素生产率的影响并不显著，当政府财政支持力度突破门槛值时，数字基础设施建设的系数为 0.077，高于基准回归中的系数 0.021，即此时数字基础设施建设对全要素生产率表现出更显著的促进作用。这说明数字基础设施建设对全要素生产率的促进效应还受到政府财政支持力度的调节影响，体现为数字基础设施建设与政府财政支持形成了积极互动。综上所述，数字基础设施建设对全要素生产率的影响存在政府财政支持的门槛效应，假设 2 得到了支持[②]。

---

① 假设 1 对应第四章中的第六个研究的假设 1。
② 假设 2 对应第四章中的第六个研究的假设 2。

表 11-3　门槛模型检验结果

模型	门槛值	F 值	P 值	在 10%的显著性水平下的临界值	在 5%的显著性水平下的临界值	在 1%的显著性水平下的临界值
单一门槛	0.2478*	9.22	0.0633	8.1878	9.4465	11.0809
双重门槛	0.1456	6.86	0.2600	9.6934	11.6774	16.1614
三重门槛	0.1952	2.63	0.9500	18.5204	21.5346	25.8649

注：* 表示在 10%的水平下显著，本书认为在 10%的显著性水平下存在单一门槛效应，通过对比单一门槛、双重门槛以及三重门槛，发现仅有单门槛模型在 10%的显著性水平下通过检验，故而认为存在单门槛效应。

表 11-4　门槛模型回归结果

	模型（1）	模型（2）	模型（3）
	TFP	TFP	TFP
DI	0.066*** (7.23)	0.021* (1.69)	
DI. I(Th≤q)			0.018 (1.50)
DI. I(Th>q)			0.077*** (3.25)
控制变量	否	是	是
N	210.000	210.000	210.000
R²	0.110	0.302	0.333
F	52.224	18.747	17.886

注：括号中的数据是稳健标准误，*、*** 分别表示在 10%、1%水平下显著。

（三）空间溢出效应结果分析

在进行参数估计前，本书利用 Moran's I 对数字基础设施建设以及全要素生产率进行全局自相关检验，结果表明数字基础设施建设的 Moran's I 显著为正，拒绝了无空间相关性的原假设，表明我国数字基础设施建设水平表现出较明显的空间正相关关系。全要素生产率的系数则呈现不稳定的状态，因此本书需进一步探索空间模型的适用度。依照 Elhorst 的检验思路，依次从 LM 检验、SDM 模型固定效应、Hausman 检验以及 SDM 模型简化检验组成的"具体到一般"和"一般到具体"相结合的方法，确定时间固定效应的 SDM 模型为最优选择。通过进行 LM 检验，结果表明，Spatial Lag 和 Spatial Error 检验均在 1% 的水平下显著，可以暂时排除 OLS 模型。而且表 11-5 中的空间自回归系数 ρ 和空间误差回归系数 λ 显著为正，进一步说明可以运用空间模型进行估计。Hausman 检验结果表明应使用固定效应模型。LR Spatial Lag 检验以及 LR Spatial Error 检验均表明拒绝原假设，说明空间杜宾模型（SDM）不可以退化成空间滞后模型（SLM）与空间误差模型（SEM），空间杜宾模型（SDM）是最合适的模型。

表 11-5　空间模型检验结果

检验方法	统计量名称	统计量值	P 值
LM 检验	Spatial Error：LM 统计量	290.806 ***	0.000
	Spatial Lag：LM 统计量	320.897 ***	0.000
Hausman 检验	Hausman 统计量	212.33 ***	0.000
LR 检验	SAR 与 SDM：LR 统计量	0.0499 **	0.0499
	SEM 与 SDM：LR 统计量	11.79 *	0.0667

注：*、**、*** 分别表示在 10%、5%、1% 水平下显著。

为进一步比较估计结果的稳健性，表 11-6 为以地理矩阵为权重矩阵的空间杜宾模型、空间自回归模型以及空间误差模型的回归结果，其空间自回归系数 ρ 和空间误差回归系数 λ 显著为正，表明可运用空间模型进行估计。其中，空间杜宾模型的空间自回归系数 ρ 为 0.824 且在 1% 的水平下显著，表明各省区市间的全要素生产率存在显著的正向溢出，进一步支撑前面有关空间相关性分析的结论。同时，数字基础设施建设与空间权重矩阵的交乘项系数显著为正，表明相邻地区之间数字基础设施建设具有显著的空间溢出效应，对邻近地区的全要素生产率产生较强的示范效应，假设 3 得到了初步验证。空间交互项的回归系数不能够直接用于讨论数字基础设施建设对全要素生产率的边际影响，故需要使用变量变化的偏微分解释，即使用直接效应和间接效应来解释某地区自变量对本地区以及其他地区因变量的影响。由表 11-6 可知，数字基础设施建设的直接效应系数为 0.01，表明移动基站数量每增加 1 万个，本地区的全要素生产率提高 0.01；数字基础设施建设的间接效应系数为 0.146，表明邻近地区移动基站数量每增加 1 万个，本地区全要素生产率提高 0.146，可见数字基础设施建设的空间溢出效应的贡献较大。由以上分析可知，数字基础设施建设对全要素生产率的影响存在本地—邻近效应，假设 3 成立[①]。

表 11-6 空间模型回归结果

	SDM	SAR	SEM
	TFP	*TFP*	*TFP*
$W×DI$	0.025 *** (2.90)		
ρ	0.824 *** (23.09)	0.868 *** (29.01)	
λ			0.881 *** (32.53)
控制变量	是	是	是
直接效应	0.010 ** (1.97)	0.002 (0.56)	
溢出效应	0.146 *** (3.04)	0.009 (0.47)	
总效应	0.156 *** (3.01)	0.011 (0.48)	
N	210.000	210.000	210.000
R^2	0.5518	0.3627	0.0008

注：括号中的数据是稳健标准误，** 、*** 分别表示在 5%、1% 水平下显著。

---

① 假设 3 对应第四章中的第六个研究的假设 3。

三 区位的异质性讨论

（一）分地区基准回归结果分析

我国幅员辽阔，在资源禀赋、对外贸易、制度约束和产业结构等方面存在差距，进而演化成地区发展差距，那么数字基础设施建设对全要素生产率的影响是否存在区域异质性？在前文研究的基础上，本书将探究数字基础设施建设对全要素生产率的影响是否会因区位选择的差异而表现不同。本书按照惯例，以经济技术发展水平和地理位置相结合的原则，将全国 30 个省区市（本书剔除了中国港澳台地区和西藏自治区的数据）划分为三大地区，即东部地区、中部地区以及西部地区，对三大地区分别进行回归，回归结果见表 11-7。首先是基准回归，从表 11-7 中的回归结果可以看出，不同地区数字基础设施建设对全要素生产率的影响具有显著的不一致性。与基准回归结果相比，东部地区数字基础设施建设对全要素生产率有更为显著的正向驱动作用，且其影响系数大于基准回归，而中西部地区则不显著。可以看出，在科技水平较高、基础设施较为完善的东部地区，数字基础设施建设促进全要素生产率增长。而中西部地区的科技水平较低及基础设施水平较低，数字基础设施建设未能促进全要素生产率增长。

表 11-7 分地区基准回归结果

	（1）整体样本	（2）东部地区	（3）中部地区	（4）西部地区
	TFP	TFP	TFP	TFP
DI	0.021 *	0.027 *	−0.008	0.048
	(1.69)	(1.87)	(−0.20)	(1.55)
structure	0.694 *	0.407	1.574 *	0.437
	(1.84)	(0.55)	(1.91)	(0.52)
edu	1.182 ***	2.309 ***	0.631	0.697
	(3.53)	(3.98)	(0.79)	(1.21)
trade	1.249 *	3.120 **	6.006	0.132
	(1.74)	(2.47)	(0.78)	(0.12)

续表

	（1）整体样本	（2）东部地区	（3）中部地区	（4）西部地区
	TFP	*TFP*	*TFP*	*TFP*
property	48.208 *** (2.76)	43.575 (1.35)	42.125 (1.29)	52.899 * (1.70)
常量	−12.734 *** (−4.20)	−25.995 *** (−4.47)	−8.534 (−1.16)	−6.790 (−1.48)
N	210.000	77.000	56.000	77.000
R²	0.302	0.409	0.150	0.273
F	18.747	10.172	3.548	6.727

注：括号中的数据是稳健标准误，*、**、*** 分别表示在10%、5%、1%水平下显著。

（二）分地区门槛模型回归结果分析

接下来考虑东、中、西部地区数字基础设施建设对全要素生产率的非线性效应。表11-8 中第（1）列为对整体样本的门槛回归结果，第（2）列、第（3）列和第（4）列分别为东、中、西部地区的回归结果。从表11-8 中不难发现，东、中、西部地区的非线性效应存在显著异质性。当政府财政支持力度较低时，东部地区的数字基础设施建设的回归系数在1%的水平下显著，中西部地区不显著；当政府财政支持力度突破门限值时，东部以及西部地区的系数显著为正，且西部地区的系数大于东部地区的系数，这一结果凸显出西部地区对大额财政支持存在依赖性，中部地区的这一数值显著为负，可能的解释是中部地区的政府财政支持存在资金无效率的现象，从而使当地的经济运行受阻。另外，东部地区数字基础设施建设与全要素生产率之间呈现边际效应递减的关系，随着政府财政支持力度的加大，数字基础设施建设促进全要素生产率提升的能力随之减弱，因而东部地区应探索政府财政支持力度的最优值进而确保数字基础设施建设对全要素生产率的促进作用最大化，而西部地区应加大政府财政支持力度以进一步提升数字基础设施建设在经济发展中的推动作用。

表 11-8　分地区门槛模型回归结果

	（1）整体样本	（2）东部地区	（3）中部地区	（4）西部地区
	TFP	*TFP*	*TFP*	*TFP*
$DI.I(Th \leqslant q)$	0.018	0.045***	−0.029	0.010
	(1.50)	(2.81)	(−0.75)	(0.32)
$DI.I(Th>q)$	0.077***	0.024*	−0.113*	0.079**
	(3.25)	(1.76)	(−2.00)	(2.53)
控制变量	是	是	是	是
N	210.000	77.000	56.000	77.000
R^2	0.333	0.454	0.261	0.359
F	17.886	10.154	4.365	7.625

注：括号中的数据是稳健标准误，*、**、*** 分别表示在10%、5%、1%水平下显著。

（三）分地区空间溢出效应结果分析

进一步探究东、中、西部地区数字基础设施建设对全要素生产率的空间溢出效应的异质性，表11-9报告了各样本回归后的直接、间接效应及相应显著性。可以看到，东、中、西部地区的空间杜宾模型的空间自回归系数ρ分别为0.618、0.719和0.757，且都在1%水平下显著，表明本地区的数字基础设施建设水平会对邻近地区的全要素生产率产生正向作用，表明地区间的全要素生产率存在空间溢出效应。同时，东、中部地区数字基础设施建设的空间滞后项的系数为0.035、0.029，西部地区无显著影响，说明数字基础设施建设能够通过地理机制对周边地区的全要素生产率产生积极影响。接下来进一步利用偏微分计算互联网综合发展水平的直接效应、空间溢出效应和总效应，值得注意的是，东部地区的空间溢出效应系数为0.102，且在1%的水平下显著，远大于直接效应系数0.028，说明东部地区的数字基础设施建设对全要素生产率存在空间溢出效应且贡献较大。中西部地区不显著，即当前对于经济较为发达地区而言，数字基础设施建设对当地经济发展是"锦上添花"，而对于经济本欠发达地区而言，数字基础设施建设对当地经济发展却并不是"雪中送炭"。

表 11-9　分地区溢出效应回归结果

	(1)整体样本	(2)东部地区	(3)中部地区	(4)西部地区
	TFP	TFP	TFP	TFP
W×DI	0.025 *** (2.90)	0.035 *** (2.64)	0.029 * (1.68)	−0.003 (−0.14)
ρ	0.824 *** (23.09)	0.618 *** (7.66)	0.719 *** (11.76)	0.757 *** (12.48)
控制变量	是	是	是	是
直接效应	0.010 ** (1.97)	0.028 ** (2.00)	−0.004 (−0.28)	−0.019 (−1.30)
溢出效应	0.146 *** (3.04)	0.102 *** (2.94)	0.053 (1.13)	−0.055 (−0.66)
总效应	0.156 *** (3.01)	0.130 *** (2.79)	0.049 (0.87)	−0.074 (−0.78)
N	210.000	77.000	56.000	77.000
R^2	0.5518	0.6891	0.5363	0.7440

注：括号中的数据是稳健标准误，* 、** 、*** 分别表示在 10%、5%、1%水平下显著。

中国疆域辽阔，不同区位城市间的发展不平衡、不充分问题突出。东部地区城市在改革开放等一系列政策的支持下，凭借便利的交通和区位优势率先发展，经济发达程度、人力以及科教资源相比中西部地区较为优越，加之铁路、公路等交通基础设施网络的分布差异，导致东部地区资金、技术、人才等各类要素资源难以覆盖到广大的中西部地区，致使中西部地区的经济发展水平滞后于东部地区。因此，数字基础设施建设对东部地区无异于是"锦上添花"。而中西部地区经济基础、科技力量、交通运输条件远不如东部地区，各种要素信息在产业间的流动以及反馈机制不完善，区域内资源分配和协调组合能力较弱，信息通信技术并未有效缓解地区的信息不对称问题，造成地区"数字鸿沟"这一现象出现，因而现阶段在网络效应下地区间的发展不平衡问题会愈加突出。

四 数字基础设施建设影响全要素生产率的进一步分析

(一)区分是否为"宽带中国"战略试点地区

作为推动新一轮信息化发展浪潮的战略性公共基础设施,宽带网络是当前新基建背景下信息基础设施建设的重点领域之一。为进一步研究数字基础设施建设对全要素生产率的影响,本书将地区进一步区分为"宽带中国"战略试点地区与非"宽带中国"战略试点地区,由于2014年仅将部分城市设为"宽带中国"战略试点城市,2015年将试点地区覆盖至整个省区市,为考察政策效果,本书选取2016~2019年的数据进行实证分析,为确保回归结果真实可信,本书删除2019年以及2020年有"宽带中国"战略试点城市的部分省区市。回归结果如表11-10所示。第(2)列基准回归结果系数显著为正,且远大于第(1)列的系数0.021,可初步说明"宽带中国"战略试点的实施促使我国数字基础设施建设对全要素生产率的正向作用更大。接下来进一步比对第(3)、(4)列,前者的数字基础设施建设的系数为0.143,在1%的水平下显著,且大于第(1)、(2)列中的系数,这说明在"宽带中国"战略试点地区,数字基础设施建设对全要素生产率的促进作用更明显,而非"宽带中国"战略试点地区的数字基础设施建设对全要素生产率的影响显著为负,结果表明"宽带中国"这一战略的实施加强了数字基础设施建设对地区全要素生产率的驱动作用,假设4得以验证[①]。

表11-10 "宽带中国"战略试点基准回归结果

	(1)整体样本	(2)总"宽带中国"战略试点样本	(3)"宽带中国"战略试点地区	(4)非"宽带中国"战略试点地区
	TFP	*TFP*	*TFP*	*TFP*
DI	0.021* (1.69)	0.127*** (6.41)	0.143*** (4.92)	−0.078* (−1.74)

---

① 假设4对应第四章中的第六个研究的假设4。

续表

	(1)整体样本	(2)总"宽带中国"战略试点样本	(3)"宽带中国"战略试点地区	(4)非"宽带中国"战略试点地区
	TFP	*TFP*	*TFP*	*TFP*
structure	0.694 *	2.594 ***	2.101 ***	0.001
	(1.84)	(4.99)	(3.22)	(0.00)
edu	1.182 ***	1.397 ***	1.370 **	1.423
	(3.53)	(3.61)	(2.59)	(1.66)
trade	1.249 *	2.301	−1.812	10.022 *
	(1.74)	(1.07)	(−0.51)	(1.98)
property	48.208 ***	1.534	−19.941	51.344 *
	(2.76)	(0.08)	(−0.95)	(1.94)
rd	69.297	17.976	−19.166	−84.697
	(1.55)	(0.44)	(−0.35)	(−0.79)
常量	−12.734 ***	−17.952 ***	−15.318 **	−11.071
	(−4.20)	(−4.92)	(−2.80)	(−1.46)
N	210.000	120.000	36.000	48.000
R^2	0.302	0.663	0.773	−0.062
F	18.747	44.838	22.239	2.379

注：括号中的数据是稳健标准误，*、**、***分别表示在10%、5%、1%水平下显著。

区分是否为"宽带中国"战略试点地区以进一步讨论数字基础设施建设对全要素生产率的非线性影响，其门槛模型回归结果如表11-11所示。第（1）、（2）列分别为2013~2019年、2015~2019年的门槛模型回归结果，对比可以发现，在政府财政支持力度较低时，第（2）列中 *DI* 的回归系数为0.141，在1%水平下显著，而第（1）列的系数不显著；在政府财政支持力度高于门槛值后，第（1）、（2）列中 *DI* 的系数均在1%的水平下显著为正，但第（2）列中的系数大于第（1）列，进一步说明"宽带中国"战略试点的实施加强了政府财政支持对数字基础设施建设影响全要素生产率的作用力。换言之，即使政府财政支持水平较低，数字基础设施建设对全要素生产率仍然具有促进作用；在政府财政支持水平较高时，这一促进作用更为明显，初步验证了假设5。紧随其后，在对比了"宽带中国"战略试点地区与非"宽带中国"战略试点地区的非线性效应的异质性影响之后，由结果可以看出，在"宽带中国"战略试点地区的政府财政支持处于低水平时，数字基础设施建设的系数在1%水平下显著为正；当政府财政支持水平迈过门槛值时，数字基础设施建设的系数为0.198，明显增大，且其显著性未发生变化，这表明，在"宽带中国"战略试点地区，伴随着政府财政支持力度的加大，数字基础设施建设对全要素生产率的促进效应表现出显著的正向作用，且呈现边际效用递增的非线性特征。而在非"宽带中国"战略试点地区，当政府财政支持力度不够时，数字基础设施建设反而抑制地区经济发展。通过对第（3）、（4）列的对比，在政府大力的财政支持以及"宽带中国"战略的双重加固下，地区的全要素生产率可得到积极有效推动，支持假设5[①]。

表 11-11 "宽带中国"战略试点门槛模型回归结果

	（1）整体样本	（2）总"宽带中国"战略试点样本	（3）"宽带中国"战略试点地区	（4）非"宽带中国"战略试点地区
	TFP	*TFP*	*TFP*	*TFP*
DI.I(Th≤q)	0.018 (1.50)	0.141*** (7.13)	0.133*** (5.70)	-0.089** (-2.11)
DI.I(Th>q)	0.077***	0.119***	0.198***	-0.049
控制变量	是	是	是	是
N	210.000	120.000	36.000	48.000
R²	0.333	0.687	0.857	0.066
F	17.886	42.376	32.175	3.044

注：括号中的数据是稳健标准误，** 、*** 分别表示在5%、1%水平下显著。

区分"宽带中国"战略试点地区以研究数字基础设施建设对全要素生产率的空间溢出效应，其回归结果如表11-12所示。其中第（1）、（2）列分别为对2013~2019年数据、2015年"宽带中国"战略开始实施专项行动至2019年实证回归的数据得到的结果。表11-12中4个空间杜宾模型的空间自回归系数ρ分别为0.824、0.807、0.500、0.709，且都在1%水平下显著，这表明本地区的全要素生产率会对邻近地区的全要素生产率产生正向作

---

① 假设5对应第四章中的第六个研究的假设5。

用，即地区间全要素生产率存在空间溢出效应。对比第（1）、（2）列发现，直接效应系数一致，且二者的溢出效应远大于直接效应，这表明数字基础设施建设的空间溢出效应的贡献较大。而第（2）列的溢出效应系数为 0.154，比第（1）列的系数稍有增加，显著性无差别，在一定程度上可以说明"宽带中国"战略的实施加强了我国数字基础设施建设对全要素生产率的空间溢出效应，初步验证了假设 6。进一步对比"宽带中国"战略试点地区与非"宽带中国"战略试点地区对空间溢出效应的影响，无论是否为"宽带中国"战略试点地区，其直接效应系数均在 1% 的水平下显著为正，但第（3）列的系数较大，即相比非"宽带中国"战略试点地区，"宽带中国"战略试点地区的数字基础设施建设对全要素生产率的促进作用更为显著。同时，第（3）列的溢出效应系数为 0.087，在 1% 的水平下显著，且高于直接效应的系数，而第（4）列中的系数不显著，意味着"宽带中国"战略试点地区的邻近地区的数字基础设施建设对全要素生产率有明显的促进作用，亦可见"宽带中国"战略试点地区的空间溢出效应的贡献较大，假设 6 得到验证[①]。

表 11-12 "宽带中国"战略试点溢出效应结果

	（1）整体样本	（2）总"宽带中国"战略试点样本	（3）"宽带中国"战略试点地区	（4）非"宽带中国"战略试点地区
	TFP	*TFP*	*TFP*	*TFP*
$W \times DI$	0.025 *** (2.90)	0.030 *** (2.98)	0.031 * (1.67)	0.004 (0.21)
ρ	0.824 *** (23.09)	0.807 *** (16.57)	0.500 *** (4.43)	0.709 *** (9.17)
控制变量	是	是	是	是
直接效应	0.010 ** (1.97)	0.010 * (1.95)	0.053 *** (2.71)	0.034 *** (2.76)
溢出效应	0.146 *** (3.04)	0.154 *** (3.34)	0.087 *** (2.66)	0.072 (1.12)
总效应	0.156 *** (3.01)	0.165 *** (3.29)	0.140 *** (2.89)	0.107 (1.45)

① 假设 6 对应第四章中的第六个研究的假设 6。

续表

	(1)整体样本	(2)总"宽带中国"战略试点样本	(3)"宽带中国"战略试点地区	(4)非"宽带中国"战略试点地区
	TFP	*TFP*	*TFP*	*TFP*
N	210.000	120.000	36.000	48.000
R²	0.5518	0.8296	0.8707	0.6603

注：括号中的数据是稳健标准误，＊、＊＊、＊＊＊分别表示在10%、5%、1%水平下显著。

（二）区分是否为大数据综合试验区

大数据综合试验区通过数据资源开放共享加速信息流动，促进交易市场开放透明，缓解创新活动中的信息不对称问题，继而优化要素配置，最终作用于地区经济水平，可见大数据综合试验区已经成为推动我国数字经济发展的重要政策工具。首先，本书选取2016~2019年30个省区市的数据，并将贵州省、北京市、天津市、河北省、广东省、上海市、河南省、重庆市、辽宁省以及内蒙古自治区设为大数据综合试验区，将剩余省区市设为非大数据综合试验区，回归结果如表11-13所示。第（2）列为2016~2019年的面板数据固定效应回归结果，数字基础设施建设的系数为0.104，相比基准回归中的系数，回归系数明显增大且显著性为1%，这一结果说明在建设大数据综合试验区后，数字基础设施建设对全要素生产率的推动作用显著提高，初步验证了前文的假设7。再深入研究，对比第（3）、（4）列，大数据综合试验区数字基础设施建设的回归系数显著为正，且大于基准回归中的系数，而非大数据综合试验区的数字基础设施建设的系数显著为负，显而易见，大数据综合试验区数字基础设施建设对全要素生产率起到正向驱动作用，而非大数据综合试验区的作用则相反，即说明我国大数据综合试验区的建立，对数字基础设施建设推动全要素生产率的影响更大，进一步验证了假设7[①]。

①　假设7对应第四章中的第六个研究的假设7。

表 11-13　大数据综合试验区基准回归结果

	(1)整体样本	(2)总大数据综合试验区样本	(3)大数据综合试验区	(4)非大数据综合试验区
	TFP	*TFP*	*TFP*	*TFP*
DI	0.021 *	0.104 ***	0.062 *	-0.054 **
	(1.69)	(3.26)	(1.85)	(-2.08)
structure	0.694 *	2.351 ***	3.290 ***	0.303
	(1.84)	(2.95)	(2.96)	(0.47)
edu	1.182 ***	1.339 ***	2.849 ***	1.128 **
	(3.53)	(2.90)	(3.26)	(2.08)
trade	1.249 *	8.366 **	6.810 **	10.177 *
	(1.74)	(2.60)	(2.26)	(1.74)
property	48.208 ***	-16.245	-84.356 **	16.708
	(2.76)	(-0.64)	(-2.42)	(0.89)
常量	-12.734 ***	-17.388 ***	-32.986 ***	-9.330 *
	(-4.20)	(-4.09)	(-3.97)	(-1.90)
N	210.000	120.000	40.000	80.000
R²	0.302	0.354	0.559	-0.228
F	18.747	16.567	10.144	1.871

注：括号中的数据是稳健标准误，*、**、*** 分别表示在10%、5%、1%水平下显著。

其次，对于大数据综合试验区，进一步研究数字基础设施建设对全要素生产率的非线性效应，门槛模型回归结果见表 11-14。为进一步对比，第（1）列为全部年限数据的门槛模型回归结果，第（2）列为大数据综合试验区设立后的门槛模型回归结果，从中可以看出：在政府财政支持力度处于较低水平时，第（1）列中数字基础设施建设的系数不显著，第（2）列的系数显著，为 0.140，即这一阶段数字基础设施建设与全要素生产率显著正相关，这意味着即使政府财政支持力度较低，数字基础设施建设对全要素生产率仍然具有促进作用；当政府财政支持力度突破阈值时，第（1）列和第（2）列中的系数均显著，但第（2）列的系数大于第（1）列，这表明在这一阶段第（2）列中数字基础设施建设对全要素生产率的正向作用力更强，综合来说，我国在设立大数据综合试验区后，政府财政支持使数字基础设施建设促进全要素生产率的作用力更为强劲，初步验证了假设8。进一步分析第（3）列和第（4）列，第（3）列中不论政府财政支出处于何种水平，数字基础设施建设对全要素生产率的作用一直显著为正，且当财政支出水平较高时，这一系数高于第（1）列和第（2）列中的系数，可见此时数字基础设施建设对全要素生产率有着更为强劲的作用，在第（3）列，随着政府财政支出水平的提高，数字基础设施建设对全要素生产率的影响呈现边际效用递增的非线性特征。而第（4）列中这一系数显著为负，表明在非大数据综合试验区数字基础设施建设对全要素生产率起到了抑制作用。综合以上对比分析可知，在我国大数据综合实验区建设以及政府财政支持的双向加持下，数字基础设施建设对全要素生产率产生了更为显著的推动力，支持假设8[①]。

表 11-14　大数据综合试验区门槛模型回归结果

	（1）整体样本	（2）总大数据综合试验区样本	（3）大数据综合试验区	（4）非大数据综合试验区
	TFP	*TFP*	*TFP*	*TFP*
DI. I(Th≤q)	0.018 (1.50)	0.140 *** (4.13)	0.103 ** (2.83)	−0.016 (−0.55)
DI. I(Th>q)	0.077 *** (3.25)	0.113 *** (3.57)	0.180 *** (3.20)	−0.043 * (−1.70)
常量	−11.775 *** (−3.94)	−17.532 *** (−4.21)	−26.038 ** (−2.92)	−8.191 * (−1.70)
控制变量	是	是	是	是
N	210.000	120.000	40.000	80.000
R^2	0.333	0.412	0.661	−0.155
F	17.886	14.054	10.374	2.198

注：括号中的数据是稳健标准误，* 、** 、*** 分别表示在10%、5%、1%水平下显著。

最后，对于大数据综合试验区，探讨数字基础设施建设影响全要素生产率的异质性，空间模型回归结果见表11-15。第（1）列为全部年限数据的

---

① 假设8对应第四章中的第六个研究的假设8。

空间模型回归结果，第（2）列为大数据综合实验区在 2016 年之后的空间模型回归结果。表 11–15 中 4 个空间杜宾模型的空间自回归系数 ρ 分别为 0.824、0.664、0.359、0.812，且都通过了显著性检验，可见本地区的全要素生产率会对邻近地区的全要素生产率产生显著促进作用，即地区间全要素生产率存在空间溢出效应。首先对比观察第（1）列和第（2）列，可以发现第（2）列中的直接效应系数为 0.016，相较第（1）列的系数变大，说明在设立大数据综合试验区后，我国数字基础设施建设对全要素生产率的促进作用显著增强；第（1）列和第（2）列中溢出效应系数均在 1% 的水平下显著为正，表明邻近地区的数字基础设施建设对本地区的全要素生产率存在积极影响，初步验证假设 9。进一步区分是否为大数据综合试验区以深入评估空间溢出效应的异质性，其中，第（3）列中的直接效应以及溢出效应系数均显著为正，系数值大于第（1）列和第（2）列中的系数，溢出效应的系数 0.156 远大于直接效应系数 0.039，第（4）列中的系数均不显著。显然，与非大数据综合试验区相比，大数据综合试验区的本地数字基础设施建设以及邻近地区数字基础设施建设对本地区全要素生产率都会存在更为强大的正向作用，其空间溢出效应的贡献更为明显，假设 9 得以验证①。

表 11–15　大数据综合试验区空间模型回归结果

	（1）总体样本	（2）总大数据综合试验区样本	（3）大数据综合试验区	（4）非大数据综合试验区
	TFP	*TFP*	*TFP*	*TFP*
$W \times DI$	0.025 *** (2.90)	0.022 ** (2.39)	0.096 ** (2.07)	0.001 (0.04)
ρ	0.824 *** (23.09)	0.664 *** (8.98)	0.359 ** (2.27)	0.812 *** (15.15)
控制变量	是	是	是	是
直接效应	0.010 ** (1.97)	0.016 *** (2.72)	0.039 *** (3.25)	−0.005 (−0.44)

---

① 假设 9 对应第四章中的第六个研究的假设 9。

续表

	(1)总体样本	(2)总大数据综合试验区样本	(3)大数据综合试验区	(4)非大数据综合试验区
	TFP	*TFP*	*TFP*	*TFP*
溢出效应	0.146 *** (3.04)	0.079 *** (3.05)	0.156 ** (2.35)	-0.010 (-0.07)
总效应	0.156 *** (3.01)	0.095 *** (3.14)	0.195 ** (2.55)	-0.014 (-0.10)
N	210.000	120.000	40.000	80.000
R²	0.5518	0.7106	0.7450	0.0163

注："总体样本"的 *TFP* 指全部年限（2013~2019 年）的 30 个省区市的空间效应回归结果，"总大数据综合试验区样本"的 *TFP* 指大数据综合试验区建立后（2016~2019 年）的 30 个省区市的空间效应回归结果，"大数据综合试验区"的 *TFP* 指大数据综合试验区建立后（2016~2019 年）设为大数据综合试验区的 10 个省区市的空间效应回归结果，"非大数据综合试验区"的 *TFP* 指大数据综合试验区建立后（2016~2019 年）未设为大数据综合试验区的其余 20 个省区市的空间效应回归结果；N 指回归中共使用的样本数量；括号中的数据是稳健标准误，**、*** 分别表示在 5%、1%水平下显著。

如上述分析，"宽带中国"战略以及大数据综合试验区确实是经济发展的一剂"良药"。这些政策工具力图改善当地数字基础设施水平，拉动有效投资和促进信息消费，推进发展方式转变，不断提升对经济的助推作用，形成辐射带动和引领示范效应。值得注意的是，这些工具政策虽然提高了试点地区的信息基础设施拥有程度以及应用程度，但是长此以往，可能会加剧其与未试点地区间的信息落差，"数字鸿沟"不会消除，从而导致地区间经济发展两极分化。因而必须大力且大范围建设数字基础设施，缓解地区间的信息不对称问题，缩小地区间的"数字鸿沟"，使更多地区更加公平地享受数字化成果，从而推动我国区域协同发展。

五　小结与启示

数字基础设施作为新时期的战略性基础设施，已成为助推我国经济高质量发展的新引擎。本书以我国 30 个省区市为研究对象，借助 2013~2019 年我国省级面板数据，通过构建固定效应模型、门槛模型以及空间杜宾模型，从多个维度探讨数字基础设施建设对全要素生产率的影响效应。本书研究发现以下内容。（1）数字基础设施建设对全要素生产率具有显著的促进作用，通过引入工具变量等进行稳健性检验，该结论仍然成立。（2）数字基础设施对全要素生产率的影响存在"边际效应"递增的非线性特征，且政府财政支持可强化该效应，表明数字基础设施建设与政府财政支持能够对全要素生产率形成推动合力。（3）数字基础设施对全要素生产率的溢出效应得到了证实，即数字基础设施建设可通过地理机制影响周边地区经济发展。（4）进一步的异质性分析发现，数字基础设施对全要素生产率的提升效应、非线性特征以及本地邻近效应在经济较为发达的东部地区更为明显。（5）基于"宽带中国"战略以及大数据综合试验区等政策工具对我国地区进行划分，其结果进一步表明宽带网络、大数据等数字基础设施建设对全要素生产率具有正向作用力。本书为深入推进数字基础设施建设、强化政府引导职能以及打造网络强国提供了一定的政策启示。

第一，完善已有信息网络等新型基础设施，深入推进数字基础设施建设。数字经济的发展、大数据的应用都有赖互联网和信息通信设备等新型基础设施的建立，因此，政府应贯彻落实网络强国战略，进一步加快5G、人工智能、大数据中心、物联网、工业互联网等数字基础设施建设步伐，进一步提升其普及程度以及服务质量，促进信息传输提速增效，充分释放信息要素红利，为以数据要素为核心的数字经济更好发挥环境福利效应创造良好的条件，推动新一轮数字网络基础设施与经济融合发展。

第二，立足地区自身优势，因地制宜进行数字基础设施建设，缩小区域"数字鸿沟"，更好地发挥数字基础设施建设对经济高质量发展的提升作用。在数字基础设施建设区域布局中，应根据地区自身的发展特色与优势采取相应的措施，尤其应注重技术或经济相对落后地区的数字基础设施建设，大力提高其新型基础设施建设水平，实现区域间平衡发展。其中，东部地区具有良好的数字经济产业基础，在我国经济发展中承担突破关键技术、进行重大基础研发的创新性任务。此外，通过加强对中西部地区的"数字基建"投资，发挥数字经济的后发优势，强化其与东部地区的产业关联，推动东部地区辐射中西部地区，加强数字技术驱动，保障数据、知识、信息、专利、资金、人才等要素在地区间顺畅流转，改善数字经济发展的不平衡性，使以数据要素为核心的数字经济发挥最大的经济优势。

第三，充分实施"宽带中国"战略以及进行大数据综合试验区建设，逐步将更多城市纳入试点范围。实证结果证明，政策工具的贯彻实施对本地区的全要素生产率具有正向影响，且对邻近地区的全要素生产率具有正向溢出效应，这两项政策工具已取得阶段性成果。因此，地方政府应充分认识数字基础设施建设对数字经济发展的引领作用，应进一步总结大数据综合试验区的成功经验，形成一般性规律和多样化经验，通过政策扶持、专项基金设立和技术交流等方式充分贯彻并实施政策，并在此基础上坚持逐步推进原则，适度有序扩大"宽带中国"战略试点范围以及大数据综合试验区建设范围，在数字基础设施建设打造的优质数字经济发展环境下，拓展数字经济发展的深度与广度，推动形成地区数字经济竞争优势。

第四，进一步加大政府财政对新基建的投资力度。在数字经济能够成为推动经济高质量发展的新动能的背景下，加大对数字基础设施的投资力度，推进数字基础设施建设，特别是通过加快5G商用、大数据模式构建和人工智能应用，进一步巩固信息技术为高质量发展带来的红利优势。研究表明，政府财政支持力度对数字基础设施和全要素生产率存在边际效应递增的非线性特征，且在政策工具试点且越发达的地区，这一特征显著。因此，应把合理的数字基础设施投资布局作为缓解区域经济发展差异的重要战略手段，加大对欠发达地区数字基础设施投资力度，国家在信息基础设施投资布局上需要向中西部地区倾斜，这样不仅能更好地发挥国家投资的整体效益，还能增强西部地区经济发展的动力，推动区域经济协调发展。

第十二章　数字化重构下人工智能对
中国制造业高质量发展的
非线性效应

　　根据第四章数字化重构下人工智能对制造业影响的理论分析与研究假设，本书从知识创造与知识地理溢出的双重视角出发，剖析人工智能在知识搜索"网络效应"和知识创新路径上的动态收益递增效应作用下，对于制造业技术创新的非线性效应，阐述人工智能通过知识流动、知识溢出的形式，推动邻近地区制造业研发强度增加、专业化分工，形成知识创新地理溢出的非线性效应。基于2012~2020年环渤海经济区、长三角经济区、粤港澳大湾区和成渝—关中经济区四大人工智能与智能制造融合发展先行区省域层面关键指标的面板数据，利用随机前沿生产函数和中介效应模型验证与分析人工智能对于制造业高质量发展的非线性效应。研究表明，在组织层面，应当以制造业产业集群为主体，有效发挥人工智能知识创造的"网络效应"，推动头部企业主导人工智能知识创造路径的探索及对集群组织的知识溢出；在区域创新体系构建层面，注重区域数字化水平的提高、知识基础设施的建设和软、硬制度要素的构建，促进人工智能对邻近地区制造业的知识地理的"非线性"溢出①。

---

① 本章对应第四章中的第七个研究——数字化重构下人工智能对制造业影响的理论分析与研究假设。有关第四章中的第七个研究和本章结合在一起的核心观点已在学术期刊上发表，详细内容参见徐星、惠宁、韩先锋、崔若冰《人工智能驱动制造业高质量发展的复合效应研究——基于知识创造与知识地理溢出的双重机制》，《中国科技论坛》2024年第1期，第50~61页。

一　计量模型、变量设定与数据说明

（一）计量模型

1. 基于知识创造的人工智能对制造业技术创新的随机前沿模型构建

本书把数字经济发展水平纳入制造业技术创新效率提升的分析框架，构建随机前沿生产函数模型：

$$\ln Y_{it} = \alpha_0 + \alpha_1 \ln K_{it} + \alpha_2 \ln L_{it} + \alpha_3 (\ln K_{it})^2 + \alpha_4 (\ln L_{it})^2 + \alpha_5 \ln K_{it} \times \ln L_{it} + \nu_{it} - u_{it}$$
$$TE_{it} = exp(-u_{it})$$
$$m_{it} = \beta_0 + \beta_1 Robot_{it} \times Digital_{it} + \beta_2 Robot_{it} \times Digital_{it} \times \gamma_{it} + \beta_3 X_{it} + \varepsilon_{it} \tag{1}$$
$$\gamma = \sigma_u^2 / (\sigma_v^2 + \sigma_u^2)$$

其中，下标 i 代表省区市，t 代表时期，Y_{it} 表示制造业的工业增加值，K_{it} 和 L_{it} 分别为制造业的资本投入和劳动力投入。误差项 ε_{it} 由 ν_{it} 与 u_{it} 两个独立部分组成，ν_{it} 服从 $N(0, \sigma_\nu^2)$，为制造业工业生产的外部影响因素；u_{it} 为截断型半正态分布，服从 $N(m_{it}, \sigma_u^2)$，反映制造业工业生产的效率损失；在效率解释函数 m_{it} 中，引入衡量地区制造业智能化水平 $Robot_{it}$，数字化发展水平 $Digital_{it}$，制造业空间集中度 γ_{it}，$Robot_{it} \times Digital_{it}$ 考察的是数字化重构下人工智能的应用水平，$Robot_{it} \times Digital_{it} \times \gamma_{it}$ 为在数字化重构下，人工智能应用与制造业空间集中度提高的交互作用，该交互项与效率变量 m_{it} 的回归结果测度了人工智能从知识创造层面促进制造业技术创新的非线性效应。当然，需同时加入企业研发投资强度（rdi）、外商直接投资（fdi）、市场化水平（mar）、城市化水平（urb）等控制变量 X_{it}。m_{it} 是技术无效率项，m_{it} 越大，表明技术效率越低，即技术无效率程度越高。γ 表示随机扰动项中技术无效率所占比重，γ 越接近 1，表明模型中的误差主要来源于技术非效率 u_{it}。

2. 基于知识地理溢出的人工智能对制造业技术创新的中介效应模型构建

本书将引入中介变量（$S_{it}^{R\&D}$ 和 CS_{it}）以进一步考察数字化重构下人工智

能通过知识流动、知识溢出两个路径促进制造业技术创新地理溢出的非线性效应，构建中介效应模型：

$$S_{it}^{R\&D} = \delta_0 + \delta_1 Robot_{it} + \delta_2 Robot_{it} \times Digital_{it} + \delta_3 X_{it} + \lambda_i + \varepsilon_{it} \qquad (2)$$

$$tfp_{it} = \delta_0 + \delta_1 Robot_{it} + \delta_2 Robot_{it} \times Digital_{it} + \delta_3 S_{it}^{R\&D} + \delta_4 X_{it} + \lambda_i + \varepsilon_{it} \qquad (3)$$

$$CS_{it} = \varphi_0 + \varphi_1 Robot_{it} + \varphi_2 Robot_{it} \times Digital_{it} + \varphi_3 X_{it} + \lambda_i + \varepsilon_{it} \qquad (4)$$

$$tfp_{it} = \varphi_0 + \varphi_1 Robot_{it} + \varphi_2 Robot_{it} \times Digital_{it} + \varphi_3 CS_{it} + \varphi_4 X_{it} + \lambda_i + \varepsilon_{it} \qquad (5)$$

其中，tfp_{it} 表示 i 省区市在 t 时期的全要素生产率，$S_{it}^{R\&D}$ 表示 i 省区市在 t 时期的制造业研发人员 R&D 活动强度，CS_{it} 表示 i 省区市在 t 时期的制造业的相对专业化指数，交互项 $Robot_{it} \times Digital_{it}$ 为人工智能应用与数字化重构程度的交互作用。式（2）、式（3）的交互项与制造业全要素生产率 tfp_{it} 的回归结果测度了人工智能从知识流动的路径促进制造业技术创新的非线性效应，同时加入企业研发投资强度、知识产权保护、贸易开放度、交通可达性等控制变量 X_{it}；式（4）、式（5）的交互项与制造业全要素生产率 tfp_{it} 的回归结果测度了人工智能从知识溢出的路径促进制造业技术创新的非线性效应。当然，同时加入贸易开放度、城市化水平、赫芬达尔指数、交通可达性等控制变量 X_{it}。

（二）变量设定

1. 制造业智能化水平（Robot）

本书主要依据 Acemoglu 和 Restrepo 的观点[①]用工业机器人投入数量来衡量制造业智能化水平，并借鉴宋旭光和左马华青的做法[②]对省区市层面的工业机器人投入量进行估算，公式为：

---

① Acemoglu D., Restrepo P., "Robots and Jobs: Evidence from US Labor Markets," *Journal of Political Economy*, 128 (6), 2020.

② 宋旭光、左马华青：《工业机器人投入、劳动力供给与劳动生产率》，《改革》2019 年第 9 期，第 45~54 页。

$$Robot_i = \sum_{k=1}^{m} Robot_{ik} = \sum_{k=1}^{m} \varphi_k \overline{Robot} \frac{E_{ik}}{E_k} \tag{6}$$

其中，$Robot_i$ 表示省区市 i 的制造业智能化水平，$\overline{Robot}$ 为当年我国工业机器人的投入总量（工业机器人进口量和国产工业机器人产量），φ_k 为工业机器人在 k 行业的应用率，假设各个省区市的应用率是相同的，E_{ik} 为省区市 i 的 k 行业每年的总产值，E_k 为我国 k 行业每年的总产值，E_{ik}/E_k 表示各省区市 k 行业产值在全国的份额。

2. 制造业的全要素生产率（tfp）

本书采用以数据包络分析为基础的 Malmquist 指数法生产模型，把每一个省区市的制造业企业看作生产决策单位，测度每个时期的中国制造业的技术进步和效率变化。进一步采用几何平均值衡量从时期 t 到时期 $t+1$ 的生产率变化，制造业全要素生产率的公式如下：

$$M_o(x^{t+1}, y^{t+1}; x^t, y^t) = \left| \frac{D_o^t(x^{t+1}, y^{t+1})}{D_o^t(x^t, y^t)} \times \frac{D_o^{t+1}(x^{t+1}, y^{t+1})}{D_o^{t+1}(x^t, y^t)} \right|^{1/2} \tag{7}$$

其中，D_o 为基于产出的距离函数，Malmquist 指数测度了在时间 t 的技术条件下，从时期 t 到时期 $t+1$ 的技术效率的变化。或者，在时期 $t+1$ 的技术条件下，测度从时期 t 到时期 $t+1$ 的技术效率的变化。为了避免时期选择的随意性，采用两个技术水平下生产率变化的集合平均值进行测度，如式（5）所示。

3. 制造业空间集中度（γ）

博西玛和马丁、Grillitsch 和 Trippl 提出区域的创新活动发展是以集群演化的形式呈现的[①]。首先，产业集群内部企业网络的知识溢出是人工智能搜索技术的知识创造机制及网络效应演进的载体；其次，产业集群内部的头部企业、研发创新服务的中间组织以及围绕核心技术制度的众多上下游企业共

---

① 〔荷〕让·博西玛、〔英〕让·马丁主编《演化经济地理学手册》，李小建等译，商务印书馆，2016，第 12 ~ 41 页。Grillitsch M., Trippl M., *Innovation Systems, Policy and Management* (UK: Cambridge University Press, 2018): 329-358.

同形成了中心—外围的创造—学习机制，该学习机制能够反映人工智能深度学习的动态技术轨迹的非线性演化情况。

王辑慈等、惠宁论述了产业集群的集聚效应[1]，本书认为产业集群的集聚效应可以反映制造业的产品种类的增加、专业化分工、技术溢出的程度，那么产业集聚效应可以间接衡量人工智能搜索、深度学习技术在制造业产业集群内部的知识创造程度。

所以，本书采用制造业空间集中程度对于产业集群的集聚效应进行测度，公式为：

$$\gamma_i = \sum_k (\gamma_i^k) / k \qquad (8)$$

其中，$\gamma_i^k = P_i^k / \sum_i P_i^k$，$k$ 为行业的数量，γ_i^k 代表地区 i 行业 k 的产业集中率，γ_i 代表地区 i 的产业平均集中率，其阈值为 $0 \sim 1$，该值越大，表示地区制造业产业集群集聚效应越高。

4. 数字化发展水平（*Digital*）

本书借鉴朱发仓[2]、许宪春和张美慧[3]的研究成果，利用数字化指数和数字经济规模共同反映数字化发展水平。前者反映数字化的硬件水平，后者反映信息技术和资源的应用水平，公式为：

$$Digital_i = Dinfr_i \times Dscale_i \qquad (9)$$

其中，$Dinfr_i$ 表示区域 i 的数字化指数，$Dinfr_i = \sum_{j=1}^{7} W_j Z_{ij}$，$W_j$ 为第 j 个指标的权重，Z_{ij} 是该地区第 i 个指标经过标准化后的值。数字化衡量指标包括单位面积长途光缆线路长度、互联网宽带接入端口数比率、每万人电话通话时长，信息产业研发经费占 GDP 比例、互联网普及率、人均交通通信支出、信息产业增加值占比；$Dscale_i$ 表示区域 i 的数字经济规模，本书从

① 王辑慈等：《创新的空间：产业集群与区域发展（修订版）》，科学出版社，2019。惠宁：《产业集群的区域经济效应研究》，西北大学博士学位论文，2006，第 95～115 页。
② 朱发仓：《数字经济统计测度研究：理论与应用》，经济科学出版社，2019，第 98～99 页。
③ 许宪春、张美慧：《中国数字经济规模测算研究——基于国际比较的视角》，《中国工业经济》2020 年第 5 期，第 23～41 页。

数字经济生产、流通、交换和消费四个方面进行测算，利用行业增加值结构系数、行业增加值率等指标，通过投入产出表估算数字经济增加值规模。

5. 制造业研发人员活动强度（$S^{R\&D}$）和地区制造业专业化分工水平（CS）

制造业研发人员活动强度（$S^{R\&D}$）。依据本书理论部分构建的 TP 模型（Two Person Model）的假设，人工智能人才与制造业工人通过面对面交流、干中学的方式实现知识的流动，可以把制造业研发人员 R&D 活动强度作为人工智能以知识流动的方式促进制造业技术创新的代理变量，本书采用国际通用的 R&D 人员全时当量进行衡量，公式为：

$$S^{R\&D} = P^{R\&D}_{full} \times 1 + P^{R\&D}_{part} \times T^{R\&D} \tag{10}$$

其中，$S^{R\&D}$ 为制造业企业研发人员活动强度，$P^{R\&D}_{full}$ 为从事 R&D 研究时间占工作时间 90% 的制造业研发人员数量，$P^{R\&D}_{part}$ 为非全时制造业研发人员数量，$T^{R\&D}$ 为非全时制造业研发人员工作时间，其中 $0 \leqslant T^{R\&D} \leqslant 1$。

地区制造业专业化分工水平（CS）。依据本书理论部分构建的知识溢出双增长模型（KSDIM）的假设，知识生产部门中人工智能生产作为工业生产部门的中间投入品，会促进南—北区域生产差异化工业产品的企业形成中心—外围结构，进而提高两个区域长期的资本增长率。那么，可以把地区的专业化分工水平作为反映人工智能以知识溢出方式促进制造业技术创新的代理变量。

本书采用地区相对专业化指数（Hoover 指数）[①] 反映地区制造业专业化分工水平，Hoover 指数测度的是第 i 区域与其余地区平均水平的制造业结构差异程度，公式为：

$$cs_i = \sum_k \left| s_i^k - \overline{s_i^k} \right| \tag{11}$$

其中，$\overline{s_i^k} = \sum_{j \neq i} E_i^k / \sum_k \sum_{j \neq i} E_i^k$，$s_i^k = E_i^k / \sum_k E_i^k$，$i, j$ 分别表示省区市 i

---

① 魏后凯主编《现代区域经济学》，经济管理出版社，2006，第156~158页。

和省区市 j，k 代表省区市内的制造业，E_i^k 为省区市 i 制造业 k 的工业总产值。式（11）表示地区相对专业化指数，$\overline{s_i^k}$ 为除省区市 i 的所有地区的制造业 k 的总产值占除省区市 i 外的所有地区的所有行业的总产值的比值，测度的是第 i 省区市与区域内其他地区的制造业结构差异程度，即第 i 省区市的制造业专业化程度。当 cs_i 的取值变小时，说明该省区市的制造业水平与地区制造业平均水平趋于一致，即地区内制造业发生了转移，形成了专业化分工。

6. 控制变量

在随机前沿生产函数模型和中介效应回归模型中，为了精确分析数字经济发展水平对制造业技术创新效率提升的耦合效应和空间效应，本书引入了控制变量（如表 12-1 所示）。

表 12-1　控制变量及指标解释

控制变量	指标解释
企业研发投资强度（rdi）	用省区市规上工业企业每年的 R&D 经费支出与制造业工业总产值的比重测度
知识产权保护（pat）	用技术市场交易额与 GDP 之比表示
外商直接投资（fdi）	用省区市外资占有股份的规上制造业企业工业总产值在规上制造业企业总产值中的占比测度
贸易开放度（tra）	用人民币表示的进出口总额与 GDP 的比值衡量，值越大，贸易开放度越高
市场化水平（mar）	用省区市非国有经济单位在职工人数与职工总数的比值反映
产业多样化指数（idi）	用三次产业产值在地区总值中的占比的平方和的倒数（赫芬达尔指数倒数）反映
交通可达性（acc）	用省区市公路、铁路营运里程与省区市面积的比值衡量
城市化水平（urb）	用年末城镇人口与总人口之比反映

（三）数据说明

首先，本书依据《"十四五"智能制造发展规划》《数字中国发展报告（2020 年）》中我国智能制造、数字经济发展的重点布局的情况，把智能制造水平高、数字经济发展好的环渤海经济区、长三角经济区、粤港澳大湾区和成渝—关中经济区四个区域作为样本区域（如表 12-2 所示）。其次，收集四个区域在 2012~2020 年省级层面的前述核心变量和控制变量的数据。鉴于数据的可得性和消除误差的影响，做如下说明和处理。①本书利用国际机器人联盟（IFR）国别机器人制造商的数据和国家统计局发布的国产机器人数量数据，计算工业进口机器人与国产机器人产量之和。并且借鉴宋旭光等的研究成果，对机器人销量最多的五个行业的应用率进行设定。[①] ②在前沿生产函数中，利用地区工业增加值替代地区制造业工业增加值。③在计算制造业研发人员 R&D 强度时，本书借鉴《中国统计年鉴》中的地区规模以上工业企业 R&D 全时当量进行衡量。④采用《国民经济行业分类》（GB/T 4754—2017）的二位产业分类地区的 29 个细分制造业部门的工业总产值计算地区相对专业化指数。⑤原始数据来自《中国统计年鉴》《中国工业经济统计年鉴》《中国经济普查年鉴（2018）》《中国地区投入产出表-2017》、Wind 数据库和 CEIC 经济数据库。

表 12-2　智能制造水平高、数字经济发展好的四大先行区

名称	包含省区市
环渤海经济区	北京、天津、河北、山东、辽宁
长江三角洲经济区	上海、江苏、浙江、安徽
粤港澳大湾区	广东、香港、澳门
成渝—关中经济区	四川、重庆、陕西

---

① 宋旭光、何佳佳、左马华青：《数字产业化赋能实体经济发展：机制与路径》，《改革》2022 年第 6 期。

二 人工智能在知识创造维度促进制造业技术创新效率提升的非线性效应分析

（一）模型设定的合理性检验

在运用超越对数随机前沿模型进行分析之前，需要检验超越对数生产函数模型的适宜性。建立原假设 H_0，令模型中的系数 α_3、α_4、α_5 都为 0，采用广义似然率统计量检验原假设。广义似然率为 $\lambda = -2\ln[L(H_0) - L(H_1)]$，$L(H_1)$ 和 $L(H_0)$ 分别是前沿模型的备择假设 H_1 和零假设 H_0 下的似然函数值，若原假设 H_0 被拒绝，则说明超越对数生产函数比柯布-道格拉斯生产函数更适用。结果显示，广义似然率大于 10% 显著度下的卡方分布临界值，有理由拒绝原假设，可以采用超越对数生产函数测度数字经济驱动中国制造业工业增加值提升过程。

（二）四大智能制造与数字经济发展先行经济区总体层面的估计结果分析

模型（1）至模型（4）分别为环渤海经济区、长三角经济区、粤港澳大湾区和成渝—关中经济区的随机前沿基准模型和加入控制变量模型的回归结果（见表12-3）。效率损失回归结果显示，在制造业智能化水平与数字化发展水平的交互项上，四大经济区的回归系数总体上在 1%、10% 水平下显著为负，表明数字化重构下人工智能应用有效促进制造业技术创新效率提高；在制造业智能化水平、数字化发展水平与制造业空间集中度交互项上，四大经济区的回归系数总体上在 1%、10% 水平下显著为负，并在长三角经济区、粤港澳大湾区表现得最为明显。结果显示，在数字化重构下，人工智能应用水平通过制造业的空间集聚，有力推动制造业技术创新效率提高；从以上两个交互项系数的对比可知，四大经济区中加入制造业空间集中度的"三项交互项"的系数的绝对值总体上大于制造业智能化水平与数字化发展

表 12-3 人工智能在知识创造维度促进制造业技术创新非线性效应随机前沿模型回归结果

变量	前沿生产				效率损失			
	模型（1）	模型（2）	模型（3）	模型（4）	模型（1）	模型（2）	模型（3）	模型（4）
$\ln K$	-0.571** (-2.11)	0.368 (1.36)	-1.903*** (-69.8)	-1.907*** (-43.19)	77.064*** (2.13)	51.589** (-2.02)	-1.123 (-0.57)	-14.753 (-1.52)
$\ln L$	0.298 (0.51)	-0.898** (-1.99)	3.116*** (63.82)	3.107*** (28.77)	30.488 (1.13)	-36.807 (1.00)	-11.919* (-1.87)	-2.576 (-0.20)
$(\ln K)^2$	-0.087** (-2.16)	0.045*** (-3.75)	-0.052*** (-14.05)	-0.052*** (-9.34)	631.487** (2.36)	42.865** (1.99)	-0.848*** (3.46)	1.280* (1.49)
$(\ln L)^2$	-0.288*** (-2.62)	-0.229* (-2.09)	-0.589*** (-122.28)	-0.587*** (-61.43)	221.873*** (5.46)	199.208** (5.45)	2.798*** (5.89)	0.996 (1.64)
$\ln K \times \ln L$	0.396*** (2.90)	0.474*** (4.00)	0.506** (70.66)	0.504*** (46.77)	268.228 (-0.93)	-215.824 (-1.07)	-2.250*** (-4.38)	-0.980 (-0.85)
常量	8.949*** (4.02)	1.581*** (5.19)	6.369*** (65.59)	6.408*** (29.09)	32.185* (1.95)	36.853*** (2.97)	43.390*** (2.74)	72.084** (2.95)
$\ln Robot \times \ln Digital$	-0.028*** (-3.81)	0.091 (0.56)	-3.135 (-1.16)	-1.302* (-1.23)	-34.030*** (4.72)	-406.194 (-6.32)	-0.034* (-1.35)	0.117 (1.57)
$\ln Robot \times \ln Digital \times \ln y$	-0.068*** (0.69)	-0.001* (-0.10)	-1.239*** (-0.96)	-0.559* (-1.16)	-135.5*** (1.87)	-59.541*** (-5.89)	-0.110*** (-5.34)	-0.041* (-0.56)
rdi	-0.874*** (-3.85)					-19.548* (0.98)		-0.711* (-0.93)

续表

	模型(1)		模型(2)		模型(3)		模型(4)	
		效率损失		效率损失		效率损失		效率损失
fdi		1.439** (2.81)		−9.367** (−0.20)		29.440 (0.12)		−0.136 (−0.13)
mar		0.066 (0.10)		−6.870* (−0.21)		11.927 (2.10)		1.835** (2.49)
acc		0.344** (2.37)				195.9 (2.34)		−0.001 (−0.01)
pat		−0.873* (−0.58)		0.203* (0.00)		−0.078* (0.05)		−6.728* (−1.89)
常数	0.149** (1.99)	0.254*** (0.73)	9.916*** (10.08)	2.124*** (0.15)	9.992*** (19.44)	7.042** (0.01)	−2.031*** (−7.22)	−1.239* (−1.82)
σ_u^2	0.111*** (9.47)	0.091*** (3.89)	1.827*** (3.25)	1.208** (1.91)	488.21*** (5.54)	359.89** (2.11)	0.083** (3.14)	0.072** (2.80)
σ_v^2	0.003 (0.10)	0.035 (1.45)	0.001 (0.52)	0.000 (0.44)	165.340 (0.12)	197.198 (5.96)	0.048 (4.66)	0.047 (2.81)
对数似然值	35.262	48.714	30.166	29.822	105.102	−185.596	33.815	31.9173
Wald 检验	109.6**	704.74***	447432.08***	105416.23***	21219.61***	9244.88***	513.92***	253.43***

注：***、**、* 表示在1%、5%、10%的水平下显著，括号中的数据为 t 检验值。

水平的交互项估计系数的绝对值，或者"三项"交互项的系数在更高的置信水平下显著。回归结果表明，制造业产业空间集聚程度的提高和集聚效应的发挥，催化了在数字化重构下人工智能应用水平对制造业技术创新效率提升的程度，即呈现"非线性"增强的效应特征。

演化地理学者认为区域的创新活动发展是以集群演化的形式呈现的。产业的空间集聚效应是产业集群内的知识溢出在内部组织扩散后形成的区域层面的正外部性，那么，人工智能应用、产业空间集聚与制造业技术创新的"非线性"效应可以由人工智能的应用促进产业集群内部知识溢出并形成产业空间集聚体现，集聚效应加快了产品种类的增加以及专业化分工，从推动制造业技术创新效率的非线性提升的视角进行解释，具体可以归纳为以下两个方面。①人工智能的搜索技术，通过对制造业产业集群内部组织之间的技术类型组合的有效搜索，可以发现新的创新组合丰富了已有的知识库，促进制造业技术创新。同时，产业集群内组织网络的知识溢出机制会放大人工智能"搜索技术"发现创新组合的效率和数量，技术创新在集群内部的扩散产生的资源优势形成对外部要素的集聚力，在因果累积循环作用下，产业集群的产品种类的增加、企业的衍生、企业生态合作的形成助推制造业技术创新产生"非线性"提升。②人工智能的深度学习技术，通过对产业集群内部已有知识库的吸收并利用自身算法框架进行自主学习，促使在高阶维度知识空间发现有价值的创新能力，推动产业集群内部具有主导地位的"知识深度"层面的核心技术创新。在这个过程中，制造业产业集群中头部企业是"知识深度"层面创新的主体。由深度学习和集群技术研发的一般规律可知，头部企业利用深度学习技术的创新依赖包含对隐含知识、关键数据的学习，并遵循制造业技术创新的既有知识和惯例，在技术创新路径上具有较强的路径依赖。所以，在头部企业确立核心技术的创新路径之后，集群内部企业、组织通过人力资本的流动、技术合作与培训、知识基础设施的共享，形成在核心技术体制下技术链的专业化分工；在技术创新扩散与应用反馈的累积循环下，形成集群内技术创新的累积收益递增和垄断收益，以进一步形成产业集聚的增加并通过产品差异化、产业链迁回生产周期的延长推动技术创新效率"非线性"提升。

所以，人工智能技术通过促进产业集群内产品种类、企业衍生的增加和推动产业集群产品差异化、产业链迁回生产周期延长，推动制造业技术创新提升及表现出非线性效应特征，这证明了本书第四章提出的假设1①。

（三）四大智能制造与数字经济发展先行经济区分区域层面的估计结果分析

在数字化重构背景下，对制造业智能化水平与产业集群的交互项对制造业技术创新的促进效果进行分析，人工智能对制造业技术创新的"非线性"效应存在明显的区域差异，具体表现为粤港澳大湾区>长三角经济区>成渝—关中经济区>环渤海经济区，即粤港澳大湾区人工智能技术通过在邻近地区制造业产业集群的应用，使制造业技术创新"非线性"提升的效果最为明显，接着是长三角经济区、成渝—关中经济区，略显意外的是，人工智能科学研究密集的环渤海经济区的"非线性"效应最低。那么，为什么会出现这种现象？本书认为原因主要在于：①人工智能技术创新由科学驱动，而制造业集群的技术创新是由科学和市场共同驱动的，所以区域化的知识基础设施（高校、研究机构、中介机构和知识交易平台等）的完善程度通过将不确定的科技成果商业化，为集群发展提供了基石；②人工智能技术的发展具有网络化特征并依赖与其他地区进行知识交流，区域的贸易开放程度、人员往来便利程度至关重要。此外，以风险投资驱动、一系列创业企业生产、通过资本市场的融资渠道的区域创新模式要优于以研发学习驱动、技术生产集中、依赖银行借款融资的区域技术创新模式，其对形成人工智能技术—制造业集群创新的生态系统具有模式上的竞争优势。

---

① 假设1对应第四章中的第七个研究的假设1。

三　人工智能在知识地理溢出维度促进制造业技术创新效率提升的非线性效应

（一）四大智能制造与数字经济发展先行经济区总体层面的估计结果分析

1.人工智能以知识流动的路径促进制造业技术创新非线性效应结果分析

表12-4是四大经济区以制造业研发人员活动强度为中介变量促进制造业技术创新的回归结果。其中，每个区域的模型（1）、（2）的估计结果显示，制造业智能化水平与制造业研发人员活动强度在1%、5%的水平下显著为正，制造业研发人员活动强度与地区制造业全要素生产率在5%、10%的水平下显著为正。这表明在四大经济区制造业智能化水平对邻近地区制造业研发人员活动强度的增加均具有正向的推动作用，并且制造业研发人员活动强度的增加进一步促进全要素生产率提高；每个区域的模型（3）、（4）的估计结果表明，制造业智能化水平、数字化发展水平的交互项与制造业研发人员活动强度在1%、5%的水平下显著为正，制造业研发人员活动强度与地区制造业全要素生产率在5%、10%的水平下显著为正。对比每个区域模型（1）、（2）和模型（3）、（4）的系数，可以看出每个区域模型（3）中的交互项估计系数的绝对值均高于模型（1）中的制造业智能化水平的系数。这表明数字化水平的提高与人工智能应用形成叠加效应，推动邻近地区制造业研发人员活动强度"非线性"增加，进一步产生了对制造业全要素生产率提高的非线性效应。由控制变量估计结果可知，贸易开放度、知识产权保护、交通可达性三个控制变量在四个区域的中介效应中的作用较显著。从直接效应和间接效应角度进行分析，总体来看，制造业智能化水平与数字化发展水平的交互项对邻近地区制造业全要素生产率提高的间接效应较显著。

表12-4 人工智能以知识流动的路径促进制造业生产效率提升复合效应的中介效应模型回归结果

	环渤海经济区				长三角经济区			
	模型(1) $\ln S^{R\&D}$	模型(2) $\ln tfp$	模型(3) $\ln S^{R\&D}$	模型(4) $\ln tfp$	模型(1) $\ln S^{R\&D}$	模型(2) $\ln tfp$	模型(3) $\ln S^{R\&D}$	模型(4) $\ln tfp$
$\ln Robot$	0.005** (1.44)	0.023* (-0.41)			0.054*** (8.44)	0.034** (0.62)		
$\ln Robot×\ln Digital$			0.109** (1.40)	0.014* (-1.30)			0.063*** (7.23)	0.006* (0.24)
$\ln S^{R\&D}$		0.192* (0.08)		0.629** (0.27)		0.626** (0.08)		0.368** (0.47)
rdi	-0.014 (-1.47)	0.179* (1.23)	-0.014 (-1.44)	0.267** (1.86)	-0.001 (-0.62)	0.046 (0.96)	-0.005 (-0.41)	0.052 (1.10)
pat	-0.495*** (-7.72)	-0.723 (-0.49)	-0.479*** (-7.76)	-0.479* (0.34)	-2.026* (-2.72)	-6.093 (-1.57)	-1.877* (-2.28)	-5.285 (-1.41)
fdi	-0.138*** (-4.11)	-0.114 (-0.20)	-0.178*** (-8.34)	0.143 (0.28)	0.161** (1.69)	0.320* (-0.69)	0.326*** (3.41)	0.282* (-0.59)
acc	0.095*** (12.06)	-0.179 (-0.72)	0.097*** (12.99)	-0.234 (-0.94)	-0.157*** (-5.46)	0.234 (1.23)	-0.149*** (-4.54)	0.273 (1.51)
tra	0.039*** (5.74)	0.126** (0.95)	0.036*** (5.32)	0.136** (1.09)	0.039** (1.13)	0.056 (0.34)	0.102** (-3.33)	0.077* (-0.05)
常数	2.301*** (86.66)	-0.235** (-0.04)	2.343*** (311.36)	-1.481* (-0.28)	2.253** (34.69)	-0.661** (-0.34)	2.659** (78.43)	-1.199** (-0.58)
A-R²	0.9651	0.5996	0.9650	0.7725	0.8850	0.4190	0.8580	0.4565
F值	203.75	565.75	203.08	831.1	45.90	105.1	36.25	69.25

续表

	粤港澳大湾区				成渝—关中经济区			
	模型（1）$\ln S^{R\&D}$	模型（2）$\ln tfp$	模型（3）$\ln S^{R\&D}$	模型（4）$\ln tfp$	模型（1）$\ln S^{R\&D}$	模型（2）$\ln tfp$	模型（3）$\ln S^{R\&D}$	模型（4）$\ln tfp$
$\ln Robot$	0.059** (0.48)	0.046* (0.73)			0.022*** (6.90)	0.031* (0.64)		
$\ln Robot \times \ln Digital$			0.135** (−2.02)	0.025 (0.62)			0.065*** (8.28)	0.021* (−0.16)
$\ln S^{R\&D}$		1.829** (−1.60)		1.421** (−1.14)		1.201* (−1.24)		1.961* (−0.47)
rdi	0.173* (1.34)	0.273* (−0.40)	0.485* (3.50)	0.419* (−0.43)	0.039* (0.37)	0.148* (1.74)	−0.219** (−2.30)	0.149 (1.51)
pat	3.949* (−1.88)	2.931 (0.25)	−4.583* (−3.09)	−0.231 (−0.02)	−1.028** (−3.01)	−0.668 (−0.20)	−1.005** (−3.40)	0.949 (0.28)
fdi	−0.025 (−0.65)	−0.002 (−0.11)	−0.018 (0.46)	−0.007 (−0.32)	−0.298* (−2.04)	1.259 (0.99)	−0.187* (−1.53)	1.789 (1.51)
acc	−0.042** (−15.89)	−0.076 (−1.52)	−0.043*** (−18.03)	−0.059 (−1.06)	0.002 (0.90)	0.046** (2.62)	0.005 (0.00)	0.046* (2.56)
tra	−0.095** (−5.34)	−0.251* (−1.78)	−0.048** (−2.10)	−0.244* (−1.71)	0.016 (0.21)	−1.799** (−2.83)	0.032 (0.46)	−1.922*** (−2.97)
常数	2.467*** (27.57)	4.916*** (1.73)	2.227 (16.67)	4.205*** (1.46)	2.273 (102.6)	4.992*** (1.23)	2.388*** (240.7)	2.193*** (0.45)
A-R²	0.9912	0.4505	0.9926	0.4687	0.7276	0.4793	0.7920	0.4688
F值	486.50	102.1	579.67	99.67	12.58	4.42	17.5	4.28

注：***、**、*表示在1%、5%、10%的水平下显著，括号中的数据为 t 检验值。

由创新地理理论可知，知识的流动是知识发送者向知识接受者进行知识扩散、吸收、问题解决的过程①。在数字化驱动下，数字技术对隐含知识进行编码、封装，使知识创新可以通过虚拟空间进行流动，人工智能高技术人才在数字技术的支持下，通过面对面交流、远程研发活动等形式可以实现知识创新的扩散，知识创新进而通过虚拟—物理生产系统（Cyber-Physical System）被解码与吸收，从而形成知识的流动并推动制造业技术创新。在数字基础设施水平提高、数字经济应用规模扩大的作用下，人工智能技术人才对制造业技术研发扩散的当量、质量和应用范围逐渐拓展，制造业研发活动提升了人工智能技术的算法框架的性能，在累积循环作用下，制造业技术创新效率呈现"非线性"提升的态势。所以，可以证明本书第四章理论分析中的假设2，人工智能技术以知识流动的形式促进制造业技术创新水平提高，并且呈现非线性增加的效应②。

进一步分析控制变量贸易开放度、知识产权保护、交通可达性的回归结果发现，区域之间在要素流动的便捷程度、知识产权的保护以及物理上的人员流动的运输成本，会影响人工智能技术人才以知识流动的形式阻碍制造业技术创新及产生非线性效应的效果。演化地理理论认为，高技术知识面临快速贬值和机遇流失的风险，劳动力流动和隐性知识的传播会在空间邻近区域发生。然而，在数字技术驱动下，知识创新可以通过虚拟网络形成跨区域传播，在这个过程中，知识创新产权的保护、人工智能人才区域间往来的运输成本及伴随的企业家的流动、资本的流动和技术服务流动的便捷程度，决定人工智能技术对邻近地区知识流动的效果和在短期内促进区域知识创新的内生增长的情况与产生区位的黏性，进而形成对制造业技术创新的非线性效应。

2. 人工智能以知识溢出的路径促进制造业技术创新非线性效应结果分析

表12-5是四大经济区以地区制造业相对专业化指数为中介变量促进制造业技术创新的回归结果。其中，每个区域的模型（1）、（2）的系数显示

①　吕拉昌等：《创新地理学》，科学出版社，2017，第69~70页。
②　假设2对应第四章中的第七个研究的假设2。

表 12-5　人工智能以知识溢出的路径促进制造业生产效率效率提升的复合效应的中介效应模型回归结果

	环渤海经济区				长三角经济区			
	模型（1）	模型（2）	模型（3）	模型（4）	模型（1）	模型（2）	模型（3）	模型（4）
	lncs	lntfp	lncs	lntfp	lncs	lntfp	lncs	lntfp
lnRobot	-0.027*	0.001**			-0.151***	0.007**		
	(-0.46)	(0.02)			(-4.09)	(-2.01)		
lnRobot× lnDigital			-0.092*	0.022*			-0.212***	0.031**
			(0.69)	(0.82)			(-3.92)	(-0.31)
lncs		-0.441**		-0.429**		-0.259*		-0.463*
		(2.97)		(2.90)		(0.20)		(-0.74)
rdi	0.034*	0.197*	0.053*	0.244*	0.017	0.034	-0.003	0.033
	(0.22)	(1.42)	(0.34)	(1.77)	(0.48)	(0.63)	(-0.09)	(0.65)
fdi	-0.182	0.445	-0.155	0.282	1.278*	0.644*	0.421*	-0.894
	(-0.22)	(0.62)	(-0.22)	(0.45)	(2.75)	(-0.79)	(0.73)	(-1.02)
mar	-0.019*	0.201	-0.022	0.146	-1.221*	0.189	-0.927*	0.362
	(-0.03)	(0.39)	(-0.04)	(0.29)	(-2.58)	(0.23)	(-1.76)	(0.43)
idi	0.098	-0.159	0.106	-0.148	0.048	-0.066	-0.247	-0.175
	(0.63)	(-1.16)	(0.68)	(-1.07)	(0.28)	(-0.25)	(-1.27)	(-0.58)
urb	-0.860	-0.174	-0.689	-0.006	0.760	0.901	0.875	1.444
	(-1.42)	(-0.32)	(-1.02)	(-0.01)	(1.13)	(0.85)	(1.24)	(1.32)
tra	0.171	0.089	0.193	0.093	-0.178	-0.108	0.176	-0.136
	(1.28)	(0.75)	(1.52)	(0.81)	(-1.13)	(-0.43)	(1.64)	(0.430)
pat	3.320***	-2.836**	3.312**	-2.671*	-4.097	-10.158	-9.182**	-14.210*
	(2.78)	(-2.45)	(2.87)	(-2.37)	(-1.03)	(-1.62)	(-1.94)	(-1.87)
acc	0.0115	-0.283*	0.103	-0.266*	-0.127*	0.280*	-0.013*	0.372**
	(0.63)	(-1.74)	(0.60)	(-1.75)	(-0.62)	(0.89)	(-0.01)	(1.13)
常数	-0.747*	0.904**	-1.057**	0.796**	0.348**	-0.601**	-0.417*	-0.892**
	(-1.09)	(1.48)	(-1.78)	(1.46)	(0.76)	(-0.84)	(-0.78)	(-1.10)
A-R²	0.6352	0.5032	0.6380	0.6161	0.9044	0.6396	0.9013	0.5795
F值	9.51	1.49	9.61	1.55	27.33	79.51	26.38	86.21

续表

	粤港澳大湾区				成渝—关中经济区			
	模型(1) lncs	模型(2) lntfp	模型(3) lncs	模型(4) lntfp	模型(1) lncs	模型(2) lntfp	模型(3) lncs	模型(4) lntfp
$\ln Robot$	-0.056** (-5.28)	0.055* (-0.55)			-0.172*** (-5.77)	0.084* (1.09)		
$\ln Robot \times \ln Digital$		-0.139** (-1.28)	0.021* (-0.50)			-0.380*** (-6.16)	0.001* (-0.07)	
$\ln cs$		-0.488** (-0.71)		-0.517** (-0.58)		-0.610* (1.69)		-0.650* (0.68)
rdi	-0.032* (-0.30)	0.338* (0.55)	-0.219* (-0.94)	0.531* (0.60)	-0.644*** (-4.41)	0.362 (1.14)	-0.353** (-2.66)	0.103 (0.41)
fdi	0.004 (1.12)	-0.002 (-0.05)	0.007 (1.46)	0.002 (0.09)	-0.156 (-0.17)	2.005 (1.50)	-0.083 (-0.10)	1.809 (1.31)
mar	0.125** (2.16)	1.207** (3.22)	0.068** (0.76)	1.152** (3.41)	-1.185*** (-3.92)	0.900 (1.45)	-1.368*** (-4.98)	0.638 (0.92)
idi	0.011 (0.08)	-0.982 (-1.15)	-0.196 (-0.87)	-1.008 (-1.19)	0.228 (1.00)	-0.788** (-2.25)	0.102 (0.48)	-0.656* (-1.88)
urb	-0.703 (-1.32)	-2.456 (-0.77)	-1.195 (-1.39)	-1.895 (-0.56)	5.642*** (5.44)	-3.051 (-1.19)	4.443*** (4.76)	-0.742 (-0.32)
tra	0.001 (0.05)	-0.181 (-1.29)	-0.015 (-0.38)	-0.181 (-1.28)	0.545 (1.27)	-2.560*** (-3.83)	0.557 (1.36)	-2.510*** (-3.61)
pat	-1.971* (-0.95)	-12.709 (-1.04)	3.282* (1.17)	-10.865 (-1.00)	-13.556** (-4.82)	10.070 (1.56)	-12.501*** (-4.62)	5.598 (0.85)
acc	-0.027** (-4.72)	-0.061 (-1.20)	-0.028** (-2.56)	-0.057 (-1.19)	-0.003 (-0.26)	0.036* (2.11)	0.007 (0.64)	0.037* (2.00)
常数	0.061*** (0.10)	2.446*** (0.69)	0.746*** (0.72)	2.046*** (0.53)	-2.069*** (-3.19)	2.744*** (2.25)	-2.283*** (-3.63)	1.901*** (1.41)
A-R²	0.9816	0.5792	0.9557	0.5778	0.9283	0.5425	0.9343	0.5084
F值	155.27	122.3	63.31	219.2	38.38	4.08	42.06	3.69

注：***、**、*表示在1%、5%、10%的水平下显著，括号中的数据为 t 检验值。

制造业智能化水平与制造业相对专业化指数在 1%、5% 和 10% 的水平下显著为负，地区制造业相对专业化指数与制造业全要素生产率在 5%、10% 的水平下显著，这表明四大经济区人工智能应用有效降低了制造业相对专业化指数，即邻近地区制造业发生了产业转移，形成了地区专业化分工，进而，地区制造业相对专业化指数降低形成的专业化分工促进制造业技术创新效率提高；每个区域的模型（3）（4）的系数显示制造业智能化水平、数字发展水平的交互项与制造业相对专业化指数在 1%、5% 和 10% 的水平下显著，地区制造业相对专业化指数与制造业全要素生产率在 5%、10% 的水平下显著；对比模型（1）、（2）和模型（3）、（4）的系数可以看出，每个区域模型（3）中的交互项的系数的绝对值总体上高于模型（1）中的制造业智能化水平的系数，模型（4）的系数总体高于模型（2）的系数。这表明数字化水平的提高催化了人工智能技术在制造业的应用范围与深度，推动地区制造业专业化分工产生"非线性"的深化，进一步对制造业全要素生产率提高产生非线性效应。由控制变量估计结果可知，企业研发投资强度、市场化水平、知识产权保护、交通可达性四个控制变量在四大区域的中介效应中的作用均较显著。由直接效应和间接效应分析，总体来看，制造业智能化水平与数字化发展水平的交互项对邻近地区制造业全要素生产率提高的间接效应较显著，创新地理理论认为，知识的溢出体现的是特定区域内知识的外部性，在区域内，各主体利用具有公共产品属性的知识资产，形成知识创新在各主体之间的流动和创造更多的创新。那么，如果认为邻近的不同区域的初始状态均分布着人工智能生产部门和制造业部门，并具有稳定的产业结构和部门增长率，在数字技术驱动下，某区域人工智能技术的公共知识以可封装的形式在虚拟网络产生跨区域的扩散，那么邻近区域制造业部门可以利用人工智能的公共知识溢出形成技术的创新和收益递增，并在拥挤效应的作用下将成本型的工艺环节向邻近区域转移，形成制造业区域的专业化分工，在迂回生产流程延长的作用下促进整个区域制造业技术创新效率提升。进一步，人工智能技术具有"元思想"特征，人工智能算法框架催生了制造业技术的创新，反过来制造业的技术创新应用丰富了算法可学习的知识库，进一步提高人工智能算法的性能和学习能力。所以，人工智能算法在虚拟—实体系统（Cyber-Physical System）上的扩散—创新应用的累积循环作用下，在具有一定禀赋优势的区域形成了人工智能生产部门的产出非线性增加，进一步通过知识溢出的形式加速区域制造业生产部门的专业化分工和推动制造业技术创新的非线性增长。所以，可以证明本书第四章理论分析中的假设 2，人工智能技术以知识溢出的形式通过促进制造业专业化分工推动制造业技术创新水平提高，并且呈现非线性增加的效应。

进一步分析控制变量企业研发投资强度、市场化水平、知识产权保护、交通可达性的回归结果，区域企业研发投入占总产值的比例、生产要素特别是创新要素交易的市场化水平、知识产权的保护程度与空间上人员、产品流动的运输成本，会影响人工智能及知识创新在区域之间以知识溢出的形式促进制造业技术创新及产生非线性效应的效果。依据区域创新体系理论的观点①，经济体的整体创新绩效不仅取决于企业和研究机构等特定组织的表现，还取决于它们在知识产生和传播过程中以及与政府部门之间的互动。从这个角度出发可以认为，区域企业倾向于知识创新的文化氛围、知识创新要素的交易费用水平、知识创新制度中的激励机制、知识创新要素流动的自由度这些区域体系中的"软""硬"制度②，通过制度塑造对创新体系中的行为主体在新技术变更和选择活动时起战略引导的作用，并且系统论观点认为这些体系制度要素间的非线性作用可以实现在系统层面的"知识创新'涌现'"等高阶属性的产生。从长期来讲，这些区域内制度上的因素及其相互作用，通过系统层面体现技术创新上的高阶属性优势，会形成人工智能生产在区域的地理根植性，并与地区制造业技术创新形成良性循环。

---

① 〔挪威〕比约恩·阿什海姆、〔挪威〕阿尔内·伊萨克森、〔奥地利〕米夏埃拉·特里普尔：《区域创新体系概论》，上海市科学学研究所译，上海交通大学出版社，2020，第 34~45 页。

② Williamson O. E., *The Economic Institution of Capitalism：Firms，Markets，Relational Contracting*（New York：Free Press，1985）.

（二）四大智能制造与数字经济发展先行经济区分区域层面的估计结果分析

以知识流动的路径分析人工智能对制造业技术创新的促进效果可知，人工智能对邻近区域制造业技术创新的"非线性"效应的顺序为粤港澳大湾区>环渤海经济区>成渝—关中经济区>长三角经济区，这表明粤港澳大湾区在人工智能技术人才的区域流动与制造业技术创新的知识关联方面，具有较强的活跃程度和进行良性的互动。接着是环渤海经济区、成渝—关中经济区和长三角经济区；以知识溢出的路径分析人工智能对于制造业技术创新的促进效果可知，人工智能对邻近区域制造业技术创新的"非线性"效应的顺序为成渝—关中经济区>长三角经济区>粤港澳大湾区>环渤海经济区，这显示成渝—关中经济区的人工智能知识溢出是通过促进制造业专业化分工，进行较强的制造业技术创新效能的释放。以上结果可以从以下几点解释。①区域创新体系包括组织密集型的多元化的 STI 模式、DUI 模式，组织密集型的专业化的 STI 模式、DUI 模式，组织薄弱型边缘区域三种类型。粤港澳大湾区的创新体系类型属于组织密集型的多元化的 STI 模式，这种类型的区域具有大量高校和研究机构、科学产业以及初创公司、衍生企业和激进的创新活动，这种基于科学的创新文化形成了人工智能应用的温床，有利于实现人工智能知识与制造业技术创新知识关联，推动人工智能在区域内流动。②区域创新会存在三种类型的系统失灵：组织薄弱、负面锁定和碎片化。作为我国重要的老工业基地，环渤海经济区技术创新的特点是以一项或几项产业活动强大的专业模式主导及对具有有限产业基础且适应良好的密集型知识组织进行支持，这种模式难以适应科学驱动、多元化组织支撑的人工智能的应用，同时，具有垄断地位的成熟产业和技术的过度专业化会导致技术创新"负面锁定"。所以，环渤海经济区在人工智能以知识溢出的形式促进制造业技术创新提升的"非线性"效应方面的表现较差。人工智能作为科学驱动的技术类型，在目前全球数字网络的驱动下，可以推动在具有一定高校和科研机构的内陆区域形成技术创新的"飞地"，其具有较强的区域黏性。同时，在区域创新资产、过去培养的制造业能力的基础上制定地域性、证据型的区域创新政策，可以有效利用人工智能的知识溢出以形成适应地区特点的创新型内生发展与增长模式，所以，成渝—关中经济区在人工智能以知识溢出形式促进制造业技术创新"非线性"效应方面的表现相对较好。

（三）稳健性检验

为了确保研究结论的可靠性，除了采用上述变量进行分析以外，本书对随机前沿回归模型和中介效应回归方程进行了稳健性检验：一方面，本书更换了随机前沿回归模型、中介效应模型中的部分控制变量，将企业研发投资强度换成专利申请数，将地区产业结构从赫芬达尔多样化指数替换为吉布斯—马丁 GM 多样化指数，对于交通可达性，使用公路和铁路线路里程与省份面积的比值衡量；另一方面，剔除 2013 年和 2017 年的样本后采用 2012~2020 年四大经济区的省级面板数据再次进行随机前沿回归分析、中介效应回归分析。上述稳健性检验结果显示，各变量的系数的符号与前文的估计结果基本一致，表明本书的主要结论具有较好的稳健性。

四　小结与启示

本书从知识创造与知识地理溢出的双重视角出发，剖析了在知识创造层面，人工智能搜索技术的"网络效应"对制造业知识宽度层面技术创新拓展的非线性效应，深度学习技术的路径依赖和动态收益递增对制造业知识深度层面的技术创新挖掘的非线性效应；阐述了在知识地理溢出层面，人工智能以知识流动的形式推动邻近地区制造业研发强度增加，催化邻近地区制造业技术创新"非线性"增长，以知识地理溢出的形式促进邻近地区制造业专业化分工深化，形成邻近地区制造业技术创新长期的"非线性"增长。基于我国 2012~2020 年省区市层面关键指标的面板数据，在测算制造业智能化水平、制造业的全要素生产率、数字化发展水平、制造业空间集中度、制造业地区相对专业化指数的基础上，以全国智能制造与数字化融合发展四大经济区域为样本实证分析了人工智能应用对制造业技术创新效率提升的非线性效应，主要结论如下：（1）在知识创造层面，在数字化重构的背景下、人工智能应用与制造业产业空间集中度提高之间的叠加效应，形成了对制造业技术创新效率提高的非线性效应，应当注重以产业集群为主体推动人工智能技术的产业应用和对技术创新路径的探索；（2）在知识地理溢出层面，人工智能应用通过推动邻近地区制造业研发强度增加、专业化分工深化，形成了对邻近地区制造业技术创新效率提升的非线性溢出，从区域创新体系构建视角来看，应当加大知识基础设施建设力度，促进数字化水平的提高和进行包含区域软、硬制度因素的体系构建。根据以上两个主要结论，本书提出以下几点启示。

第一，人工智能技术在知识创造过程中的非线性效应特征，决定了在组织层面应当以产业集群为我国制造业利用人工智能技术进行技术创新的主体。区别于以往的承接国外产业分工的成本逐底竞争、低专业化分工、技术低端"锁定"的集群形式，我国应当以具有研发能力、一定企业规模的头部企业为主导，以科学驱动的技术创新为引领，有效构建高校、实验室与企业之间的产学研互动和人才双向流动的体系，形成人工智能应用与我国具有竞争优势的制造业产业集群、战略新兴产业集群之间的集群技术创新演化的良性循环，推动我国制造业产业集群以整个产业链的竞争优势参与全球价值链的分工，并向高端环节迈进。

第二，鉴于人工智能技术以高技术人才的区域流动、知识创新的跨区域扩散为主要形式，促进邻近地区制造业技术创新的机制，应当从区域创新体系构建的策略出发促进人工智能提升对邻近地区非线性的知识地理溢出效应。首先，提高区域的数字化水平，加强知识基础设施建设和交通基础设施建设，这样有利于人工智能高技术人才的跨区域流动和进行远程研发，有效形成人工智能与邻近地区制造业的知识关联，从而吸引人工智能技术人才在本区域从事研发活动，实现人工智能技术在短期内的区域黏性提升；其次，构建区域知识产权保护、技术创新市场化交易、技术创新的贸易自由度水平等软、硬制度，通过制度要素对人工智能知识生产、人工智能技术在制造业技术创新上的知识产权交易、转移与人工智能知识在本区域与国际范围的流动形成制度上的激励，提高作为技术专业化生产部门的人工智能生产在地域的地理根植性。

第三，加大以5G、物联网为代表的数字基础设施的建设力度，以及促进区域数字经济规模扩大。数字经济对制造业生产流程的重构，使制造业生产从工艺、流程化生产向知识化、智能化生产转变，这有利于人工智能技术与制造业传统技术融合，可以充分发挥人工智能技术对知识的重组与创造的战略优势。

第四，应当因地制宜地构建区域创新体系策略。我国环渤海经济区、长三角经济区、粤港澳大湾区和成渝—关中经济区有着差异化的区域技术创新体系类型，应当促进区域向以科学驱动的科学产业为核心，具有多元化的初创公司、衍生企业的STI模式转变，或者向以科学产业为核心，具有高校、研发机构等专业化研发机构的STI模式转变。这样能够充分发挥人工智能技术对区域制造业技术创新的带动作用，避免区域陷入产业技术创新"负面锁定"的困境。

第十三章 数字经济驱动中国制造业高质量发展的路径

数字经济通过改变价值创造和分配的逻辑，缓解了信息不对称和地域限制导致的资源配置扭曲和生产效率低下，促进制造业发展质量变革。本书在总结中国制造业发展基础与现实困境，探索优化数字经济创新水平和供给水平，分析数字经济对中国制造业高质量发展影响效应的基础上，以新发展理念为指导，论述加强制造业创新能力、提升制造业协调水平、促进制造业绿色发展、强化制造业对外开放质量和推动制造业共享发展的数字经济与制造业融合发展路径，研究以企业、产业和区域创新发展为目标的数字经济赋能制造业高质量发展路径，以更好地发挥数字经济对制造业高质量发展的驱动作用，促进中国制造业高质量发展。

一 以新发展理念为指导的数字赋能制造业发展的路径

数字经济形态是经济系统中技术、组织和制度相互作用过程中的宏观涌现，这一过程使以基于技术进行资源配置为导向的人类经济活动的高度协调和互动所塑造的新生产组织方式不断演化[①]。作为一种全新的经济形态，数字经济已成为推动新时代中国制造业高质量发展的关键动力。数字经济驱动制造业高质量发展的路径主要体现在创新、协调、绿色、开放、共享五个方面。

---

① 张鹏：《数字经济的本质及其发展逻辑》，《经济学家》2019年第2期，第25~33页。

（一）以加强制造业创新能力为目标的发展路径

《中华人民共和国国民经济和社会发展第十四个五年规划和2035年远景目标纲要》指出，"深入实施……创新驱动发展战略，完善国家创新体系，加快建设科技强国"。创新能力是保证制造业实现高质量发展的重要支撑。在数字经济背景下，数据作为新型生产要素革新了要素配置，激发了组织创新。

第一，促进创新效率提升，重塑创新要素配置。一是数据要素本身就是创新要素的一部分，数字经济的发展使数据要素的供给规模和使用范围大幅扩张，数字化信息和知识的传播为制造业创新发展搭建了坚实的桥梁。二是数字经济背景下高端劳动力能够更高效地流向适配岗位，并且有助于从业人员通过"干中学"等方式提升自我[1]，为制造业创新发展积累人力资本。三是数字经济打破了物理空间的局限，数字金融、"互联网+金融"等新资本配置模式的出现为制造业企业拓宽了融资范围，尤其是小微企业也能在互联网平台上获得金融服务，为创新主体提供了高效便利的资本要素投入渠道，激发了创新活力，进而推动制造业创新效率提升。

第二，构建新的创新组织方式，加快创新溢出速度。一是数字经济的强渗透性和广覆盖性特征使产业间的技术壁垒和技术垄断被弱化，创新成果在企业之间和产业之间的扩散速度变快，同时促进了多元主体协作，推动了创新生态系统演进。二是随着数据要素在技术研发过程中占据越发重要的地位，创新活动的主体从行业领头企业转变为互联网平台企业，创新组织方式也开始进行平台化演进，多元主体协作与平台化发展互补，形成了多种核心能力的结合，极大地促进了产品的开发和创新[2]。

---

[1] 李梦娜、周云波：《数字经济发展的人力资本结构效应研究》，《经济与管理研究》2022年第1期，第23~38页。

[2] 张昕蔚：《数字经济条件下的创新模式演化研究》，《经济学家》2019年第7期，第32~39页。

第三，优化创新环境，加剧集聚效应。一是利用数字经济促进创新要素集聚，均衡发展。数字经济存在放大、叠加、倍增效应，应强化数字技术在更广泛领域的协同集聚，完善市场体系以促进创新要素资源自由流动，实现创新要素均衡集聚发展。二是随着数字经济时代企业从产品提供者向"产品—服务—解决方案"提供者转变，制造业与服务业的融合日益紧密。要充分发挥数字技术的整合和优化能力，进一步推动制造业与服务业融合发展，形成产业集聚新优势。产业集聚将通过分享效应、匹配效应与知识外溢效应等促进制造业创新。

（二）以提升制造业协调水平为目标的发展路径

《中华人民共和国国民经济和社会发展第十四个五年规划和2035年远景目标纲要》强调，要开拓高质量发展的重要动力源，深入实施区域协调发展战略。制造业区域发展失衡不仅会阻碍制造业转型升级，也无益于共同富裕奋斗目标的实现。数字经济极大地提高了要素资源配置效率和合理性，进一步解放了制造业生产力，为制造业协调发展夯实了物质基础。

第一，发挥数字经济在区域制造业中的天然流动性，推动市场一体化进程。中国市场化进程中一直存在市场分割的问题，完整市场被"碎片化"，形成了阻碍生产要素和商品流动的市场壁垒，区域间的发展差异进一步增大。随着数字技术的广泛应用，制造业市场发展模式由线下主导向线下线上相结合的新形态转变，区域间的资源被进一步整合，大大缩小了地区间的时空限制，实现了优质生产要素、销售渠道等资源的区域共享。数据要素具有天然的经济流动性，在减小区域间信息和资本传递时空距离的同时，还会表现出较强的空间溢出效应，这种空间溢出效应能够增强区域间经济活动的联系，加强区域间制造业企业的联系与合作，并扩大区域间的示范效应与竞争效应[①]，对制造业区域协调发展产生积极影响。

---

① 陈昭、陈钊泳、谭伟杰：《数字经济促进经济高质量发展的机制分析及其效应》，《广东财经大学学报》2022年第3期，第4~20页。

第二，利用数字泛化效应衍生行业新业态，变革产业空间布局。地区间产业分布和产业结构变迁对区域协调发展有着显著影响。数字经济的技术基础，如区块链、云计算、大数据、5G 等具有广泛适用性，能够与制造业进行深度融合，并且通过数字技术和数据信息的交互作用进行产业链的整合创新，衍生出"互联网+"的新行业形态，各行业间的共建共享机制不仅重塑了产业组织架构，改变了产业布局，还通过数字技术的广泛传播和应用变革了区域产业空间布局，不同区域的不同产业在新应用和新场景下得以不受时空局限而实现连通。数字经济不仅推动不同产业的同步技术革新，还使技术在不同地区传播和应用的滞后性大大缩减，这有利于区域制造业协同发展。

第三，畅通数字经济驱动传导路径，助力数字技术在区域产业间传递。同质产业的区域集群构成了区域制造业发展的比较优势，数字经济的驱动传导效应引发不同区域产业群上下游企业的数字化变革，下游企业的数字技术创新将改变市场需求的强度，进而引起上游企业的数字技术创新。数字经济的三大定律，即摩尔定律、吉尔德定律和梅特卡夫定律决定了数字经济具有零边际成本、规模收益递增和马太效应，数字经济的驱动传导效应将这三大经济规律扩散至制造业内部和区域间产品和非产品生产部门，增强了制造业发展的驱动传导效应，对区域制造业发展差距产生直接影响。

（三）以促进制造业绿色发展为目标的发展路径

《中华人民共和国国民经济和社会发展第十四个五年规划和 2035 年远景目标纲要》强调，要坚持绿水青山就是金山银山理念，推动经济社会发展进行全面绿色转型。制造业要实现高质量发展就必须处理好发展需求和资源环境的关系，坚持走绿色发展道路。数字经济本身就具有环境友好的特征，并且能够帮助制造业构建更加节能高效的生产体系，推动传统制造业绿色转型，实现柔性化、集约化生产。

第一，推动制造企业数字化转型，打造绿色发展新优势。数字经济的发展将从生产制造、管理模式、市场营销以及物流配送等各个环节推动制造业企业数字化转型①。具体来说，借助数据要素参与生产，制造业企业能够全面提升生产环节的精确度和灵活性，实现生产流程优化，尽量减少不必要的浪费和能源消耗；数字化管理模式不仅能够提高处理效率，还能够通过对企业生产经营参数的分析，持续改善与优化资源要素的使用和循环情况，提高绿色生产率。同时，数字技术能够帮助企业发展平台经济，建立起以产品为中心、以平台为主导的市场营销、物流配送服务体系，实现制造业全产业链的低碳高效运转②。

第二，应用数字技术帮助企业降低污染排放与治污成本，提高治污效率。在治理污染的实际过程中，不论是监管部门还是制造业企业，都有过度依赖生产规模和治污投入来进行排污判断的倾向③。在传统治理模式下，伪造数据抬高治污效果的现象屡见不鲜，尽管国家出台各种环境制度政策约束企业，但企业实际治污效果如何很难判断。借助数字技术，一方面，企业能够利用数据要素优化产销链条，降低企业治污成本，在绿色转型的同时提高治污效率；另一方面，区块链技术的去中心化和安全性等特征能够帮助企业将排污信息存储在区块链中，并无法随意修改数据，促使环境制度真正成为约束制造业企业排污的有效手段，进而倒逼企业增强发展绿色技术和进行绿色转型的意愿。

第三，数字经济赋能产品使用和回收绿色化，深度挖掘节能潜力。一方面，依托物联网、云计算等数字化技术，制造业企业能够充分挖掘产品使用过程中的节能潜力。通过在线监测设备运行能耗，实施掌握能耗水平和能源使用效率，实现数据可视化；基于所采集的海量能耗数据进行大数据智能分析，识别节能环节及其空间。另一方面，数字化技术能够打破产业之间、行业之间的信息壁垒，实现原材料提供、生产、使用、回收、物流、资源再利

---

① 陈楠、蔡跃洲、马晔风：《制造业数字化转型动机、模式与成效——基于典型案例和问卷调查的实证分析》，《改革》2022 年第 11 期，第 1～17 页。

② 韩晶、陈曦：《数字经济赋能绿色发展：内在机制与经验证据》，《经济社会体制比较》2022 年第 2 期，第 73～84 页。

③ 李少林、冯亚飞：《区块链如何推动制造业绿色发展？——基于环保重点城市的准自然实验》，《中国环境科学》2021 年第 3 期，第 1455～1466 页。

用等端端相通，实时监测一系列全生命周期活动，有效解决资源回收利用过程中的信息不对称问题，这有利于提高产品回收利用率，促进绿色回收体系建立，最终实现废弃物零填埋。

第四，数字经济推动制造业产业结构升级，提高绿色经济效率。从源头上看，以高消耗、高污染行业为主的产业结构是工业化进程中出现生态环境问题的主要原因之一。随着工业大数据应用广度和深度的拓展，其对制造业转型升级具有重要支撑引领作用。具体而言，数据主要以要素驱动、融合激发、协同提升和反馈正配等机制促进制造业结构优化和效率提升。数据与传统产业的融合将"软化"生产部门的要素结构，推动传统制造业朝着技术密集型和知识密集型方向转型。从技术角度来看，大数据不仅可以通过技术直接升级改造传统产业，也蕴含着相关新型产业的快速成长机制。在产业结构调整和升级过程中，生产活动带来的资源消耗和环境污染强度将不断下降。

（四）以强化制造业对外开放质量为目标的发展路径

《中华人民共和国国民经济和社会发展第十四个五年规划和2035年远景目标纲要》指出，"坚持实施更大范围、更宽领域、更深层次对外开放，依托我国超大规模市场优势，促进国际合作，实现互利共赢"。发达国家借助早年的高速发展和前一轮的技术革命掌握了国际市场蛋糕划分的话语权，信息技术发展带来的新一轮技术革命让传统国际分工开始动摇，大力发展数字经济将有助于中国制造业在新一轮产业革命中抢占先机。

第一，使数据要素成为重要的生产资本，实现制造业在全球价值链分工中的重新洗牌。在发达国家主导的上一轮产业革命后，中国制造业通过多年的努力取得巨大的进步，但在传统国际分工体系和发展模式下想要赶超发达国家几乎是不可能完成的任务。数字技术带来的新一轮技术革命无疑给予了中国制造业"弯道超车"的机会，数据要素成为决定新一轮全球价值链分工的重要筹码。一方面，数据要素带来的新技术—经济范式能够通过价值创造效应、成本节约效应等从根本上优化中国制造业全球价值链各个环节的空间布局①；另一方面，制造业的国际市场规模庞大，数字技术在制造业的渗透、融合和应用为制造业的转型升级带来了巨大空间，推进产业数字化实现。同时，这个过程是对数字技术的考验，为数字产业化提供了天然温床。在制造业庞大产业规模的支撑下，数字产业化和产业数字化的相辅相成、良性互动关系使制造业在国际市场新优势竞争的过程中发挥显著作用。

第二，利用数字经济改善传统贸易模式，降低制造业企业进行贸易的参与门槛。传统制造业进行国际贸易受制于地理距离、贸易成本和信息不对称等问题，数字经济背景下的制造业国际贸易将从提高贸易效率和降低贸易门槛两个方面重塑制造业国际贸易路径。首先，数据技术的使用使国际交易的时空限制被打破，贸易双方的信息交流得以快速、准确地进行，信息不对称程度降低，需求匹配效率提升，制造业国际贸易效率得到优化。其次，数字经济的发展不仅直接降低了贸易成本，而且大数据、区块链等技术让企业能够充分了解客户需求，实现柔性生产和低库存运行，进一步降低了企业的生产成本，让中小微企业有机会参与国际贸易，降低了国际贸易壁垒，进一步提升了中国制造业的对外开放水平。

第三，增强跨国公司对海外市场和知识资产的寻求动机，激励进行海外投资。一方面，产业数字化转型会增强跨国公司市场寻求动机。东道国传统行业数字化转型会促进该地区市场规模扩大与经济效益提升，数字产品存在网络效应，用户数量越多，产品价值越高，加之高昂的切换成本，数字产品用户黏性较强，常常会形成单一的技术标准，形成"赢家通吃"的局面，最终，垄断的市场结构不仅在国内市场形成，也出现在国际市场，这促使数字经济跨国公司更加积极进行海外投资，以便抢占先机。另一方面，产业数字化转型会增强跨国公司知识资产寻求动机。在数字经济时代，跨国公司母公司不再是单纯的技术溢出源角色；相反，跨国公司重视对广泛分布于海外子公司知识资产的学习与转移，海外子公司成为技术创新的新来源，其的技

---

① 郑丽琳、刘东升：《工业智能化如何影响制造业参与国际分工——基于全球价值链视角》，《广东财经大学学报》2022 年第 4 期，第 18~29 页。

术扩散次中心的作用越来越明显，新技术从海外子公司向母公司或其他分公司的转移回流越来越重要。产业数字化转型使知识资产发挥更关键的作用，也在更大程度上推动了跨国公司的投资寻求活动。

（五）以推动制造业共享发展为目标的发展路径

《中华人民共和国国民经济和社会发展第十四个五年规划和2035年远景目标纲要》指出，"健全基本公共服务体系……让发展成果更多更公平惠及全体人民"。制造业高质量发展的根本目标是要将发展成果惠及全体人民，数字经济在驱动制造业高质量发展的过程中通过增加社会财富、促进就业以及形成新分配、消费关系等举措帮助制造业实现共享发展。

第一，培育数字经济赋能制造业增长新着力点，增加社会财富。一是数据要素作用于生产环节，能够借助互联网协调要素投入、降低生产成本以及提高生产效率，还可以促进技术变革，释放技术溢出效应，极大地解放了生产力，增加了社会财富；二是在产品流通环节，数据要素通过虚拟数字平台，不但能够优化交易流程，还可以扩大交易范围，提升交易效率，促进社会财富积累；三是利用数字技术能够获取即时消费数据，刻画用户群体偏好，识别消费者需求，提升消费效率，促进消费结构升级，进一步带动社会财富增加①。数字经济通过赋能制造业产业链各个环节，提高产业效率，促进社会财富增长，最终惠及全体人民。

第二，利用数字技术优化劳动力资源配置，提高就业水平。从第一次工业革命开始，技术进步和资本深化就不可避免地对就业造成暂时性的冲击。随着数字经济的发展，尤其是人工智能的异军突起，人们开始担忧工业机器人等数字技术产品对劳动力就业的冲击。从短期来看，工业机器人等数字技术控制的机器参与生产能够提高生产效率，具有人力生产无可比拟的优势，必然会对就业产生负面影响。从长期来看，在数据要素参与生产的同时，新

---

① 李标、孙琨、孙根紧：《数据要素参与收入分配：理论分析、事实依据与实践路径》，《改革》2022年第3期，第66~76页。

的工作岗位也在不断出现。一方面，数字技术带来的生产力解放会极大地促进消费升级，企业进一步扩大生产规模时会吸纳大量人口就业；另一方面，数字经济带来的技术进步会促使产品升级，新产品的开发会促使新产业链形成，进而创造新的工作岗位①。例如平台经济催生的外卖、滴滴出行、快递物流等新业态，不但能够消化制造业转型发展淘汰的转岗人员，还能为低收入劳动力提供兼职机会，在解决就业问题的同时，还能够缓解收入分化的问题。

第三，数字经济赋能收入分配机制，提高企业内部分配的公平性。除了对发展成果社会层面共享的贡献外，数字经济有助于提高制造业企业内部收入分配的公平性。数据要素在参与产销、物流及后续服务各个环节之外，还能改善企业内部分配效率。一方面，大数据技术能够收集海量信息，并通过人工智能等手段进行快速分析，解决传统分配方式中的信息不对称和人情问题，准确计算要素边际产出，科学识别要素分配份额，提高收入分配公平性，激发要素生产的积极性②，促进制造业企业共享发展。另一方面，数字经济对征税机制的赋能有利于规范税收流程，减少制造业企业偷税、漏税情况的发生以及取缔非法收入，由此增加的财政收入能够用于公共服务事业，提高人民生活水平。

第四，数字经济拓展制造业市场边界，缩小多样化群体的消费差距。以大数据分析为基础的数字经济发展兼具技术应用信息化、生产工艺智能化、经济活动网络化和突破地域限制的空间化等特征，数字经济发展驱动数字技术开发应用，进而有助于生产效率和产品质量提升，从而提供更多可供支配的消费资源。同时，生产效率的提升能够有效降低生产成本进而引起产品价格下降，最终有助于刺激居民消费。在数字经济发展的大背景下，以淘宝、

① 王晓娟、朱喜安、王颖：《工业机器人应用对制造业就业的影响效应研究》，《数量经济技术经济研究》2022年第4期，第88~106页。

② Manyika J. , " Big Data : The Next Frontier for Innovation , Competition , and Productivity," http：//www. mckinsey. com/Insights/MGI/Research/Technology_ and_ Innovation/Big_ data_ The_ next_ frontier_ for_ innovation.

京东和天猫等为代表的一系列网购平台涌现出来，电子商务产业蓬勃发展，而与之相配套的电商物流体系亦随之搭上发展快车道。上述消费模式的改变有助于拓宽居民消费渠道、提高消费效率并节约消费成本，实际购买力的上升无疑会为消费者提供更多的消费资源，而便捷通达的消费模式则带来了更公平的消费机会。

二 以互联网平台为支撑的数字赋能 制造业发展的路径

（一）构建基于互联网的政产学研协同创新平台

在"加快建设制造强国、质量强国、航天强国、交通强国、网络强国、数字中国"[①] 的关键阶段，区域内高校、企业与科研机构以人员、资源、技术、管理等协同为基础，通过深度合作，实现各参与主体价值的共同增值，进而实现协同创新，在这一过程中存在大量的信息需求。在互联网时代，互联网能够实现信息共享、空间平台开放，为协同创新提供有效的支撑。因此，政府应以"互联网+"为纽带，引导组建"政府+企业+科研机构+高校+市场中介+互联网服务机构"的协同创新平台和创新网络，深化拓展开放式创新内涵，实现知识共享，加快技术创新，进一步减少知识传递与转移过程中的资源损耗，推动制造强国、质量强国、网络强国和数字中国建设。要利用互联网的发展来提供更高质量的信息服务，从而带动区域内的协同创新。一是完善信息基础设施建设功能。在信息化环境中，政产学研协同创新需要首先做好信息基础设施建设。信息保障系统作为信息化的牵头单位，负责整个单位的基本信息设施布局、网络搭建、Intranet 建设、数据库建设、各类管理系统建设与协调等，为进一步构建信息保障系统做好基础工作。二是信息资源建

---

① 《习近平：高举中国特色社会主义伟大旗帜 为全面建设社会主义现代化国家而团结奋斗——在中国共产党第二十次全国代表大会上的报告》，中国政府网，https://www.gov.cn/xinwen/2022-10/25/content_ 5721685. htm。

设功能。信息资源作为政产学研协同发展中的重要战略资源，需要从思想层面高度重视，并投入相应的人力、物力和财力对其进行建设、管理、考核与评价。信息资源建设的重要功能是进行信息资源建设，收集关于产业、科学研究、技术开发、产品销售与管理等方面的信息，并加以整理、分析，促进信息增值，以及将信息提供给协同的相关部门使用。三是信息共享与传递功能。互联网信息保障系统所做的前期信息资源收集、整理与加工等多项工作的目的在于通过信息共享和传递，让信息产品和服务产生最大的价值。信息保障系统通过与其他子系统不断发生交流，让信息和知识在部门之间无障碍传播，促进业务与管理上下游部门衔接，降低信息的不对称性，分享创新过程中的经验与成果，既调动员工积极参与信息资源共建共享的积极性，又在信息分享与传递中提升政产学研知识创新、技术与管理创新等的效能。四是促进互联网知识管理功能。参与协同的高校、企业和科研机构带来了大量的显性知识资源。同时，参与产学研协同的员工具有跨学科、跨领域的知识背景，掌握大量的隐性知识，尤其是在参与协同的过程中，由于思想交流和碰撞，会产生数量可观的隐性知识。互联网知识管理可以使机构更好地利用各类显性知识和隐性知识，充分挖掘和利用集体的智慧和力量，提升机构的知识水平和创新能力。互联网知识管理的内容主要有构建知识库、搭建员工进行知识交流的平台、营造良好的知识分享和共建的文化氛围、以资产的视角管理知识，促进知识升值。互联网信息管理主要以提供信息和可供利用的情报为主，互联网知识管理不仅提供有用的信息和情报，还提供针对问题的解决方案。因此，知识管理是对信息管理的升华。对于政产学研协同创新活动，知识管理已成为创新活动中必须保证的活动，而信息保障系统为知识管理的推进搭建基础平台并提供资源支撑，能够有效提升产学研协同中的知识管理水平。

（二）构建基于互联网的科技创新服务云平台

科技创新服务云平台对推动互联网与制造业融合发展具有十分重要的意义，它面向社会提供技术扩散、科技评估、成果转化、创新决策、创新资源配置等创新领域的专业化服务，通过嫁接互联网技术、平台和思维使各项创新政策、各类创新主体与市场之间的知识流动和技术转移更加便捷高效，能够有效降低创新成本、加快科技成果转化和扩散、化解创新风险、提高整体创新效果。构建中小企业科技创新云平台，通过引入云计算技术，整合各类社会资源，搭建以网络为基础的中小企业科技创新服务平台，实现中小企业科技创新业务共享，帮助中小企业进行科技创新，解决中小企业在科技创新过程中的融资困难、信息资源匮乏等难题，提升中小企业的市场竞争力。一是满足应用服务功能需求。一方面，为基础性办公应用建设提供支撑；另一方面，为用户个性化的科技创新办公应用提供支撑。二是满足平台级服务功能需求。集中整合平台提供的各类资源，整合管理与资源服务，支持多格式、多来源的信息资源和服务资源接入功能，支持用户实现办公应用系统的组合搭建。三是满足平台支撑构件功能需求。平台支撑构件是应用支撑平台的基础，平台支撑构件提供基础的支撑，为各个构件及组件的定制及扩展提供保障。因此应用支撑平台应具备能定制个性化流程，开发个性化门户，满足内部门户之间的公文交换要求。同时，建立科技创新成果管理系统。该系统基于科技创新云应用支撑平台进行搭建，可以采用云应用支撑平台提供的搜索组件等实现对科技创新成果管理的流程的定义。科技创新成果管理与鉴定申请入口部署在互联网区域，管理功能部署在互联网中，通过数据同步的方式，实现数据的交互。科技创新成果管理系统通过局域内办公门户，面向各工作部门以及中小企业提供统一的服务。此外，要进一步推进多方资源的聚集和整合，通过互联网技术、平台和人才创新创业基金，建设一批提供互联网应用服务的云计算数据中心和产业创新数据中心，加快建设有关公共服务的创新云平台，为促进互联网与制造业的融合提供平台支持，推动制造业创新水平进一步提高。

（三）构建基于互联网的分享经济创新平台

分享经济依托"互联网+"开创了经济发展新模式，在全球范围内迅猛发展。中国分享经济从最开始的交通出行、在线短租行业迅速拓展到了教育、医疗、金融、物流等各行各业，国内掀起了一场分享经济的热潮。分享经济企业以闲置资源分享为基本理念，通过构建分享平台实现供给侧与需求侧的精准匹配和对接，成功实现了商业模式创新，提升了企业竞争力，获得前所未有的发展。政府既要大力推动公共部门创新数据、信息等资源的共享和开放，加大政府部门对分享经济下创新产品、技术和服务的购买、供给力度，也要大力引导企业、高校和科研机构等创新主体之间通过创新分享平台分享彼此暂时闲置的资源，实现资源的最大化利用目的，进而提高创新效率。一是依托"互联网+"打造新零售业务体系。企业要依托技术创新搭建分享平台，连接供给侧与需求侧，对传统企业业务体系进行改良和创新。通过融入云计算、大数据、物联网和移动互联网等技术，促进线上线下有机联动和与物流有机融合，打通企业接触消费者的全渠道，使消费者随时都可以在最短时间内买到自己需要的商品，打造分享经济企业新零售业务体系，实现闲置分享、精准匹配、高效流通和个性满足等新目标、新需求，从而缔造分享经济企业创新的商业模式。二是依托分享理念打造多元化盈利体系。分享经济企业要依托独特的分享理念，面向消费者，通过提供个性化、专属化、专业化的私人定制产品和服务获取收益，开创"三维定制"的盈利模式，基于平台，通过利用消费者向所有者支付资金在分享平台的滞留，进而将资金存放在金融机构和投资项目以取得盈利，创造"二元理财"的盈利模式。分享经济企业要改变传统经济下企业靠增加资源投入获取产品的供给模式，本着控制增量、开发存量的基本理念，提高资源利用率，实现绿色发展。同时，要积极引导和鼓励越来越多的企业和中介机构通过众创、众扶、众筹、众包等多种方式组织整合创新资源和平衡创新成果供需，提高创新资源配置效率，进而不断降低创业成本和提升制造业创新效率。

三　数字经济通过企业效率提升促进制造业发展的路径

制造业高质量发展对企业的要求如下。一是生产效率提升。企业作为市场主体的活力被全面激发，要素配置效率和要素使用效率大幅提升。二是创新能力提高。坚持自主创新、持续创新和合作创新模式，塑造全球一流的竞争力。三是一流企业数量增加。中国培育一批世界一流企业，为全球企业管理和长效发展提供更多的"中国方案"，提升中国企业在全球的品牌影响力。四是社会责任增强。高质量发展的企业一定要在环境保护、民生福祉、社会公益方面树立良好的社会形象，传递社会正能量。

大数据是驱动制造业数字化转型和高质量发展的利器，其本质是数据赋能下的智能化决策解决制造业生产过程中显性和隐性问题带来的不确定性，同时形成以消费者需求为导向的制造联盟和新价值网络。大数据基于连接、智能和分析三个方面的赋能，使制造业企业内外部信息交流和传递更加便捷，在形成精准智能的自动化决策的同时提高对市场的敏感度，最终形成信息对物理世界的全面感知，并对两者加以控制，推动全要素、全价值链的协同创新，激发新模式、新业态与新产业[1]。

（一）数字经济通过赋能企业智能化转型促进制造业发展

数据赋能制造业企业高质量发展是一个进阶的过程，基于大数据应用范围和规模，以企业智能发展为目标的数据赋能制造业高质量发展的演进路径包括以成本为导向的生产制造互联、以效率为导向的组织内部协同、以用户为导向的组织外部联通和以创新为导向的产业生态融合四个阶段。一是实现生产制造的业务流程互联[2]。基于设备层、车间层和工厂层的交互协作，实现生产业务流程内部的人、机、物的连通，以降低成本为主要目的，实现生产制造业务流程再造和优化，有效提升制造的可视化运营效率。二是实现组织内部的动态协同。让企业从全局角度进行规划，优化企业决策，数据驱动下的精准的自动化决策逐步代替管理层的经验决策，有效提升组织内部的运

---

[1] 《新一代工业互联网发展模式与成功实践：数据驱动的新价值网络》，阿里云研究中心，2020。

[2] Jiang P., Ding K., Leng J., "Towards a Cyber-physical-social-connected and Service-oriented Manufacturing Paradigm：Social Manufacturing," *Manufacturing Letters*, 7, 2016：15-21.

营效率。三是实现制造业企业和上下游产业链以及销售链的组织外部连通。制造业企业在大数据驱动下和消费者、供应商、经销商、第三方物流等协同合作，形成智能制造联盟。基于网络平台实现与组织外部的协同，以及通过大数据技术、平台化共享和智能化协作实现以用户为中心的设计在线、研发在线、生产在线、服务在线、消费在线以及内外部业务的网络连通，推动企业从技术推动生产模式向为需求拉动转变①。四是达成以制造业为中心的产业生态融合。一方面，制造业内部企业形成以信息技术平台为主导的企业群落，以平台为重要的数据、技术的集散中心，其具有共享特征，平台将各要素捆绑形成溢出红利，驱动企业群落内部突破"信息孤岛"的束缚②，形成平台内的"共生"关系。另一方面，大数据推动制造业和其他产业融合③，打破"平台孤岛"的约束，构建"信息互通、资源共享、能力协同、互联共赢、创新驱动"的产业生态圈，促进生态圈内各元素交互共创，激发各要素的创新活力，最大化地释放潜能和凝聚各方力量，推动制造业迈向高质量发展道路，并由此形成一种开放共享、生生不息的新商业生命体。数据赋能制造业企业数字化转型发展路径见图 13-1。

（二）数字经济通过提高企业绩效促进制造业发展

随着数字经济的不断发展与数字化在企业中的全面应用，企业在盈利模式、交易成本、生产流程、组织环境等方面都进行了适应性调整与优化，进而不断提高价值创造能力。一是利用大数据技术革新企业盈利模式。在工业经济背景下，传统产品边际成本的降低会受到要素的专业化分工、管理的低效率等因素限制，从而难以实现最优生产规模。而在数字经济时代，企业边

---

① 忻榕、陈威如、侯正宇：《平台化管理：数字时代企业转型升维之道》，机械工业出版社，2020。任宗强、赵向华：《个性化定制模式下制造型企业知识管理与动态优化机制》，《中国管理科学》2014 年第 S1 期，第 539~543 页。

② 戚聿东、肖旭：《数字经济时代的企业管理变革》，《管理世界》2020 年第 6 期，第 135~152、250 页。

③ 郭朝先：《产业融合创新与制造业高质量发展》，《北京工业大学学报》（社会科学版）2019年第 4 期，第 49~60 页。

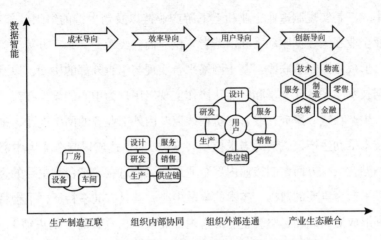

图 13-1　数据赋能制造业企业数字化转型发展路径

际成本呈现递减规律甚至达到零边际成本，因此可采用无限扩大规模的生产方式降低长期平均成本，达到规模经济的效果。同时，拓展范围经济。在工业经济时代，企业通常借助产品生产技术的关联性，通过生产多种产品降低总成本，实现生产上的范围经济。而在数字经济背景下，范围经济的实现条件从产品相关性变为市场占有率与用户数量。在高市场占有率与海量用户的基础上，企业不仅能够销售少品种大批量的产品，而且能够销售多品种少批量的产品，从而实现范围经济，进一步提高企业盈利水平。二是合理配置技术创新与管理创新资源，畅通数字经济推动企业全要素生产率的渠道。一方面，推动企业管理创新，优化企业组织结构，逐步将以往直线制、直线职能制等金字塔式的组织结构转变为扁平化、网络化的组织结构，同时调整营销模式，根据用户数据信息分析消费者行为，采用精准化、精细化的全渠道营销等方式，为企业数字化发展提供良好的组织环境。另一方面，推动企业技术创新，以开放化、开源化的模式开展技术研发。通过共建创新联合体、加入创新云平台等方式加强与其他企业、组织的技术交流与合作，实现资源与知识的共享，提高企业数字化发展的技术实力。确保企业的管理能力能够与数字技术带来的变革冲击相适应，保持管理创新和技术创新的平衡，充分发挥技术创新和管理创新的协同作用。三是企业要以未来经济发展趋势为导向，改善企业内部机制。在确保自身经济绩效的基础上，企业要积极探索数字技术在绿色技术创新领域的应用场景，加快数字技术与能源挖掘、新能源开发、清洁技术、绿色制造、污染控制、资源回收等领域的深度融合，不断提升绿色技术中的数字含量。

（三）数字经济通过商业模式的变革驱动制造业发展

数字经济带来的商业模式的变革推动了制造业规模的提升。依托互联网和信息技术的高速发展，商业营销与服务系统同样在大数据时代出现新技术和新业态的融合，制造业企业迎来新的商业模式。一是在价值主张方面，数据赋能可以帮助企业获取客户的真实需求，了解产品的真实使用情况。同时，在获取客户真实需求的基础上可以准确划分客户类型，加之大数据的实时特征，数据的收集、整合、分析和反馈都可以在瞬间完成，使企业随时随地都可以无限接近客户群，为企业提供精准的价值主张。二是在业务流程方面，电子商务和大数据技术的协同发展极大地革新了传统业务流程。在业务流程的再设计中，数据赋能还能够帮助提升业务流程的效率。三是在收入模式方面，数据赋能的出现让企业的收费模式逐渐从出售转向租售再到免费，继而达成对特定客户群体的吸引和锁定。大数据时代的商业重点摒弃了面对广大消费者群体漫无目的地兜售的做法，而是首先要确定特定的客户群体，基于客户实际使用的服务模块定价，使产品价格更具竞争力，收费方式更加灵活、更有弹性①。商业模式革新换代，制造企业的服务质量大规模提升，利润空间也进一步扩大。

数字经济有效提高了企业效率。一是优化企业成本管理。通过企业各部门之间信息的互联互通及数字化管理，采购、生产和物流、销售等环节生产成本的降低提高了经济附加值。二是促进企业的经济效应。传统生产方式企业只关心价格和数量，在数字经济时代，固定成本与边际成本的特性使企业

---

① 李文莲、夏健明：《基于"大数据"的商业模式创新》，《中国工业经济》2013年第5期，第83～95页。

平均成本不断降低，促进企业规模经济形成。数字经济促使企业关注产品的多样化生产以满足消费者的多元化需求，实现生产效率提升。三是提高企业组织效率。传统企业管理方式大都以垂直化的金字塔方式为主，数字经济使企业组织结构向网络化、扁平化和柔性化转变，新型企业组织模式提高了企业的决策和管理效率。

四 数字经济通过产业结构优化促进制造业发展的路径

产业结构优化视角的制造业高质量，一是要求产业结构合理化，三次产业门类之间以及内部的协调程度提高，战略性新兴产业、生产性服务业等在国民经济中的占比不断提高；二是产业结构高级化，加快制造业服务化以及服务型制造业发展，培育高端产业以及产业链高端环节；三是产业结构生态化，产业中排放少、环保、节约的环保产业壮大，高能耗的污染产业得到有效控制。

（一）数字经济通过产业融合促进制造业发展

产业融合的内在驱动力在于技术创新。作为新一轮工业革命的重要成果，大数据技术不仅实现了新兴技术对产业融合的推动，其本身所具有的通用性和渗透性等特点也可与传统装备制造业形成天然的深度融合，数字技术赋能传统行业，拓展产业发展新空间，数字技术是通用目的技术，也是重要的赋能技术，能够帮助传统产业效率提升、推动产业跨界融合、重构产业组织的竞争模式以及赋能产业升级，从而推动传统制造业数字化改造和智能化转型，使传统制造业朝着数字化、高端化、智能化、服务化、绿色化方向发展，通过降本、提效、创新路径实现传统产业提升。大数据对装备制造业的赋能不仅促进了装备制造业的个性化定制和服务化制造发展，还提高了整个工业生产部门的经济效率。数据赋能的网络化效应帮助原有产业的技术路线和市场需求特征得以逐步扩展到能源、农业以及服务业等国民经济各个领域，衍生出新的产业，从而推动产业结构高级化。数字技术赋能战略性新兴产业的提升和发展，做强软件、现代中药、动力电池等一批优势产业集群，做大集成电路、航空、生物医药等一批高端产业集群，培育人工智能、网络安全、大数据、区块链、5G 等一批新兴产业集群，大力发展大数据和云计算产业，超前布局前沿信息技术产业，研究区块链技术在工业互联网等重点领域的实际应用情况。

（二）数字经济通过产业链延伸促进制造业发展

从数字经济促进产业链、供应链现代化出发，基于"军民融合"、"两化融合"、传统制造业与战略新兴产业协同、先进制造与现代服务业融合，探索促进智能化、网络化和数字化产业结构升级，大数据对产品生命周期各个环节的赋能作用可以实现业务与资源的智能管理，促进知识和经验的积累及传承，驱动研发和服务的开放创新，帮助制造业企业向"微笑曲线"两端的应用研发以及营销服务等高附加值经济活动靠拢。一是基于大数据的在线增值服务、个性化定制等新型制造方式培育新的经济增长点，拓展我国制造业发展的深度和广度，实现我国制造业从全球价值链的中下游向上游攀升。二是将数字技术与产业特征融合，使数字消费多元化发展，从而增加消费。建立多层次、多样化需求的消费体系，激发市场消费潜力。让数字消费的形式更加多元化，从而促使人们获得更好的消费和购物体验，丰富产业链，进一步延伸产业链，促使更多产业形态出现。三是利用数据要素提高产业链、供应链稳定性和现代化水平。充分发挥工业互联网平台全要素、全产业链、全价值链的链接优势，鼓励产业链上下游数据共享，实现更大范围的资源配置、更高效率的协作分工，不断提升传统产业的数字化渗透率，全方位提升产业链、供应链的韧性和安全性，加速产业结构变革，云计算、大数据等数字技术的产业化形成一定规模后都形成了相应的产业，并且作为新基建为现代产业体系的构建和发展提供强有力的支撑。四是数字技术孕育新模式，催生产业发展新领域，云计算、人工智能、大数据、物联网等新兴技术的广泛融合可以开发新的用户，随着技术在其他产业部门的推广，新的消费需求显现或者被挖掘，新的规制变革等多种因素的综合作用形成了新产品、新服务模式等全新业态。

（三）数字经济通过产业生态化促进制造业发展

数字经济赋能制造业高质量发展要求产业结构更加绿色，产业质效增强，形成符合"双循环"发展格局要求的产业链、供应链体系，以最小的质量成本产出实现最大的质量效益。一是打造一批具有卓越数字竞争力的制造业工业园区。着力完善试点工业园区的各项软硬件，加快数字技术向生产、分配、交换、消费等环节渗透，引领生产方式、组织方式、流通方式、商业模式、消费方式和治理模式进行全方位绿色变革，逐步将其打造为数字经济引领下的国家资源配置中心和绿色工业园区的典范。二是有效发挥试点工业园区的引领作用。一方面，积极推动试点工业园区与外围工业园区就数字经济发展展开深度合作，充分释放优质试点工业园区的辐射效应，带动其他工业园区加快数字化转型进程；另一方面，因地制宜，鼓励数字经济的地区差异化发展，以产业规模调整与产业结构优化为重要抓手，在更大范围、更高质量上集聚数字经济与制造业绿色发展的必备要素，加快数字经济与制造业的协同发展进程。三是以提高制造业产品长效供给质量和产业效率为重点，注重长期战略与短期计划相结合，优先布局外溢效应大、带动性强的试点项目，地方政府应立足当地经济发展基础、产业需求与社会治理需要，优化布局规模与布局密度，尽可能地减少产能闲置与浪费。

数字经济促进制造业高质量发展主要体现在产业结构的合理化、高级化和生态化上。一是数字经济使产业结构更合理，数字经济重塑三次产业发展格局，数字技术向乡村以及西部落后地区的渗透促使产业在城乡之间、区域之间的分配结构更合理。二是数字经济使产业结构更高级，数字经济催生了智能制造、个性化定制、网络化协同、服务型制造模式，带动实体经济迈上融合发展的新台阶。三是数字经济使产业结构更绿色，产业质效增强，形成符合"双循环"发展格局要求的产业链、供应链体系，以最小的质量成本产出最大的质量效益。四是数字经济带动了制造业生产方式的"三个转变"：自动化生产向智能化生产转变，标准化生产向个性化生产转变，集中化生产向分布式生产转变。数字经济使制造业实现了生产方式数字化、智能化、绿色化和柔性化，推进了制造业生产方式的变革，实现了制造业的动力变革、效率变革和质量变革。

五 数字经济通过区域创新效率促进制造业发展的路径

区域创新发展视角的高质量发展：一是要求制造业以创新为不竭动力，坚持技术创新、产品创新、产业创新、组织创新，实现集约化、效益化发展，促进经济增质提效；二是以制造业发展带动区域、城乡均衡发展，从供需两端着手平衡实体经济的比例关系，增强供给体系灵活性和对需求升级的适应能力；三是克服对能源资源的投入依赖，减少对生态环境的污染排放，实现经济效益与环境效益有机统一的绿色发展。

（一）数字经济通过区域企业创新促进制造业发展

在企业层面，数字经济通过区域竞争效应促进制造业企业创新。一是数字经济发展重塑了区域企业竞争形态，加剧了市场竞争。消费者通过互联网和电子商务平台，可以更便捷地获取产品或服务价格、性能和口碑等信息，降低信息搜寻成本和信息不对称等，优化选择空间，提升议价能力。企业若不能提供差异化的创新产品，将很难在激烈的市场竞争中立足。二是竞争压力促使区域企业变革组织与商业模式。数字经济下的竞争形态具有高度不确定性，来自市场和技术的竞争压力使企业更加关注消费者的个性化需求以及生产与管理技术创新，从而加大对数字化技术的应用力度，不断变革组织管理、商业模式，形成有利于产品和技术创新的组织结构、管理环境与创新氛围，增加市场竞争优势。三是创新导向的管理模式使企业在战略决策上更注重用户价值和研发创新，而数字经济发展也为企业创新活动提供了有力的技术条件支持。技术创新使传统商品生产被赋予数字化技术含量，更加智能化的产品生产不仅为制造业企业带来更多的利润，创造更高的产品附加值和衍生出产品价值，而且积累了大量的科技资源和数据信息，为制造业企业实现高质量发展提供源源不竭的动力。

（二）数字经济通过区域产业转型促进制造业发展

数字经济的核心是将新信息技术赋能区域创新活动。一是数字经济拓展了区域产业融合的广度。利用数字技术打破不同行业、企业以及市场间的信息壁垒，挖掘大量生产者、市场上下游主体以及消费者生产的海量数据，分析、提炼出有用的信息，进行交互连接、融合使用，使数据的价值大大增加，从而催生跨界融合的新业态。二是数字经济拓展区域产业融合的深度。促进以工业应用为核心的数字经济与制造业深度融合，以实现拉长特色产业链的数字技术与农村经济深度融合，使数字化供应链带动三次产业协同发展，推动现代农业智能化转型，物流、商贸、餐饮等传统服务业向现代服务业转型。三是数字技术加快了区域产业融合的速度。平台和经济主体通过"产业互联网生态圈"的溢出与扩散，激励区域经济组织加快数字化转型，形成与城市经济相配套的现代化产业经济体系。

（三）数字经济通过区域传统产业升级促进制造业发展

区域传统产业升级促进制造业高质量发展，一方面，数字经济下的新业态、新模式不断向传统产业跨界，促进区域创新要素自由流动和配置效率提升，驱动传统产业创新发展。基于互联网的平台经济、共享经济等新模式以及数字金融、众包、众筹等新业态具有天然的网络效应和高效的匹配机制，由此具备规模经济和范围经济特征，进而促进人才、技术和资本等要素流动，提升创新资源配置效率，并推动区域企业、科研机构和个人等多元创新主体进行创新创业与网络协同创新。另一方面，传统产业在利用数字技术向数字化、网络化和智能化转型的过程中，持续推动数字产业技术创新。数字技术具有通用性和高渗透性特征，传统产业部门应主动利用数字技术进行升级改造，催生出智慧物流、智能制造等产业深度融合发展模式。在技术扩散与产业化应用过程中，数字技术供给与产业融合发展需求互动，不断驱动数字设备制造业和数字技术服务业创新升级，形成数字产业的创新效应。数字经济通过融合赋能赋予产业更多的创新性和灵活性，由此引致更多的价值创造、价值增值和价值回报。

（四）数字经济通过创新生态效应促进制造业发展

区域创新生态系统内的创新主体、创新资源和创新环境协同作用，促进区域创新绩效提升，由于系统开放性具有正向调节作用，数字经济发展增强了创新生态系统的开放性。一是促进区域数字基础设施建设。云计算和大数据等数字技术的应用，以及平台经济、共享经济与数字金融等新业态、新模式的运行都离不开数字基础设施支撑，因此需要不断提升数字基础设施建设水平，释放数字基础设施建设对区域创新发展的引领作用。二是积极改善创新环境。尽管良好的数字基础设施和创新环境更容易吸引创新资源，但是物理数字基础设施共享只限于特定区域，并且知识扩散具有空间衰减特征。因此，区域创新政策、知识产权制度和创新文化氛围等对创新主体的市场准入、创新激励以及知识扩散产生重要影响的政策环境支持也需要同步跟进。三是加快大数据平台建设，促进创新资源聚集，为创新主体提供共享基础设施、知识产权和信贷融资等专业化服务，助推企业创新合作，降低创新成本与风险，促进研发人员学习交流与知识溢出，提高知识扩散和使用的效率，形成收益递增效应。

（五）数字经济通过区域均衡发展促进制造业发展

国家实施区域协调发展战略，推动西部大开发形成新格局，推动东北振兴取得新突破，促进中部地区加快崛起，鼓励东部地区加快推进现代化，支持特殊类型地区加快发展，在发展中实现相对平衡。从促进城乡收入差距收敛、区域协同创新层面出发，基于"一带一路"重塑全球价值链、京津冀协同发展、粤港澳大湾区建设、长江经济带发展、黄河流域高质量发展、新一轮西部大开发建设，数字经济可以突破时空限制和产业边界，促进各类市场主体连接与协作，助推我国超大规模市场的形成和内需潜力的释放，促进制造业高质量发展。一是借助数字网络技术弱化地理资源等外部条件的制约，由传统的地理集聚和地理协同转变为线上集聚和线上协同，缩小不同区域间制造业发展差距，优化区域内部产业空间布局。二是利用数字经济在破除地区壁垒、促进创新要素自由流动和形成多地协同创新中具有的优势，在提高区域内部资源利用效率的同时，通过重构全球产业链、贸易链，利用数字技术汇聚全球创新资源，并汇聚国内其他区域乃至国际上高等学府的科技创新人才，努力建设国际科技创新中心，做大创新蛋糕，辐射内陆地区，引领我国制造业新发展格局形成。

六　小结

数字经济是农业经济、工业经济更迭后的主要经济形态，通过改变价值创造和分配的逻辑，缓解信息不对称和有限理性导致的资源配置扭曲，促进制造业发展质量变革。数字经济驱动制造业高质量发展的路径选择研究内容如下。一是以新发展理念为指导的数字赋能制造业高质量发展的路径，主要包括以增强制造业创新能力、提升制造业协调水平、促进制造业绿色发展、强化制造业对外开放质量、推动制造业共享发展等创新、协调、绿色、开放、共享五个方面为目标的发展路径。二是以互联网平台为支撑的数字赋能制造业发展的路径，主要包括构建基于互联网的政产学研协同创新平台、构建基于互联网的科技创新服务云平台、构建基于互联网的分享经济创新平台，推动制造业创新水平进一步提高。三是以企业效率提升为目标的数据赋能制造业高质量发展的演进路径，主要包括数字经济通过智能化转型、提高企业绩效和商业模式的变革三个层面促进制造业高质量发展。四是以产业结构优化为目标的数据赋能制造业高质量发展的演进路径，主要包括数字经济通过产业融合、产业链延伸、产业生态化三个方面促进制造业高质量发展。五是以区域创新发展为目标的数据赋能制造业高质量发展的演进路径，主要包括数字经济通过区域企业创新、区域产业转型、传统产业升级、创新生态效应以及区域均衡发展五个维度，促进制造业高质量发展。

结论与政策建议

一　研究结论

数字经济的发展速度之快、辐射范围之广、影响程度之深前所未有，数字经济正在成为重组全球要素资源、重塑全球经济结构、改变全球竞争格局的关键力量，数字经济推动制造业高质量发展是我国应对当前全球科技革命和产业变革的战略选择。我国数字经济发展水平在时序特征上呈现逐年波动提升的态势，在空间差异上呈现自东向西梯级递减规律，东部地区在报告期内的发展水平领先中、西部地区。我国制造业高质量发展水平在报告期内总体呈现缓慢上升趋势，创新能力、人才集聚、绿色发展、质量效益和产业结构高端化五大维度的指数也均在上升，产业发展满足了经济高质量发展的基本要求，在区域差异上，制造业高质量发展呈现东部地区、中部地区、西部地区依次递减的规律。产业数字化和数字产业化耦合程度均已进入协调发展阶段，华北和华东地区产业融合程度位列第一梯队，中南和东北次之，西北和西南地区的耦合程度相对较低，西南地区是 2020 年唯一的耦合协调类型属于良好协调发展型的地区。本书进行的数字经济推动制造业高质量发展研究主要包括以下几个方面的内容。

（一）数字经济是促进中国制造业创新效率提升的新动能

本书从产业结构升级和技术溢出两个方面解释数字经济促进中国制造业创新效率提升的传导机制，测算数字经济发展水平和制造业创新效率，对数字经济促进制造业创新效率的总体作用、间接机制进行实证检验。本书发现以下内容。①数字经济成为推动中国制造业创新发展的新动能，数字经济促进了制造业创新效率的提升，在考虑到稳健性和内生性后进行的检验的结果仍然显著。②数字经济能够通过促进产业结构升级、技术溢出等中介效应间接提升制造业创新效率，这表明数字经济对区域制造业创新效率的正向作用并非独立存在，而依靠促进产业结构升级、技术溢出等多种渠道实现。③数字经济发展对制造业创新效率提升具有空间溢出效应，大力发展数字经济不仅有利于提高地区制造业创新效率，也可以对邻近区域制造业创新效率提升产生积极影响。

（二）数字经济是促进制造业绿色全要素生产率提升的新优势

本书从人力资本、创业活动、产业升级视角出发，构建中介效应模型，通过理论分析和实证检验数字经济对制造业高质量发展的影响。本书发现以下内容。①数字经济是促进制造业绿色全要素生产率提升的新优势，数字经济发展水平的提升对制造业绿色全要素生产率具有显著正向促进作用，且这一正向作用在经过一系列稳健性检验后依然成立。分样本研究表明，在经济相对发达地区，数字经济对制造业绿色全要素生产率的正向作用强度更大。②人力资本和创业活动是数字经济驱动制造业高质量发展的重要渠道。人力资本和创业活动均对数字经济提升制造业绿色全要素生产率具有显著的中介效应，且二者的中介效应均表现为正向强化效应，即数字经济能够通过增加人力资本积累和激发创业活力驱动制造业高质量发展。同时，相对而言，创业活动的正向强化效应更大。③虽然数字经济对产业升级具有显著正向作用，但由于产业结构高级化与制造业绿色全要素生产率之间不存在显著正向关系，因此，产业升级对数字经济驱动制造业高质量发展尚不具有显著正向强化效应。

（三）数字经济与制造业技术创新效率之间存在耦合效应

本书从促进制造业技术创新效率提升与推动技术创新地理溢出的双重视角分析数字经济驱动制造业高质量发展的耦合效应与空间效应，在测算省际数字化水平和数字经济规模指标的基础上，以全国数字经济与制造业融合发展的四大主要经济区为样本实证分析数字化水平与数字经济规模的交互项与制造业技术创新效率之间的影响效应。本书发现以下内容。①数字化水平的提升与制造业利用数字技术的产业应用水平的耦合与匹配决定了制造业技术创新效率提升的幅度，即数字经济与制造业技术创新效率提升之间存在耦合效应。其中，区域、产业和企业层面的制造业已有技术创新水平对制造业利用数字技术进行技术创新具有重要的促进作用。②数字经济的发展水平会推动邻近地区制造业技术创新活动密度增加、技术创新链进行专业化分工，这对于邻近地区制造业技术创新效率提升具有较强的空间效应。

（四）数字经济已成为中国促进传统产业创新发展的新途径

本书对数字经济通过产业升级、金融发展和消费需求对传统产业创新发展的影响效应进行研究，测度传统产业创新能力和数字经济发展水平，运用面板固定效应模型、中介效应模型、区域异质性检验以及进行分产业回归等多个维度进行实证检验。本书发现以下内容。①数字经济已成为促进传统产业创新发展的新途径，数字经济明显地促进了传统产业创新发展，在考虑稳健性和内生性问题的影响下引入工具变量进行检验，该结论仍然成立。②产业升级、金融发展以及消费需求是数字经济驱动传统产业创新发展的重要介质，实证分析表明，产业升级、金融发展以及消费需求均对数字经济驱动传统产业创新发展具有显著的积极性中介效应。相对而言，消费需求的正向强化作用更大。③数字经济对传统产业创新发展的作用存在区域异质性，东部地区的创新溢出强度大于中部地区和西部地区。

（五）数字基础设施已成为中国制造业高质量发展的新引擎

数字基础设施作为新时期的战略性基础设施，已成为助推我国制造业高质量发展的新引擎。本书通过构建固定效应模型、门槛模型以及空间杜宾模型，从多个维度探讨数字基础设施建设对全要素生产率的影响效应。本书发现以下内容。①数字基础设施建设对全要素生产率具有显著的促进作用，通过引入工具变量等进行稳健性检验，该结论仍然成立。②数字基础设施对全要生产率的影响存在"边际效应"递增的非线性特征，且政府财政支持可以强化该效应，这表明数字基础设施建设与政府财政支持能够对全要素生产率提升形成推动合力。③数字基础设施对全要素生产率的溢出效应得到了证实，即数字基础设施建设可以通过地理机制促进周边地区经济发展。④进一步的异质性分析发现，数字基础设施建设对全要素生产率的提升效应、非线性特征以及本地邻近效应在经济较为发达的东部地区更为明显。⑤本书基于"宽带中国"战略试点以及大数据综合试验区等政策工具对我国地区进行划分，结果进一步表明宽带网络、大数据等数字基础设施建设对全要素生产率具有正向作用。

二 政策建议

（一）深入推进数字基础设施建设

第一，完善已有信息网络等新型基础设施，深入推进数字基础设施建设。数字经济的发展、大数据的应用都有赖互联网和信息通信设备等新型基础设施的建立，政府应贯彻落实网络强国战略，加快5G、人工智能、大数据中心、物联网、工业互联网等数字基础设施建设步伐，进一步提升其普及程度以及服务质量，促进信息传输提速增效，充分释放信息要素红利，为以数据要素为核心的数字经济更好地发挥环境福利效应创造良好的条件，推动新一轮数字网络基础设施与经济融合发展。充分发挥政府的引导作用，制定相应的支持互联网发展的政策，通过构建互联网产业发展基金、互联网创新引导基金，创建互联网产业园、互联网技术孵化中心、互联网创新创业基地等手段，引导社会资本对互联网进行投资从而对其进行高效研发和利用，在政府资源有限的条件下，发挥社会资本的效率优势，以市场行为的方式充分借鉴发达国家发展互联网的先进经验和模式，促使我国互联网总体实现跨越式发展，不断推动互联网智能化发展，进而不断缩小与发达国家的差距，建设网络强国。政府需要在下一步的研究中进行定量分析，以形成互联网资源差异分布的机制，提出缩小互联网资源鸿沟的建设性意见，从而促进区域创新和经济协调、可持续发展。

第二，立足地区自身优势，因地制宜进行数字基础设施建设，缩小区域"数字鸿沟"，更好地发挥数字基础设施建设对经济高质量发展的提升作用。互联网基础设施的建设、网络商务应用和互联网普及率都具有先天的区域差异，这主要涉及经济要素的流向问题。缩小城乡"数字"差距，就要加大对乡村互联网的投入力度，在城市和乡村中"因地制宜"地发挥互联网的功能，形成城乡互动的新架构，培育互联网经济新形态，让互联网成为扩大内需的新渠道。在数字基础设施建设布局中，应根据地区自身的发展特色与优势采取相应措施，尤其应注重技术或经济相对落后地区的数字基础设施建设，大力提高新型基础设施建设水平，实现区域间平衡发展。其中，东部地区具有良好的数字经济产业基础，在我国经济发展中承担有关突破关键技术、重大基础研发的创新性任务。此外，通过加强中西部地区的"数字基建"投资，发挥数字经济的后发优势，强化与东部地区的产业关联，推动东部地区辐射中西部地区，加强数字技术驱动，保障数据、知识、信息、专利、资金、人才等要素在地区间顺畅流转，改善数字经济发展的不平衡性，使以数据要素为核心的数字经济发展发挥最大的作用。

第三，充分实施"宽带中国"战略以及进行大数据综合试验区建设，逐步将更多城市纳入试点范围。实证结果证明，政策工具的贯彻实施对本地区的全要素生产率具有正向影响，且对邻近地区的全要素生产率具有正向溢出效应，这表明上述两项政策已取得阶段性成果。因此，地方政府应充分认识数字基础设施建设对数字经济发展的引领作用，应加强总结试验区成功经验，形成一般性规律和多样化经验，通过政策扶持、设立专项基金和技术交流等方式充分贯彻并实施相关政策，并在此基础上坚持逐步推进原则，适度有序扩大"宽带中国"战略以及大数据综合试验区的实施范围，在数字基础设施建设打造的优质数字经济发展环境下，拓宽数字济发展的深度与广度，推动形成地区数字经济竞争优势。

第四，进一步加大财政对新基建的投资力度。在数字经济能够成为推动经济高质量发展的新动能的现实背景之下，加大对数字基础设施的投资力度，推进数字基础设施建设，特别是通过加快5G商用、大数据模式构建和人工智能应用，进一步巩固信息技术为高质量发展带来的红利与优势。研究表明，政府财政支持力度对数字基础设施和全要素生产率存在边际效应递增的非线性特征，在有政策工具试点且越发达的地区，这一特征越显著。因此，把合理的数字基础设施投资布局作为缓解区域经济发展差异的重要战略手段，加大对欠发达地区数字基础设施投资力度，在信息基础设施投资布局上需要向中西部地区倾斜，这样不仅能更好地发挥国家投资的整体效益，还能增强西部地区的经济发展动力，推动区域经济协调发展。

第五，加快布局新型基础设施，推动建立数字经济集聚的产业园区。加快在数字经济先行区布局新型基础设施，推动建立数字经济集聚的产业园区，有效提升数字经济对邻近地区制造业技术创新资源空间配置的效率。具体措施包括：一是加快布局基于 5G、工业互联网、人工智能、物联网（IoT）等的新型基础设施；二是在核心城市建立数字经济产业园区，形成数字经济的产业集聚区，增加数字经济产业园区对于邻近地区制造业企业的技术、数据、平台、供应链等的数字服务供给；三是在核心城市的邻近地区，为制造业产业集群的龙头企业搭建工业互联网平台、建设智能制造示范工厂、大力发展区域物联网和智慧物流，推动区域数字制造业生态形成和产业集群规模化发展。

（二）全力推进数字化人力资本提升

第一，提升全民数字素养和技能。中国经济的高速发展不仅取决于政治体制和经济体制的改革，还得益于人才队伍的建设与培养，人才是创新的根本源泉。完善人才培养机制，全面提高业务水平和综合素质，实施全民数字素养与技能提升计划，增加优质数字资源供给，鼓励公共数字资源在更大范围内向社会开放。推进中小学信息技术课程建设，加强职业院校（含技工院校）数字技术技能类人才培养，深化数字经济领域新工科、新文科建设，支持企业与院校共建一批现代化产业学院、联合实验室、实习基地等，发展订单制、现代学徒制等多元化人才培养模式。制订实施数字技能提升专项培训计划，提高老年人、残障人士等运用数字技术的能力，切实解决老年人、残障人士等面临的困难。提高公民网络文明素养，强化数字社会道德规范。

第二，重视数字化应用人才的培养质量。培养人才是基础，引进人才是重点，用好人才是关键。建立健全数字技能型人才培养体系，加强对制造业企业在岗职工的数字技能培训，鼓励产学研单位联手培育集数字化生产、管理和运营等于一体的具有综合素养的人才，服务制造业企业数字化转型实际，从根本上提高人才培养质量。构建产学研数字技术创新平台，推动进行数字经济关键技术联合攻关，有效提高创新效率。坚持企业数字创新主体地位，以企业为导向，构建相关数字技术创新体系，通过数字经济与制造业的聚合裂变，产生制造业发展的乘数效应，实现制造业数字化、智能化升级转型，实现由制造大国向制造强国迈进，推动经济社会高质量发展。

第三，建立健全数字化人才服务体系。建议加快深化教育改革，借助数字化平台革新教育方式，推动发展职业化教育，在人才资源市场可以通过就业服务平台突出对数字产业的人才需求，利用市场机制引导人才培训行业增加数字人才供给，培养具备数字技能的复合型人才。创新人才激励机制，鼓励将数字经济领域的人才纳入各类人才计划支持范围，积极探索高效灵活的人才引进、培养、评价及激励政策，从而全面盘活人力资本存量，夯实数字经济驱动制造业高质量发展的人才基础。

第四，推动数字化人才合理流动。打破制造业创新发展的区域性壁垒，消解数字经济赋能制造业高质量发展的结构性障碍，促进人才、技术等高能量生产要素向制造业流动、集聚，进行地区和行业的合理分工及优势互补。构建东部地区与中部和西部地区的综合合作机制，加强劳动、资本与技术的交流，避免同质化竞争和恶性竞争，东部地区充分发挥示范辐射作用，中西部地区重点弥补制造业发展的短板，借鉴和学习东部地区制造业发展的成功经验，积极与国家、区域协调发展战略或政策相互融合，实现内外联动和空间互动的强大合力，为制造业高质量发展提供强劲动力。

（三）大力推进企业、产业和区域的数字化转型

第一，加快企业数字化转型升级。一是引导企业强化数字化思维，推动

企业研发设计、生产加工、经营管理、销售服务等业务进行数字化转型。二是支持有条件的大型企业打造一体化数字平台，全面整合企业内部信息系统，强化全流程数据贯通，加快全价值链业务发展，增强数据驱动的智能决策能力，提升企业整体运行效率和产业链上下游的协同效率。三是实施中小企业数字化赋能专项行动，加快推进线上营销、远程协作、数字化办公、智能生产线等应用，由点及面向全业务，全流程数字化转型延伸拓展。四是鼓励和支持互联网平台、行业龙头企业等立足自身优势，提升员工数字技能和数据管理能力，开放数字化资源，帮助传统企业和中小企业实现数字化转型。推动企业上云、上平台，降低技术和资金壁垒，加快企业数字化转型。

第二，深化重点产业数字化转型。一是充分利用互联网信息优势提高要素配置效率，积极规划布局以数字经济为引领的新型技术密集型产业，进一步优化产业结构，推动产业协同发展，着力促进制造业与服务业深度融合，实现信息服务技术与制造业应用场景的有效衔接，为数字经济驱动制造业高质量发展创造新途径。二是推进工业数字化转型，加快推动研发设计、生产制造、经营管理、市场服务等全生命周期数字化转型。三是深入实施智能制造工程，大力推动装备数字化，开展智能制造试点示范专项行动，完善国家智能制造标准体系。四是推动产业互联网融通应用，培育供应链金融、服务型制造等融通发展模式，以数字技术促进产业融合发展。

第三，推进传统产业数字化转型。一是推动传统产业全方位、全链条数字化转型，通过推动产业数字化转型发展，有效连接数字经济和创新主体，提高全要素生产率。二是加快5G商用、云计算、人工智能等新技术在传统产业的应用。构建基于创新协作的数字平台，通过大数据技术赋能创新协作平台，加快数据要素在传统产业内部的有效流通。三是加强传统产业数字化变革创新团队建设。一方面，企业要从内部培养及吸纳高校人才，通过开展专业培训和加强数字化人才队伍建设，为数字经济与传统产业融合提供人才支撑；另一方面，要通过创新激励政策促进创新人才要素在产业内外流动，充分发挥人才的市场化作用，吸引创新型人才进入数字化变革创新团队。

第四，塑造制造业区域协同发展新格局。一是鼓励制造业企业围绕产业发展的关键"四基"——核心基础零部件、先进基础工艺、关键基础材料、产业技术基础等自力更生，破解当前高端制造业回流和中低端制造业转移的双重困境。二是充分释放制造业高质量发展的空间关联效应，完善制造业区域联盟顶层设计，规划开放的合作生态和高效的协作分工网络，搭建区域性的共性技术、关键技术研发平台，培育制造业高质量发展集群。三是因地制宜，激发各地区积极融入制造业区域协同格局。引导东部地区率先开展制造业区域一体化合作的新实践，探索"碳达峰""碳中和"目标下制造业的绿色能源资源体系、绿色技术创新体系和绿色制造体系新样本；因地施策，根据自身产业发展基础、定位、资源能源负载力等有序地、差异化地承接产业转移。

第五，推动产业园区和产业集群数字化转型。一是积极探索平台企业与产业园区联合运营模式，增加技术、数据、平台、供应链等服务供给，提升线上线下相结合的资源共享水平，引导各类要素加快向园区集聚。二是围绕共性转型需求，推动共享制造平台在产业集群落地和规模化发展。探索发展跨越物理边界的"虚拟"产业园区和产业集群，加快产业资源虚拟化集聚、平台化运营和网络化协同，构建虚实结合的产业数字化新生态。三是依托京津冀经济区、长三角经济区、粤港澳大湾区、成渝—关中经济区等重点区域，统筹推进数字基础设施建设，探索建立各类产业集群跨区域、跨平台协同新机制，促进创新要素整合共享，构建创新协同、错位互补、供需联动的区域数字化发展生态，提升产业链、供应链协同配套能力。

（四）加快推动数字经济产业化

第一，增强关键技术的创新能力。一是以数字技术与各领域融合应用为导向，推动行业企业、平台企业和数字技术服务企业跨界创新，优化创新成果快速转化机制，加快创新技术的工程化、产业化。二是支持具有自主核心技术的开源社区、开源平台、开源项目发展，推动创新资源共建共享，促进创新模式开放化演进。三是瞄准传感器、量子信息、网络通信、集成电路、关键软件、大数据、人工智能、区块链、新材料等战略性、前瞻性领域，提高数字技术基础研发能力。四是鼓励发展新型研发机构、企业创新联合体等新型创新主体，打造多元化参与、网络化协同、市场化运作的创新生态体系。五是支持数字企业发展壮大，健全大中小企业融通创新工作机制，发挥"绿灯"投资案例引导作用，推动平台企业规范健康发展。

第二，提升核心产业竞争力。一是深化新一代信息技术集成创新和融合应用，加快平台化、定制化、轻量化服务模式创新，打造新兴数字产业新优势。二是实施产业链强链补链行动，加强面向多元化应用场景的技术融合和产品创新，提升产业链关键环节竞争力，完善5G、集成电路、新能源汽车、人工智能、工业互联网等重点产业供应链体系。三是着力提升基础软硬件、核心电子元器件、关键基础材料和生产装备的供给水平，强化关键产品自给保障能力。四是协同推进信息技术软硬件产品产业化、规模化应用，加快集成适配和迭代优化，推动软件产业做大做强，提升关键软硬件技术创新和供给能力。五是培育壮大数字经济核心产业，研究制定推动数字产业高质量发展的措施，打造具有国际竞争力的数字产业集群。

第三，进一步完善数据要素市场。一是增强数字经济治理体系和治理能力，稳定推进数字经济在创新中寻求实现自由、发展和安全的均衡，避免数字经济过快发展对各行业规则与生态的无序扰乱。二是完善数据要素市场。政府应推动数据共建共享、数据保护和监管等政策制度的建设，制定一系列相关规范条例，积极开展数据要素市场试点工作，推动数据监管能力建设，促进大数据有效流通。三是探索创新数据关键要素参与分配的体制机制，形成完整的数据要素产业链，促进数据要素在流通、交易中实现价值倍增。

第四，加快培育新业态新模式。一是深化共享经济在生活服务领域的应用，拓展创新、生产、供应链等资源共享的新空间。二是推动平台经济健康发展，引导支持平台企业加强数据、产品、内容等资源整合共享，扩大协同办公、互联网医疗等在线服务覆盖面。三是政府应鼓励建设网状化数字平台，依靠实体释放数字经济的巨大潜能，对产业链、供应链进行整体性把握，实现价值链的全流程管理，提升应对突发事件的能力，促进产业结构转型升级。四是完善多元价值传递和贡献分配体系，有序引导多样化社交、短视频、知识分享等新型就业创业平台发展。五是发展基于数字技术的智能经济，加快优化智能化产品和服务运营，培育智慧销售、无人配送、智能制造、反向定制等新增长点。

第五，构建促进人工智能创新体系。构建高校、实验室与企业之间的产学研互动和人才的双向流动，形成人工智能应用与具有竞争优势的制造业产业集群、战略新兴产业集群之间的集群技术创新演化的良性循环，推动我国制造业产业集群以整个产业链的竞争优势参与全球价值链的分工，并向高端环节迈进。构建区域知识产权保护制度、技术创新市场化交易制度、有关技术创新的贸易自由度水平的制度等，通过制度要素对于人工智能的知识生产、人工智能技术在制造业技术创新上的知识产权交易与转移、人工智能知识在本区域与国际范围的贸易与流动形成制度上的激励，提升有关技术专业化生产部门的人工智能生产在地域的根植性。

（五）营造制造业创新创业生态

第一，激活制造业创新创业生态。构建创新环境，全面提高制造业创新水平，以释放创新创业活力为导向，建立数字经济发展部际协调机制，加强形势研判，协调解决重大问题，务实推进规划的贯彻实施，健全工作推进协调机制，增强发展数字经济的本领，推动数字经济更好地服务和融入新发展格局。地方政府既要通过资金扶持、税收减免、配套公共基础设施等政策吸引与鼓励人才投身创业活动，也要通过加快政务数字化转型打造服务型政府，提升管理效率和治理能力，推动行政审批自动化，促进各类生产要素自由流动，建立合理的市场竞争制度环境，打造数字技术良好的制度生态，为激活创业生态提供良好的环境。

第二，加强大数据资金支持力度。加大对数字经济薄弱环节的投入力度，突破制约数字经济发展的短板与瓶颈，建立推动数字经济发展的长效机制。拓展多元投融资渠道，鼓励企业开展技术创新。创新资金扶持方式，加强对各类资金的统筹引导。发挥国家产融合作平台等的作用，引导金融资源支持数字化发展。引导资本规范参与数字中国建设，鼓励引导社会资本设立市场化运作的数字经济细分领域基金，支持符合条件的数字经济企业进入多层次资本市场进行融资，鼓励银行业金融机构创新产品和服务，构建社会资本有效参与的投融资体系。加大对数字经济核心产业的支持力度，加强对各类资金的统筹引导，提升投资质量和效益。

第三，培育转型支撑服务生态。建立市场化服务与公共服务双轮驱动，技术、资本、人才、数据等多要素支撑的数字化转型服务生态，解决企业"不会转""不能转""不敢转"的难题。面向重点行业和企业转型需求，培育、推广一批数字化解决方案。聚焦转型咨询、标准制定、测试评估等，培育一批第三方专业化服务机构，扩大和提升数字化转型服务市场的规模和活力。支持高校、龙头企业、行业协会等加强协同，建设综合测试验证环境，加强产业共性解决方案供给。建设数字化转型促进中心，衔接与集聚各类资源条件，提供数字化转型公共服务，打造区域产业数字化创新综合体，带动传统产业数字化转型，有效形成人工智能与邻近地区制造业的知识关联，从而吸引人工智能技术人才在本区域从事研发活动，发挥人工智能技术的区位黏性。

第四，营造繁荣有序的产业创新生态。发挥数字经济领军企业的引领带动作用，加强资源共享和数据开放，推动线上线下相结合的创新协同、产能共享、供应链互通。鼓励开源社区、开发者平台等新型协作平台发展，培育大中小企业和社会开发者开放协作的数字产业创新生态，带动创新型企业快速壮大。构建区域产业创新生态，建立政府、学校、科研机构与制造业企业协同的产学研政创新机制，形成对于数字技术的吸收—研发—工程化技术应用—商业化开发的良性循环，提升制造业利用数字技术进行技术创新的效率。以园区、行业、区域为整体推进产业创新服务平台建设，强化技术研发、标准修订、测试评估、应用培训、创业孵化等优势资源汇聚，提升产业创新服务支撑水平。

第五，建立公平规范的数字治理生态。探索建立与数字经济持续健康发展相适应的治理方式，制定更加灵活有效的政策措施，创新协同治理模式。加强立法统筹协调，研究制定数字领域的立法规划，及时按程序调整不适应数字化发展的法律制度。加快制定、修订各行业数字化转型、产业交叉融合发展等方面的应用标准。规范市场竞争秩序，建立与完善政府、平台、企业、行业组织和社会公众多元参与、有效协同的数字经济治理新格局，形成治理合力，鼓励进行良性竞争，维护公平有效的市场。加快健全市场准入制度、公平竞争审查机制，完善数字经济公平竞争监管制度，预防和制止滥用行政权力以排除限制竞争。进一步明确平台企业的主体责任和义务，推进行业服务标准建设和行业自律，保护平台从业人员和消费者的合法权益，维护公众利益和促进社会稳定。进行社会监督、媒体监督、公众监督，培育多元治理、协调发展的新生态。

参考文献

安同良、周绍东、皮建才：《R&D 补贴对中国企业自主创新的激励效应》，《经济研究》2009 年第 10 期。

安筱鹏：《重构：数字化转型的逻辑》，电子工业出版社，2019。

白俊红：《中国的政府 R&D 资助有效吗？来自大中型工业企业的经验证据》，《经济学》（季刊）2011 年第 3 期。

白俊红、卞元超：《要素市场扭曲与中国创新生产的效率损失》，《中国工业经济》2016 年第 11 期。

白旭云、王砚羽、苏欣：《研发补贴还是税收激励——政府干预对企业创新绩效和创新质量的影响》，《科研管理》2019 年第 6 期。

柏培文、喻理：《数字经济发展与企业价格加成：理论机制与经验事实》，《中国工业经济》2021 年第 11 期。

柏培文、张云：《数字经济、人口红利下降与中低技能劳动者权益》，《经济研究》2021 年第 5 期。

〔挪威〕比约恩·阿什海姆、〔挪威〕阿尔内·伊萨克森、〔奥地利〕米夏埃拉·特里普尔：《区域创新体系概论》，上海市科学学研究所译，上海交通大学出版社，2020。

蔡昉：《生产率、新动能与制造业——中国经济如何提高资源重新配置效率》，《中国工业经济》2021 年第 5 期。

蔡跃洲：《数字经济的增加值及贡献度测算：历史沿革、理论基础与方法框架》，《求是学刊》2018 年第 5 期。

蔡跃洲、张钧南：《信息通信技术对中国经济增长的替代效应与渗透效应》，《经济研究》2015 年第 12 期。

陈丰龙、徐康宁：《本土市场规模与中国制造业全要素生产率》，《中国工业经济》2012 年第 5 期。

陈剑、黄朔、刘运辉：《从赋能到使能——数字化环境下的企业运营管理》，《管理世界》2020年第2期。

陈建军、黄洁、陈国亮：《产业集聚间分工和地区竞争优势——来自长三角微观数据的实证》，《中国工业经济》2009年第3期。

陈竞飞、田刚：《家具产业运营效率与国民经济产业结构耦合协调研究》，《经济地理》2022年第7期。

陈梦根、张鑫：《数字经济的统计挑战与核算思路探讨》，《改革》2020年第9期。

陈梦根、张鑫：《中国数字经济规模测度与生产率分析》，《数量经济技术经济研究》2022年第1期。

陈楠、蔡跃洲、马晔风：《制造业数字化转型动机、模式与成效——基于典型案例和问卷调查的实证分析》，《改革》2022年第11期。

陈晓东、杨晓霞：《数字经济发展对产业结构升级的影响——基于灰关联熵与耗散结构理论的研究》，《改革》2021年第3期。

程虹、刘三江、罗连发：《中国企业转型升级的基本状况与路径选择——基于570家企业4794名员工入企调查数据的分析》，《管理世界》2016年第2期。

程惠芳、陆嘉俊：《知识资本对工业企业全要素生产率影响的实证分析》，《经济研究》2014年第5期。

程慧平、万莉、黄炜、张冀新：《中国省际R&D创新与转化效率实证研究》，《管理评论》2015年第4期。

程立茹：《互联网经济下企业价值网络创新研究》，《中国工业经济》2013年第9期。

程文兰：《马克思劳动价值论视域下我国数字经济的发展》，《经济研究导刊》2021年第28期。

邓仲良、屈小博：《工业机器人发展与制造业转型升级——基于中国工业机器人使用的调查》，《改革》2021年第8期。

〔澳〕蒂莫西·J. 科埃利、〔澳〕D. S. 普拉萨德·拉奥、〔澳〕克里斯托弗·J. 奥唐奈、〔澳〕乔治·E. 巴蒂斯：《效率与生产率分析引论》，王忠玉译，中国人民大学出版社，2008。

丁志帆：《信息消费驱动下的传统产业变革：基本内涵与内在机制》，《经济学家》2020 年第 3 期。

段国蕊、于靓：《制造业高质量发展评价体系构建与测度：以山东省为例》，《统计与决策》2021 年第 18 期。

范剑勇：《长三角一体化、地区专业化与制造业空间转移》，《管理世界》2004 年第 11 期。

费方域、闫自信：《数字经济时代数据性质、产权和竞争》，《财经问题研究》2018 年第 2 期。

冯苑、聂长飞、张东：《宽带基础设施建设对城市创新能力的影响》，《科学学研究》2021 年第 11 期。

干春晖、郑若谷、余典范：《中国产业结构变迁对经济增长和波动的影响》，《经济研究》2011 年第 5 期。

高康、原毅军：《空间视域下生产性服务业集聚的资源错配效应研究》，《当代经济科学》2020 年第 6 期。

高文书：《数字经济的人力资本需求特征研究》，《贵州社会科学》2021 年第 3 期。

郭斌、杜曙光：《新基建助力数字经济高质量发展：核心机理与政策创新》，《经济体制改革》2021 年第 3 期。

郭峰、王靖一、王芳、孔涛、张勋、程志云：《测度中国数字普惠金融发展：指数编制与空间特征》，《经济学》（季刊）2020 年第 4 期。

郭家堂、骆品亮：《互联网对中国全要素生产率有促进作用吗?》，《管理世界》2016 年第 10 期。

郭克莎、田潇潇：《加快构建新发展格局与制造业转型升级路径》，《中国工业经济》2021 年第 11 期。

郭然、原毅军、张涌鑫：《互联网发展、技术创新与制造业国际竞争力——基于跨国数据的经验分析》，《经济问题探索》2021 年第 1 期。

郭芸、范柏乃、龙剑：《中国区域高质量发展的实际测度与时空演变特征研究》，《数量经济技术经济研究》2020年第10期。

韩剑、冯帆、姜晓运：《互联网发展与全球价值链嵌入——基于GVC指数的跨国经验研究》，《南开经济研究》2018年第4期。

韩孟孟、张三峰、顾晓光：《信息共享能提升企业生产率吗？——来自中国制造业企业调查数据的证据》，《产业经济研究》2020年第1期。

韩先锋、惠宁、宋文飞：《信息化能提高中国工业部门技术创新效率吗》，《中国工业经济》2014年第12期。

韩兆安、吴海珍、赵景峰：《数字经济驱动创新发展——知识流动的中介作用》，《科学学研究》2022年第11期。

何大安、任晓：《互联网时代资源配置机制演变及展望》，《经济学家》2018年第10期。

何大安、许一帆：《数字经济运行与供给侧结构重塑》，《经济学家》2020年第4期。

侯汉坡、何明珂、庞毅、郑国梁：《互联网资源属性及经济影响分析》，《管理世界》2010年第3期。

胡俊：《地区互联网发展水平对制造业升级的影响研究》，《软科学》2019年第5期。

胡俊、杜传忠：《人工智能推动产业转型升级的机制、路径及对策》，《经济纵横》2020年第3期。

黄群慧：《论新时期中国实体经济的发展》，《中国工业经济》2017年第9期。

黄群慧：《工业化后期的中国工业经济》，经济管理出版社，2018。

黄群慧、贺俊：《中国制造业的核心能力、功能定位与发展战略——兼评〈中国制造2025〉》，《中国工业经济》2015年第6期。

黄群慧、余泳泽、张松林：《互联网发展与制造业生产率提升：内在机制与中国经验》，《中国工业经济》2019年第8期。

黄先海、诸竹君：《生产性服务业推动制造业高质量发展的作用机制与路径选择》，《改革》2021 年第 6 期。

黄益平、黄卓：《中国的数字金融发展：现在与未来》，《经济学》（季刊）2018 年第 4 期。

惠宁、刘鑫鑫：《互联网发展对中国区域创新能力的影响效应》，《社会科学研究》2020 年第 6 期。

惠宁、马微、刘鑫鑫：《互联网发展对中国区域创新能力的影响及地区差异研究》，《北京工业大学学报》（社会科学版）2021 年第 2 期。

简新华、聂长飞：《论从高速增长到高质量发展》，《社会科学战线》2019 年第 8 期。

江小国、何建波、方蕾：《制造业高质量发展水平测度、区域差异与提升路径》，《上海经济研究》2019 年第 7 期。

江小涓、孟丽君：《内循环为主、外循环赋能与更高水平双循环——国际经验与中国实践》，《管理世界》2021 年第 1 期。

蒋殿春、夏良科：《外商直接投资对中国高技术产业技术创新作用的经验分析》，《世界经济》2005 年第 8 期。

焦勇：《数字经济赋能制造业转型：从价值重塑到价值创造》，《经济学家》2020 年第 6 期。

金环、魏佳丽、于立宏：《网络基础设施建设能否助力企业转型升级——来自"宽带中国"战略的准自然实验》，《产业经济研究》2021 年第 6 期。

荆文君、孙宝文：《数字经济促进经济高质量发展：一个理论分析框架》，《经济学家》2019 年第 2 期。

柯军：《产业结构升级与经济增长的关系》，《统计与决策》2008 年第 11 期。

孔伟杰：《制造业企业转型升级影响因素研究——基于浙江省制造业企业大样本问卷调查的实证研究》，《管理世界》2012 年第 9 期。

孔艳芳、刘建旭、赵忠秀：《数据要素市场化配置研究：内涵解构、运行机理与实践路径》，《经济学家》2021 年第 11 期。

李标、孙琨、孙根紧：《数据要素参与收入分配：理论分析、事实依据与实践路径》，《改革》2022 年第 3 期。

李广昊、周小亮：《推动数字经济发展能否改善中国的环境污染——基于"宽带中国"战略的准自然实验》，《宏观经济研究》2021 年第 7 期。

李海舰、李燕：《对经济新形态的认识：微观经济的视角》，《中国工业经济》2020 年第 12 期。

李慧泉、简兆权：《数字经济发展对技术企业的资源配置效应研究》，《科学学研究》2022 年第 8 期。

〔美〕李杰、倪军、王安正：《从大数据到智能制造》，刘宗长整理，上海交通大学出版社，2016。

李苗苗、肖洪钧、赵爽：《金融发展、技术创新与经济增长的关系研究——基于中国的省市面板数据》，《中国管理科学》2015 年第 2 期。

李秦阳：《基于随机前沿方法的区域创新效率影响因素分析》，《统计与决策》2019 年第 14 期。

李万、常静、王敏杰、朱学彦、金爱民：《创新 3.0 与创新生态系统》，《科学学研究》2014 年第 12 期。

李文莲、夏健明：《基于"大数据"的商业模式创新》，《中国工业经济》2013 年第 5 期。

李晓华：《数字经济新特征与数字经济新动能的形成机制》，《改革》2019 年第 11 期。

李媛恒、石凌雁、李钰：《中国制造业全要素生产率增长的测度与比较》，《经济问题》2020 年第 3 期。

李治国、王杰：《数字经济发展、数据要素配置与制造业生产率提升》，《经济学家》2021 年第 10 期。

梁琦、肖素萍、李梦欣：《数字经济发展、空间外溢与区域创新质量提升——兼论市场化的门槛效应》，《上海经济研究》2021 年第 9 期。

刘斌、潘彤：《人工智能对制造业价值链分工的影响效应研究》，《数量经济技术经济研究》2020 年第 10 期。

刘根荣：《共享经济：传统经济模式的颠覆者》，《经济学家》2017 年第 5 期。

刘军梅、谢霓裳：《国际比较视角下的中国制造业数字化转型——基于中美德日的对比分析》，《复旦学报》（社会科学版）2022 年第 3 期。

刘淑春：《中国数字经济高质量发展的靶向路径与政策供给》，《经济学家》2019 年第 6 期。

刘维林：《产品架构与功能架构的双重嵌入——本土制造业突破 GVC 低端锁定的攀升途径》，《中国工业经济》2012 年第 1 期。

刘向东、刘雨诗、陈成漳：《数字经济时代连锁零售商的空间扩张与竞争机制创新》，《中国工业经济》2019 年第 5 期。

刘洋、董久钰、魏江：《数字创新管理：理论框架与未来研究》，《管理世界》2020 年第 7 期。

罗良清、平卫英、张雨露：《基于融合视角的中国数字经济卫星账户编制研究》，《统计研究》2021 年第 1 期。

罗序斌：《互联网发展与制造业生产率增长——基于市场化进程的机制研究》，《当代财经》2022 年第 5 期。

吕岩威、谢雁翔、楼贤骏：《中国区域绿色创新效率时空跃迁及收敛趋势研究》，《数量经济技术经济研究》2020 年第 5 期。

马胜杰：《企业技术创新能力及其评价指标体系》，《数量经济技术经济研究》2002 年第 12 期。

孟茂源、张广胜：《劳动力成本上升对制造业企业高质量发展的影响分析》，《经济问题探索》2021 年第 2 期。

逄健、朱欣民：《国外数字经济发展趋势与数字经济国家发展战略》，《科技进步与对策》2013 年第 8 期。

裴长洪、倪江飞、李越：《数字经济的政治经济学分析》，《财贸经济》2018 年第 9 期。

蒲艳萍、顾冉：《劳动力工资扭曲如何影响企业创新》，《中国工业经济》2019 年第 7 期。

戚聿东、肖旭：《数字经济时代的企业管理变革》，《管理世界》2020年第6期。

戚聿东、褚席：《数字生活的就业效应：内在机制与微观证据》，《财贸经济》2021年第4期。

秦放鸣、张宇：《知识产权保护与地区制造业升级——基于中介效应和面板分位数模型的实证分析》，《科技进步与对策》2020年第13期。

秦文晋、刘鑫鹏：《网络基础设施建设对数字经济发展的影响研究——基于"宽带中国"试点政策的准自然实验》，《经济问题探索》2022年第3期。

邱子迅、周亚虹：《数字经济发展与地区全要素生产率——基于国家级大数据综合试验区的分析》，《财经研究》2021年第7期。

曲立、王璐、季桓永：《中国区域制造业高质量发展测度分析》，《数量经济技术经济研究》2021年第9期。

任保平、李培伟：《数字经济培育我国制造业高质量发展新动能的机制与路径》，《陕西师范大学学报》（哲学社会科学版）2022年第1期。

任宗强、赵向华：《个性化定制模式下制造型企业知识管理与动态优化机制》，《中国管理科学》2014年第S1期。

芮明杰：《构建现代产业体系的战略思路、目标与路径》，《中国工业经济》2018年第9期。

邵安菊：《互联网与制造业融合发展的几个关键问题》，《经济纵横》2017年第1期。

申明浩、谭伟杰、陈钊泳：《数字经济发展对企业创新的影响——基于A股上市公司的经验证据》，《南方金融》2022年第2期。

沈国兵、袁征宇：《互联网化、创新保护与中国企业出口产品质量提升》，《世界经济》2020年第11期。

盛磊：《数字经济引领产业高质量发展：动力机制、内在逻辑与实施路径》，《价格理论与实践》2020年第2期。

石大千、杨咏文：《FDI与企业创新：溢出还是挤出？》，《世界经济研究》2018 年第 9 期。

石喜爱、李廉水、程中华、刘军：《"互联网+"对中国制造业价值链攀升的影响分析》，《科学学研究》2018 年第 8 期。

史修松、赵曙东、吴福象：《中国区域创新效率及其空间差异研究》，《数量经济技术经济研究》2009 年第 3 期。

宋旭光、何佳佳、左马华青：《数字产业化赋能实体经济发展：机制与路径》，《改革》2022 年第 6 期。

苏永伟：《中部地区制造业高质量发展评价研究——基于 2007-2018 年的数据分析》，《经济问题》2020 年第 9 期。

孙伍琴、朱顺林：《金融发展促进技术创新的效率研究——基于 Malmuquist 指数的分析》，《统计研究》2008 年第 3 期。

孙新波、苏钟海：《数据赋能驱动制造业企业实现敏捷制造案例研究》，《管理科学》2018 年第 5 期。

唐荣、黄抒田：《产业政策、资源配置与制造业升级：基于价值链的视角》，《经济学家》2021 年第 1 期。

唐松、伍旭川、祝佳：《数字金融与企业技术创新——结构特征、机制识别与金融监管下的效应差异》，《管理世界》2020 年第 5 期。

滕磊、马德功：《数字金融能够促进高质量发展吗?》，《统计研究》2020 年第 11 期。

田秀娟、李睿：《数字技术赋能实体经济转型发展——基于熊彼特内生增长理论的分析框架》，《管理世界》2022 年第 5 期。

王缉慈等：《创新的空间：产业集群与区域发展》，科学出版社，2019。

王嘉丽、宋林、张夏恒：《数字经济、产业集聚与区域电子商务创新效率》，《经济问题探索》2021 年第 9 期。

王金杰、郭树龙、张龙鹏：《互联网对企业创新绩效的影响及其机制研究——基于开放式创新的解释》，《南开经济研究》2018 年第 6 期。

王军、朱杰、罗茜：《中国数字经济发展水平及演变测度》，《数量经济技术经济研究》2021 年第 7 期。

王可、李连燕：《"互联网+"对中国制造业发展影响的实证研究》，《数量经济技术经济研究》2018年第6期。

王诗卉、谢绚丽：《经济压力还是社会压力：数字金融发展与商业银行数字化创新》，《经济学家》2021年第1期。

王文：《数字经济时代下工业智能化促进了高质量就业吗》，《经济学家》2020年第4期。

王晓娟、朱喜安、王颖：《工业机器人应用对制造业就业的影响效应研究》，《数量经济技术经济研究》2022年第4期。

王修华、赵亚雄：《数字金融发展是否存在马太效应？——贫困户与非贫困户的经验比较》，《金融研究》2020年第7期。

韦庄禹：《数字经济发展对制造业企业资源配置效率的影响研究》，《数量经济技术经济研究》2022年第3期。

魏艳秋、和淑萍、高寿华：《"互联网+"信息技术服务业促进制造业升级效率研究——基于DEA-BCC模型的实证分析》，《科技管理研究》2018年第17期。

温珺、阎志军、程愚：《数字经济驱动创新效应研究——基于省际面板数据的回归》，《经济体制改革》2020年第3期。

温珺、阎志军、程愚：《数字经济与区域创新能力的提升》，《经济问题探索》2019年第11期。

温忠麟、叶宝娟：《中介效应分析：方法和模型发展》，《心理科学进展》2014年第5期。

吴丰华、刘瑞明：《产业升级与自主创新能力构建——基于中国省际面板数据的实证研究》，《中国工业经济》2013年第5期。

《习近平：高举中国特色社会主义伟大旗帜 为全面建设社会主义现代化国家而团结奋斗——在中国共产党第二十次全国代表大会上的报告》，中国政府网，https：//www.gov.cn/xinwen/2022-10/25/content_5721685.htm。

肖静华：《企业跨体系数字化转型与管理适应性变革》，《改革》2020年第4期。

肖利平：《"互联网+"提升了我国装备制造业的全要素生产率吗》，《经济学家》2018 年第 12 期。

谢康、夏正豪、肖静华：《大数据成为现实生产要素的企业实现机制：产品创新视角》，《中国工业经济》2020 年第 5 期。

谢绚丽、沈艳、张皓星、郭峰：《数字金融能促进创业吗？——来自中国的证据》，《经济学》（季刊）2018 年第 4 期。

谢子远、王佳：《开放式创新对企业研发效率的影响——基于高技术产业面板数据的实证研究》，《科研管理》2020 年第 9 期。

徐立平、姜向荣、尹翀：《企业创新能力评价指标体系研究》，《科研管理》2015 年第 S1 期。

徐翔、厉克奥博、田晓轩：《数据生产要素研究进展》，《经济学动态》2021 年第 4 期。

许恒、张一林、曹雨佳：《数字经济、技术溢出与动态竞合政策》，《管理世界》2020 年第 11 期。

许宪春、张美慧：《中国数字经济规模测算研究——基于国际比较的视角》，《中国工业经济》2020 年第 5 期。

薛成、孟庆玺、何贤杰：《网络基础设施建设与企业技术知识扩散——来自"宽带中国"战略的准自然实验》，《财经研究》2020 年第 4 期。

杨德明、刘泳文：《"互联网+"为什么加出了业绩》，《中国工业经济》2018 年第 5 期。

吕拉昌等：《创新地理学》，科学出版社，2017。

杨慧梅、江璐：《数字经济、空间效应与全要素生产率》，《统计研究》2021 年第 4 期。

杨蕙馨等：《企业成长：中间性组织与网络效应研究》，经济科学出版社，2021。

杨仁发、郑媛媛：《环境规制、技术创新与制造业高质量发展》，《统计与信息论坛》2020 年第 8 期。

易加斌、张梓仪、杨小平、王宇婷：《互联网企业组织惯性、数字化能力与商业模式创新》，《南开管理评论》2022 年第 5 期。

游达明、欧阳乐茜：《环境规制对工业企业绿色创新效率的影响——基于空间杜宾模型的实证分析》，《改革》2020 年第 5 期。

余东华：《制造业高质量发展的内涵、路径与动力机制》，《产业经济评论》2020 年第 1 期。

余东华、李云汉：《数字经济时代的产业组织创新——以数字技术驱动的产业链群生态体系为例》，《改革》2021 年第 7 期。

余姗、樊秀峰、蒋皓文：《数字经济发展对碳生产率提升的影响研究》，《统计与信息论坛》2022 年第 7 期。

余文涛、吴士炜：《互联网平台经济与正在缓解的市场扭曲》，《财贸经济》2020 年第 5 期。

张杰、付奎：《信息网络基础设施建设能驱动城市创新水平提升吗？——基于"宽带中国"战略试点的准自然试验》，《产业经济研究》2021 年第 5 期。

张军扩、侯永志、刘培林、何建武、卓贤：《高质量发展的目标要求和战略路径》，《管理世界》2019 年第 7 期。

张梁、相广平、马永凡：《数字金融对区域创新差距的影响机理分析》，《改革》2021 年第 5 期。

张鹏：《数字经济的本质及其发展逻辑》，《经济学家》2019 年第 2 期。

张森、温军、刘红：《数字经济创新探究：一个综合视角》，《经济学家》2020 年第 2 期。

张昕蔚：《数字经济条件下的创新模式演化研究》，《经济学家》2019 年第 7 期。

张旭亮、史晋川、李仙德、张海霞：《互联网对中国区域创新的作用机理与效应》，《经济地理》2017 年第 12 期。

张勋、万广华：《中国的农村基础设施促进了包容性增长吗？》，《经济研究》2016 年第 10 期。

张勋、万广华、张佳佳、何宗樾：《数字经济、普惠金融与包容性增长》，《经济研究》2019 年第 8 期。

张英浩、汪明峰、刘婷婷：《数字经济对中国经济高质量发展的空间效应与影响路径》，《地理研究》2022 年第 7 期。

张于喆：《数字经济驱动产业结构向中高端迈进的发展思路与主要任务》，《经济纵横》2018 年第 9 期。

张月月、俞荣建、陈力田：《国内国际价值环流嵌入视角下中国装备制造业的升级思路》，《经济学家》2020 年第 10 期。

赵宸宇、王文春、李雪松：《数字化转型如何影响企业全要素生产率》，《财贸经济》2021 年第 7 期。

赵放、任雪：《新经济下制造业与互联网的体验式融合发展》，《当代经济研究》2017 年第 6 期。

赵琳、范德成：《我国高技术产业技术创新效率的测度及动态演化分析——基于因子分析定权法的分析》，《科技进步与对策》2011 年第 11 期。

赵培阳、鲁志国：《粤港澳大湾区信息基础设施对经济增长的空间溢出效应——基于空间计量和门槛效应的实证分析》，《经济问题探索》2021 年第 8 期。

赵卿、曾海舰：《产业政策推动制造业高质量发展了吗?》，《经济体制改革》2020 年第 4 期。

赵庆：《产业结构优化升级能否促进技术创新效率?》，《科学学研究》2018 年第 2 期。

赵涛、张智、梁上坤：《数字经济、创业活跃度与高质量发展——来自中国城市的经验证据》，《管理世界》2020 年第 10 期。

郑世林、周黎安、何维达：《电信基础设施与中国经济增长》，《经济研究》2014 年第 5 期。

郑学党、赵宏亮：《国外数字经济战略的供给侧实施路径及对中国的启示》，《经济研究导刊》2017 年第 6 期。

朱发仓：《数字经济统计测度研究：理论与应用》，经济科学出版社，2019。

祝爱民、刘盈君、徐英杰：《创新型企业评价体系研究》，《科学学研究》2008 年第 S2 期。

祝合良、王春娟：《数字经济引领产业高质量发展：理论、机理与路径》，《财经理论与实践》2020 年第 5 期。

祝树金、谢煜、吴德胜：《制造业服务化的节能效应及其中介机制研究》，《财贸经济》2020 年第 11 期。

左鹏飞、陈静：《高质量发展视角下的数字经济与经济增长》，《财经问题研究》2021 年第 9 期。

Acemoglu D., Restrepo P., "Robots and Jobs: Evidence from US Labor Markets," *Journal of Political Economy*, 128 (6), 2020.

Akcigit U., Caicedo S., Miguelez E. et al., "Dancing with the Stars: Innovation through Interactions," National Bureau of Economic Research, 2018.

Ark B. V., "The Productivity Paradox of the New Digital Economy," *International Productivity Monitor*, 31, 2016.

Caloghirou Y., Giotopoulos I., Kontolaimou A. et al., "Industry-university Knowledge Flows and Product Innovation: How Do Knowledge Stocks and Crisis Matter?" *Research Policy*, 50 (3), 2021.

Demertzis M., Merler S., Wolff G. B., "Capital Markets Union and the Fintech Opportunity," *Journal of Financial Regulation*, 1, 2018.

Frank L., "Computers and Populism: Artificial Intelligence, Jobs and Politics in the Near Term," *Oxford Reviews of Economics Policy*, 34 (3), 2018.

Forman C., Goldfarb A., "Concentration and Agglomeration of IT Innovation and Entrepreneurship: Evidence from Patenting," *NBER Working Papers*, 2020.

Grillitsch M., Trippl M., *Innovation Systems, Policy and Management* (UK: Cambridge University Press, 2018).

Guojie L., Xueqi C., "Research Status and Scientific Thinking of Big Data," *Journal of Software*, 27 (6), 2012.

Hulten C., Nakamura L., "Accounting for Growth in the Age of the Internet: The Importance of Output-saving Technical Change," National Bureau of Economic Research, 2017.

Iansiti M., Lakhani K. R., "Digital Ubiquity: How Connections, Sensors, and Data Are Revolutionizing Business," *Harvard Business Review*, 40 (11), 2014.

Jiang P., Ding K., Leng J., "Towards a Cyber - physical - social - connected and Service-oriented Manufacturing Paradigm: Social Manufacturing," *Manufacturing Letters*, 7, 2016.

Jianmei Zhao, "Internet Usage and Rural Self - employment in China," *Asian Perspective*, 44 (1), 2020.

Jones C. I., Tonetti C., "Nonrivalry and the Economics of Data," *American Economic Review*, 110 (9), 2020.

Jorgenson D. W., Stiroh H., "A Retrospective Look at the U. S. Productivity Growth Resurgence," *The Journal of Economic Perspectives*, 22 (1), 2008.

Koutroumpis P., "The Economic Impact of Broadband: Evidence from OECD Countries," *Technological Forecasting and Social Change*, 148, 2019.

Lenka S., Parida V., Wincent J., "Digitalization Capabilities as Enablers of Value Co-Creation in Servitizing Firms," *Psychology & Marketing*, 34 (1), 2017.

Lin, Juan, Yu et al., "Internet Access, Spillover and Regional Development in China," *Sustainability*, 9, 2017.

Liu T., Pan B., Yin Z., "Pandemic, Mobile Payment, and Household Consumption: Micro-Evidence from China," *Emerging Markets Finance and Trade*, 56 (10), 2020.

Michaels G., Natraj A., Reenen J. V., "Has ICT Polarized Skill Demand? Evidence from Eleven Countries over Twenty-Five Years," *Review of Economics and Statistics*, 96 (1), 2014.

Storper M., "Society, Community and Economic Development," *Studies in Comparative International Development*, 39 (4), 2005.

Tapscott D. , *The Digital Economy: Promise and Peril in the Age of Networked Intellingence* (New York: McGraw-Hill, 1996).

Yingfeng Zhang, Shan Ren, Yang Liu, Shubin Si, "A Big Data Analytics Architecture for Cleaner Manufacturing and Maintenance Processes of Complex Products," *Journal of Cleaner Production*, 142 (2), 2016.

Veldkamp L. , Chung C. , "Data and the Aggregate Economy," *Journal of Economic Literature*, 2019.

Williamson O. E. , *The Economic Institution of Capitalism: Firms, Markets, Relational Contracting* (New York: Free Press, 1985).

Woo S. , Jang P. , Kim Y. , "Effects of Intellectual Property Rights and Patented Knowledge in Innovation and Industry Value Added: A Multinational Empirical Analysis of Different Industries," *Technovation*, 43-44, 2015.

Nambisan S. , Wrogress, Feldman M. , "The Digital Transformation of Innovation and Entrepreneurship: Progress, Challenges and Key Themes," *Research Policy*, 48 (8), 2019 .

图书在版编目（CIP）数据

由大转强：数字经济驱动中国制造业高质量发展／
惠宁著.--北京：社会科学文献出版社，2024.1
ISBN 978-7-5228-2554-0

Ⅰ.①由… Ⅱ.①惠… Ⅲ.①信息经济-影响-制造
工业-经济发展-研究-中国 Ⅳ.①F492 ②F426.4

中国国家版本馆 CIP 数据核字（2023）第 184235 号

由大转强：数字经济驱动中国制造业高质量发展

著　　者／惠　宁

出 版 人／冀祥德
组稿编辑／陈凤玲
责任编辑／孔庆梅
责任印制／王京美

出　　版／社会科学文献出版社·经济与管理分社（010）59367226
　　　　　地址：北京市北三环中路甲 29 号院华龙大厦　邮编：100029
　　　　　网址：www. ssap. com. cn
发　　行／社会科学文献出版社（010）59367028
印　　装／三河市龙林印务有限公司

规　　格／开本：787mm×1092mm　1/16
　　　　　印张：21.75　字数：331 千字
版　　次／2024 年 1 月第 1 版　2024 年 1 月第 1 次印刷
书　　号／ISBN 978-7-5228-2554-0
定　　价／138.00 元

读者服务电话：4008918866